应用型本科经管系列教材 财务会计类

风险管理与内部控制

主　编　林晓薇

副主编　许　萍　张　智　方　烨

参　编　康海军　陈碧芸　肖碧云　邹灵涵

　　　　柳燕奇　王　俊　林艳艳　史潇涵

　　　　洪　婧　孙宇开　林小蓉　曾　晨

厦门大学出版社　国家一级出版社
XIAMEN UNIVERSITY PRESS　全国百佳图书出版单位

图书在版编目（CIP）数据

风险管理与内部控制 / 林晓薇主编 ；许萍，张智，
方烨副主编. -- 厦门 ：厦门大学出版社，2025. 7.
（应用型本科经管系列教材）. -- ISBN 978-7-5615-9665-4

Ⅰ. F272.3

中国国家版本馆 CIP 数据核字第 2025FW5769 号

责任编辑　宋杨萍
美术编辑　李嘉彬
技术编辑　朱　楷

出版发行　厦门大学出版社
社　　址　厦门市软件园二期望海路 39 号
邮政编码　361008
总　　机　0592-2181111　0592-2181406(传真)
营销中心　0592-2184458　0592-2181365
网　　址　http://www.xmupress.com
邮　　箱　xmup@xmupress.com
印　　刷　厦门金凯龙包装科技有限公司

开本　787 mm×1 092 mm　1/16
印张　20.25
字数　394 千字
版次　2025 年 7 月第 1 版
印次　2025 年 7 月第 1 次印刷
定价　49.00 元

厦门大学出版社
微信二维码

厦门大学出版社
微博二维码

应用型本科经管系列教材
编委会
（按姓氏笔画排序）

总　序

　　教育是强国建设、民族复兴之基。习近平总书记在 2024 年 9 月召开的全国教育大会上强调,紧紧围绕立德树人根本任务,朝着建成教育强国战略目标扎实迈进。《墨子·尚贤》有言:"国有贤良之士众,则国家之治厚;贤良之士寡,则国家之治薄。"培养什么人,是教育的首要问题。随着国家对高等教育质量提升和创新型人才培养的日益重视,应用型本科教育以其鲜明的职业导向和实践特色,成为培养未来经济社会所需高素质、高技能人才的关键阵地。作为连接理论与实践、促进经济社会发展的重要桥梁,经管学科始终站在时代的前沿,不断创新教育模式、更新教材建设。在快速变化的全球经济版图中,全国各地积极探索地方特色鲜明的应用型人才培养体系,努力为区域经济发展输送高质量的经管类人才。鉴于此,我们精心策划并编写了应用型本科经管系列教材,旨在响应国家教材建设要求,为推进建设中国特色、世界一流的教育提供坚强保障。

一、回应时代呼唤:抓住新机遇,迎接新挑战

　　习近平总书记指出,教育数字化是我国开辟教育发展新赛道和塑造教育发展新优势的重要突破口。教书育人既要体现时代精神,又要回答时代之问。当前,全球经济一体化加速推进,信息技术日新月异,新兴产业层出不穷,这些变化不仅深刻改变了经济社会的运行逻辑,也对经管教育提出了新的挑战。如何回应信息技术的发展,推进教育数字化,是我们面临的重大课题。为紧跟时代脉搏,牢牢把握当前时代特征赋予经管教育的新使命和新任务,本系列教材在形式上不再局限于纸质书本的内容,通过提供丰富的数字化教学资源来满足新时代的教学需求,包括在线学

习资源、微课视频、电子课件、题库测试等,探索数字技术赋能教材建设之路,持续推动经管教育数字化改革创新。

二、创新人才培养:锻造"新商科"人才,支撑新质生产力发展

新质生产力以科技创新为驱动力,以高水平人才为支撑。传统经管教育体系非常关注管理和营销、金融与投资、会计等维度的素养培训和提升,但容易形成学科领地和专业边界固化的"知识孤岛"。新质生产力的要素构成转变,对经管专业人才的素质和技能提出了新的要求。面向未来,经管教育的发展必须适应科技的变革和社会的真实需求。教材建设是育人育才的重要依托,我们邀请了来自高校、企业、行业协会等多方专家共同参与编写,确保教材内容既紧跟学术前沿,又有足够宽广的视野,助力培养和锻造一批具有多学科知识背景、多方面实践技能的"新商科"高水平复合型人才,直接服务现代化产业建设与中国高质量发展,着力打造中国经济的升级版。

三、定位教材特质:强化应用导向,注重实践能力

传统的经管类专业教材通常侧重于理论体系的完整性和逻辑性,而应用型本科教育更关注理论的实际应用性和操作性。为了更好地体现应用型本科教育的实践导向,本系列教材紧密围绕应用型本科教育的人才培养目标,坚持"理论够用、重在实践"的原则,力求在内容安排上实现理论性与实践性的有机结合。本系列教材在编写过程中不仅重视基础理论的系统性讲解,还特别注重理论在实际经济管理活动中的应用场景和操作方法。教材中不仅涵盖了经管领域的基础理论和核心知识,还融入了国内外优秀的经典教学案例,精选了大量真实企业的管理案例,分析了行业热点问题和研究了典型经济现象,旨在通过模拟真实的工作场景和解决实际问题,提升学生的综合素质和实践能力。

四、开阔教学视野:服务国家经济,面向国际合作

在全球经济一体化的背景下,企业的经营和管理已经超越了单一国

家的范围。这就需要应用型本科经管教育围绕服务国家战略需求,促进中国经济和管理教育事业发展,培养既深刻理解中国国情和特色又具备全球视野的经济管理人才。因此,本系列教材在内容设置中,既注重结合我国经济背景和产业特点,展开如关于数字贸易发展、绿色经济转型、海洋经济发展等系列专题内容的深入分析,又引入了国际经贸理论、跨国企业管理、国际投资分析等内容,增强学生国际化视野和跨文化管理能力的培养。如此规划,既能提升学生在就业过程中的适应性和竞争力,又能为学生未来参与国际合作打下基础。

五、整合编写资源:确保内容科学性,增强教材适用性

采他山之石以攻玉,纳百家之长以厚己。本系列教材在策划之初,就先下好作者队伍的"先手棋",得到了众多经管院校的大力支持。各院校注重发挥自身学科优势,联合一线教师共同将教学经验融入教材之中。各位编者在撰写过程中仔细打磨、反复论证,力求在内容的科学性、先进性和适用性上达到最佳平衡,用心打造培根铸魂、启智增慧的精品教材。同时,我们还通过广泛征求教师和学生的意见,不断改进教材的内容结构,使其更加符合应用型本科教育的实际需要。

应用型本科教育已然走上了提质培优、增值赋能的快车道。教材建设是推动教育创新的重要引擎,应用型本科经管系列教材的出版是对应用型本科教育改革和发展的一次积极探索。它不仅反映了高等教育服务国家经济的理念,也体现了教育界对应用型人才培养的深入思考和实践。我们期冀本系列教材能够在应用型本科教育中发挥重要作用,让更多院校和师生受益于优质教育资源,为学生提供更好的学习方向和成长机会。

2024 年 11 月

序

在当今复杂多变的商业环境下，风险管理与内部控制已然成为组织稳健运行、持续发展的关键基石。基于此，本教材应运而生，承载着为财会领域培育应用型专业人才的重任，令人深感欣喜。

应用型本科教育聚焦于学生实践能力的塑造，本教材精准定位，它不仅为学生搭建了一套系统、实用且与时俱进的知识体系，更以项目式学习、模拟演练等多元教学方法为指引，助力学生走出书本，打破知识的局限，提前适应职场挑战。本教材在内容设计上充分考虑了学生的认知特点和学习需求。每一章内容都从基础概念入手，逐步深入，辅以丰富的图表和案例分析，力求使学生在掌握理论知识的同时将理论灵活运用于实际工作。

深入阅读本教材内容，就能感受到编写团队的深厚学养与实践洞察。在理论阐述上，将经典理论与当代前沿研究成果有机融合，为学生构建起扎实的知识框架。从风险识别的多元方法剖析，到内部控制体系构建的精细讲解，逻辑清晰、层层递进。尤为珍贵的是，大量鲜活案例穿插其中，这些取材于不同行业真实场景的案例，犹如一扇扇通往实践的窗户，让抽象理论落地生根，使学生在模拟实战中领悟风险管理与内部控制的精妙。

希望本教材能够成为学生学习风险管理和内部控制的有力工具，帮助他们在未来的职业生涯中更好地应对各种挑战，为企业和社会创造更大的价值。

陈志斌

东南大学高质量综合评价研究院　院长

2025 年 1 月 25 日

前　言

　　在当今瞬息万变的商业环境中,企业不仅面临着激烈的市场竞争,而且面临着来自内部运营、法律法规、技术创新、自然灾害以及全球宏观经济波动等多方面的风险挑战,这是对企业稳定运营与持续发展的严峻考验。风险管理与内部控制,作为现代企业治理结构与管理实践的基石,其战略地位与核心价值愈发凸显,成为确保企业稳健前行、实现可持续发展的关键。为了适应新时代的发展要求,我们精心编写了《风险管理与内部控制》一书,希望能为培养兼具社会主义核心价值观与卓越实践能力的财经人才贡献力量。

　　我们深知,理论知识虽为基础内容,但只有将其转化为可操作的策略和流程,才能真正服务于企业的可持续发展。因此,本书将风险管理与内部控制的理论框架与实际操作紧密结合。不仅系统阐述了理论框架体系的基本概念、发展历程、国内外标准,还通过大量案例分析,展示了这些理论在不同行业、规模企业中的具体应用,让读者能够直观理解并借鉴。

　　在全球化的今天,企业的风险管理与内部控制必须考虑国际规则与本土实践的双重影响。本书在介绍国际先进理论与实践的同时,也深入分析了中国企业在风险管理与内部控制方面面临的挑战与机遇,特别是结合中国相关法律法规、行业特点及文化背景,提供了有针对性的策略建议,旨在帮助中国企业在国际化进程中既能遵循国际标准,又能保持本土竞争力。

　　本书汇聚了国内外风险管理与内部控制领域的最新研究成果与实践经验,旨在为所有关心企业稳健发展的读者提供一把开启智慧之门的钥匙。我们坚信,通过深入学习本书内容,无论是本科学生,还是相关领域的研究者与学习者,都能获得思想上的启迪与能力上的提升,为推动社会主义市场经济的健康发展作出贡献。

本书共分为十章,前九章内容涵盖了风险管理与内部控制的基本理论、方法、工具和实践案例。每一章都力求理论与实践相结合,既介绍理论知识,又提供实际案例分析,以帮助读者更好地理解和掌握风险管理与内部控制的精髓。第十章为行政事业单位的风险管理与内部控制,因为与企业相比,行政事业单位在运作机制、目标定位、资源配置等方面存在显著差异,它们具有政策导向和公共利益特性,因此需要一套适应其特点的风险管理与内部控制体系。

本书在编写过程中,得到了众多同行和专家的大力支持和帮助,在此表示衷心的感谢;同时,也感谢所有对本书提出宝贵意见和建议的读者。此外,由于本书是 2021 年教育部新文科研究与改革实践项目"技术强能·外语强基:地方本科高校涉外新商科领域新文科建设探索与实践"(项目编号:2021140078,项目负责人:许明)的阶段性成果之一,也是 2021 年福建省一流本科课程"风险管理与内部控制"(项目编号:HH2021004)和福州外语外贸学院校级教材建设项目"风险管理与内部控制"(项目编号:JCX2024004)成果,在此感谢以上项目组对本书编写工作的支持与指导;同时,本书为校企合编的实践应用型教材,在编写过程中得到了华兴会计师事务所的支持与帮助,在此一并感谢。

编者

2024 年 11 月于榕城

目　录

第一章　风险管理与内部控制概述

学习目标

知识目标

1.理解和掌握风险和风险管理的概念；

2.理解和掌握风险管理的程序和组织架构；

3.理解和掌握内部控制的概念；

4.熟悉内部控制的产生及发展；

5.熟悉内部控制的目标、要素及原则；

6.了解我国内部控制的相关立法及政策。

能力目标

1.明晰风险和风险管理的相关内涵；

2.掌握内部控制的内涵及其发展规律；

3.辨析内部控制、风险管理与合规管理的关系。

素养目标

1.深化对风险管理与内部控制的认识；

2.关注我国风险管理与内部控制的历史及现状，
  增强风险管理与内部控制的意识。

思维导图

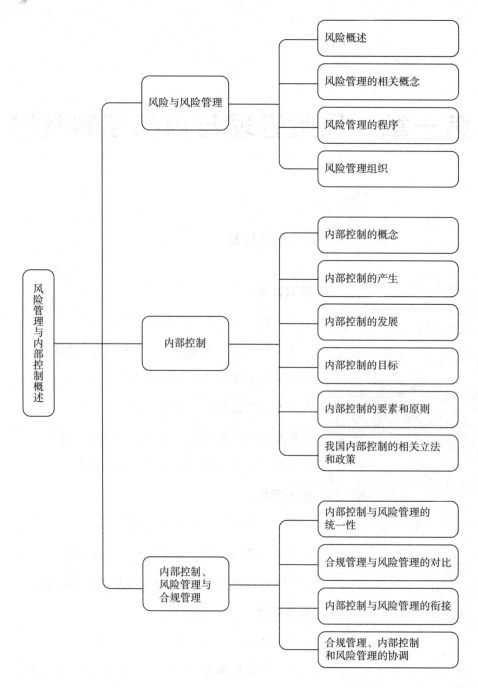

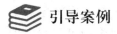 **引导案例**

上市公司遭遇诈骗事件

深圳市海普瑞药业集团股份有限公司(以下简称海普瑞)于 1998 年在中国深圳成立,是全球最大的肝素钠原料药生产企业及全球第三大依诺肝素制剂生产企业。2024 年 1 月,上市公司海普瑞发布公告,称其遭遇了 A 股史上最大的诈骗案。犯罪嫌疑人通过伪造企业高管、外部律师及审计师的邮箱等方式向意大利子公司——天道意大利总经理发送邮件,并以企业正在进行一项高度机密的并购为由设下骗局,使得意大利子公司总经理误认为该事项属实,并按照犯罪嫌疑人的要求避开企业内部资金支付流程,累计向其打款 1170 余万欧元。

针对前述诈骗事件,深圳证监局于 2024 年 2 月对海普瑞出具了《关于对海普瑞药业集团股份有限公司采取责令改正措施的决定》。深圳证监局认为,企业的部分海外子公司在银行账户及网上银行的日常管理、资金付款的授权及审批、内部资金调拨等方面存在内部控制制度不完善、执行不到位等问题。

这起事件暴露了海普瑞在内部控制和风险管理方面存在一定问题,同时也提醒其他企业在快速发展过程中要高度重视对子公司的管理和监督。由此,内部控制与风险管理的重要性可见一斑。

资料来源:海普瑞.深圳市海普瑞药业集团股份有限公司关于对深圳证券交易所问询函回复的公告[EB/OL].(2024-01-31)[2024-09-06].http://www.cninfo.com.cn/new/disclosure/detail? plate=szse&orgId=9900012288&stockCode=002399&announcementId=1219044645&announcementTime=2024-01-31.

第一节　风险与风险管理

一、风险概述

(一)风险的概念

19 世纪,西方古典经济学派就提出了风险的概念,认为风险是经营活动的副产品,经营者的收入是其在经营活动中承担风险的报酬。最早提出风险概念的是美国学者约翰·海恩斯(John Haynes),他在 1895 年出版的《风险:一项经济因素》(*Risk as an Economic Factor*)一书中写道:"'风险'一词在经济学和其他学术领域中并无任何技术上的内容,它意味着遭受损害或损失的可能性。偶然性是划分风险的本质特征,某种行为能否产生有害的后果应以其不确定性而定。如果某种行为具有不确定性,则该行为就承担了风险。"

1921年,富兰克·奈特(Frank Knight)认为,风险是"可测定的不确定性",而"不可测定的不确定性"才是真正意义上的不确定性。阿瑟·威廉斯(Arthur Williams)认为,风险是在给定情况下特定时间内那些可能发生的结果之间的差异。

1972年,杰里·罗森布朗(Jerry S. Rosenbloom)在其论文中将风险定义为对未来损失的不确定性。

1983年,日本学者武井勋在《风险理论》一书中对风险的概念作了新的表述,他认为风险是特定环境中和特定期间内自然存在的导致经济损失的变化,包括三个要素:第一,风险与不确定性有差异;第二,风险是客观存在的;第三,风险可以测量。

2001年,国际内部审计师协会将风险定义为可能对目标的实现产生影响的不确定性,并指出风险衡量标准的后果与可能性。随后有学者在研究风险概念时不仅将未来结果朝不利方向变动的可能性(即风险损失)包括在内,而且将未来结果朝有利和不利两方面的变动都包括在内。例如,阿瑟·威廉斯等人在其所著的《风险管理与保险》(*Risk Management and Insurance*)一书中,将风险定义为"结果中潜在的变化"。

2002年,英国风险管理协会(Institute of Risk Management,简称 IRM)、工商业保险和风险管理师协会(Association of Insurance and Risk Managers in Industry and Commerce,简称 AIRMIC)以及公共部门风险管理协会(Association of Public Sector Risk Management,简称 APSRM)共同发布了风险管理标准,将风险定义为事件及其后果的可能性的结合,既关注风险的消极面,也关注风险的积极面。

2017年,美国反虚假财务报告委员会成立的下属机构——发起人委员会(The Committee of Sponsoring Organizations of the Treadway Commission,简称 COSO)发布的《企业风险管理——整合战略和绩效》(*Enterprise Risk Management Integrating with Strategy and Performance*)中,用可能性来定义风险,即风险是指事项发生并影响战略和商业目标实现的可能性。

2018年,国际标准化组织(International Organization for Standardization,简称 ISO)发布的《ISO 31000:2018 风险管理指南》(*ISO 31000:2018 Risk Management Guidelines*)中,使用不确定性定义风险,即风险是指不确定性对目标的影响。

在现代市场经济中,随着全球贸易以及电子信息技术的发展,企业面临风险的可能性大大提高,人们意识到"风险能够产生机会和变革"。人们对风险的认识已经提升到企业发展战略层面。

风险是指在某一特定环境下,某一特定时间段内,某种损失发生的可能性。这种损失可能是经济上的、健康上的或其他任何形式的。风险是客观存在的,不以人的意志为转移的,具有客观性、偶然性、普遍性、可测性、可变性等特点。

(二)风险的特点

1.客观性

风险的客观性是指风险作为一种现象或状态,是独立于人的主观意识而客观存在的。这意味着风险不是由人们的想象、愿望或恐惧造成的,而是基于实际的事实、数据和经验而产生的。

风险的客观性体现在以下几个方面:①不受主观意愿影响。无论人们是否承认或接受,风险都是客观存在的,它不会因为人们的忽视、否认或逃避而消失。②基于事实和实际的数据。如历史记录、统计分析和科学研究,这些客观的信息为识别、评估和管理风险提供了参考。③不会因为个人的情感、偏好或信仰而改变。无论人们持悲观、乐观还是无所谓的态度,风险都保持其固有的性质和可能性。④在自然环境、社会环境和经济环境中普遍存在。风险不受地域、文化、政治或经济制度的限制。⑤在一定程度上,风险是可以被观察和测量的。通过收集和分析数据,人们可以评估风险发生的可能性、严重性和影响范围,从而制定相应的风险管理策略。

综上所述,风险的客观性强调风险是一种不受主观意愿和情感影响的客观现象。正确认识和应对风险需要基于客观的事实和数据,而不是个人的主观臆断或偏见。

2.偶然性

风险的偶然性包含两层含义:一是发生的可能性,二是发生的不确定性。风险是可能发生的,但并非必然发生,即风险的存在意味着有一定的概率会发生某种不利事件,但这种概率并不是百分之百。即使风险存在,其发生的时间、地点、方式以及损失程度都是不确定的。这种不确定性使得人们难以准确预测风险的具体情况和后果。

风险的偶然性在实际生活中有多种表现:一是时间上的不确定性,即风险可能在任何时间发生,没有固定的时间模式或规律可循。二是空间上的不确定性,即风险可能发生在任何地点,无论是个人生活、工作环境还是更广泛的社会环境中。三是损失程度的不确定性,即风险所造成的损失程度也是不同的,可能轻微也可能严重。

　　风险的偶然性主要源于多个方面:一是信息不完全。人们往往无法掌握所有与风险相关的信息,导致难以准确预测风险的发生。二是随机因素的作用。许多风险事件的发生受到随机因素的影响,如自然灾害、市场波动等,这些随机因素难以预测和控制。三是系统复杂性。现代社会和经济系统日益复杂,各种因素之间相互关联、相互影响,使得风险的发生更加难以预测。

　　3.普遍性

　　风险的普遍性是指风险无处不在、无时不有,它贯穿于人类社会的各种活动和过程。这种普遍性体现在以下几个方面:

　　首先,风险存在于各个领域。无论是在自然环境、社会环境还是经济环境中,风险都普遍存在。在自然环境中,地震、洪水、风暴等自然灾害是常见的风险;在社会环境中,政治动荡、社会冲突、犯罪活动等也是不可忽视的风险;在经济环境中,市场波动、信用违约、经营失败等风险更是经常发生。

　　其次,风险涉及各个层面。风险不仅存在于宏观层面,如国家经济安全、社会稳定等,也存在于微观层面,如个人生活、工作健康等。每个人、每个组织都面临着各种风险,这些风险可能对其产生直接或间接的影响。除此之外,风险贯穿于各种活动。无论是生产活动、经营活动还是日常生活,风险都贯穿其中。在生产活动中,设备故障、操作失误等都可能导致风险事件的发生;在经营活动中,市场竞争、法律法规变化等也可能带来风险;在日常生活中,交通事故、疾病等也是常见的风险来源。

　　最后,风险与人类社会的发展相伴相生。随着人类社会的发展和进步,新的风险也不断涌现。例如,随着科技的发展,网络安全风险、数据泄露风险等成为新的关注点;随着全球化的加速,国际政治经济风险也对各国产生越来越大的影响。

　　综上所述,风险的普遍性要求我们在生活和工作中时刻保持警惕,强化风险意识,做好风险管理。通过监控、识别、评估和应对风险,我们可以更好地应对不确定性并保护自身和组织的利益。

　　4.可测性

　　风险的可测性是指人们对风险发生的可能性和损失程度进行定量或定性的估计和判断。虽然风险具有客观性和发生的随机不确定性,但是人们可以在概率论和数理统计学的基础上,根据以往发生的系列类似事件的统计资料进行分析归类,利用损失的分布分析方法来计算某种风险损失发生的概率、所造成损失的大小及损失的波动性,从而对风险进行预测、评判和防范。

　　风险的可测性体现在概率论和数理统计的应用、风险评估模型的建立、专家经验和主观判断相结合等方面。首先,概率论和数理统计的应用是通过大量的历史数据和统计分析,来计算出风险事件发生的概率及其损失程度。例如,在人寿保险中,根据精算原理,利用对各年龄段人群的长期观察得到的大量死亡记录,测算各个年龄段人的死亡率,进而根据死亡率计算人寿保险的保险费率。其次,风险评估模型的建立是基于概率论和数理统计方法,通过构建风险评估模型,来对特定风险进行量化评估。这些模型可以帮助人们更准确地了解风险发生的可能性和影响程度。最后,专家经验和主观判断相结合。除了定量分析方法外,定性分析法也是一种重要的风险监测方法。定性分析法基于专家经验和主观判断,通过评估风险发生的可能性和影响程度以及相关因素之间的关系来确定风险的影响程度和优先级。

风险可测性的意义在于指导风险管理决策,并为风险管理决策提供科学依据。通过量化风险,人们可以更加客观地评估不同风险管理策略的效果和成本,从而选择最优方案。提高风险管理效率、了解风险发生的可能性和影响程度有助于人们提前制定应对措施和预案,减少风险事件发生时的损失和混乱。同时,通过持续监测和评估风险变化,可以及时调整风险管理策略,提高管理效率。对社会整体而言,风险的可测性有助于政府和企业更好地把握经济和社会发展趋势,制定科学合理的政策和规划,促进社会稳定和发展。

综上所述,风险的可测性是进行风险管理的重要基础之一。通过运用概率论、数理统计等科学方法以及专家经验和主观判断相结合的方式,人们可以对风险进行量化评估和预测,为风险管理决策提供科学依据并促进社会稳定和发展。

5.可变性

风险的可变性是指在一定条件下风险具有可以转化的特性。风险之间可以转化(例如转换风险水平不同的投资项目),风险和确定性之间也可以相互转化(例如通过购买保险来将风险从不确定性向确定性转化,或将固定取得收益的证券投资转为风险投资)。

(三)风险的分类

按照不同的标准,风险可以分为以下几类:

1.按照风险造成的结果划分

(1)纯粹风险。纯粹风险是指只有损失机会而无获利可能的风险。这种风险造成的结果只有两个:一是没有损失,二是造成损失。纯粹风险包括自然灾害(如地震、洪水等)和人的生老病死等。纯粹风险只涉及损失的可能性,不存在获利的机会。纯粹风险具有可保性,通常可由保险公司承保,因为这类风险的发生概率和损失范围相对可测。

(2)投机风险。投机风险是指投资者在承担市场价格波动等不确定性因素时,既有可能获得收益,也有可能遭受损失的风险。这类风险的结果有三种可能:盈亏平衡、损失和盈利。比如股票投资,投资者购买某种股票后,可能会由于股票价格上升而获得收益,也可能由于股票价格下降而蒙受损失,但股票的价格到底是上升还是下降,幅度有多大,这些都是不确定的,这类风险属于投机风险。不同于纯粹风险,投机风险具有既可能获利也可能损失的特性。投机风险的结果是不确定的,投资者无法事先准确预测收益或损失的大小。通常,较高的投机风险伴随着较高的潜在收益,这也是吸引投资者进行投机活动的重要因素。

2.按照产生风险的环境划分

(1)静态风险。静态风险主要是指自然灾害和意外事故带来的风险。这些风险的发生通常与社会、经济、政治环境的变化无关,而是由自然因素或人为因素的不规则变动所致。静态风险具有一定的规律性,可以通过大数法则加以测算和预防。虽然从局部看风险的发生是不确定的,但从整体看,风险发生的概率和损失程度可以表现为一个确定的数值。静态风险一般只会导致经济上的损失,而不会带来意外的收益。这种风险不涉及任何获利机会。静态风险通常属于不可回避的风险,个人或组织在其面前往往处于被动地位。

(2)动态风险。动态风险是指与社会变动有关的风险,包括社会经济、政治、技术、组织机构等方面的变化。由于动态风险涉及社会、经济、环境等多方面变化,其发生和影响的程度往往难以准确预测,因此动态风险带来的后果是双重的,既可能给个体或组织带来经济上的损失,也可能带来额外的收益。动态风险造成的后果难以用历史资料来推算,且由其可能引起的损失无法直接计入成本,因此往往难以通过保险来转移风险。

3.按照风险发生的原因划分

(1)自然风险。自然风险是自然因素的不规则变化,如由地震、洪水、台风、干旱等自然现象引起的对经济活动、物质生产或生命安全造成潜在威胁的风险。自然灾害的发生往往不以人的意志为转移,人们难以完全控制和预防。某些自然灾害的发生具有一定的周期性,如台风季节、雨季等。自然风险事故一旦发生,其影响范围往往很广,涉及多个个体或组织。自然风险往往造成巨大的经济损失和人员伤亡。由于地理位置、气候条件等因素的不同,分布在不同地区的自然风险具有明显的差异性。

(2)社会风险。社会风险是指在社会运行过程中,由于各种不确定因素的存在,社会系统可能遭受损失或破坏的可能性。社会风险往往影响广泛,涉及大量个体或群体。社会风险包括人身安全、社会关系、社会秩序、社会规范、社会结构等多个方面。社会风险不只局限于某一地区,可能跨越多个地区甚至全国乃至全球。社会风险一旦转化为社会危机,将对社会稳定和社会秩序造成灾难级影响。

(3)经济风险。经济风险是指经济活动中足以导致预期目标与预期结果发生背离的各种破坏性因素的总和。这些因素可能包括市场情况变化、信息预测不准确、经营管理不善等,从而引发产品积压、产品过剩、价格跌落、经营亏损等经济损失。经济风险是客观存在的,不以人的意志为转移的。在市场经济条件下,由于价值规律的作用,各种经济风险都是不可避免的。经济风险可能产生损失也可能不产生损失。高风险往往伴随着高收益,体现了经济风险的不确定性。对经济风险的认识和衡量需要从系统的角度出发,通过一系列相互关联、相互影响的指标来综合反映。经济风险的发生带有很大的偶然性和突发性,难以准确预测。

4.按照风险致损的对象划分

(1)财产风险。财产风险是指由自然因素、社会因素或经济因素等不确定事件的发生,导致个人或单位所占有、控制或照看的财产价值减少、贬值或丧失的可能性。财产风险的发生具有不确定性,即风险是否发生、何时发生以及损失程度都是未知的。财产风险是客观存在的,不以人的意志为转移。财产风险广泛存在于经济社会的各个领域,无论是企业还是个人都可能面临财产风险。导致产生财产风险的形式多种多样,包括自然灾害、意外事故、经济波动等。

(2)人身风险。人身风险是指在日常生活以及经济活动过程中,人的生命或身体遭受的损害,导致人的经济生产能力降低或丧失的风险。人身风险包括死亡、残疾、疾病、生育、年老等损害形态,是个人身体遭受损害的可能性和可能的伤害程度。人身风险具有不确定性,即风险是否发生、发生的时间及产生的结果都是不确定的。同时,健康风险(如伤残、疾病等)的发生及其损害程度也具有明显的不确定性。

(3)责任风险。责任风险是指个人或团体因行为上的疏忽或过失造成他人的财产损失或人身伤亡,依照法律、合同或道义应负经济赔偿责任的风险。责任风险涉及个人或团体因疏忽、过失或不当行为而导致的第三方损失,这些损失可能包括财产损失、人身伤害甚至死亡,责任主体依法、依合同或依道义需承担经济赔偿责任。责任风险的发生概率相对较小,一旦发生,往往导致较大的经济损失,甚至可能使当事人难以承担。责任风险的发生具有不确定性,无法准确预测其发生的时间、地点和程度。与直接损失相比,责任损失实际上没有明确的上限,法庭的判决可能导致当事人承担巨额赔偿,极大影响其生活。

5.按照企业活动的性质划分

(1)金融风险。金融风险是指在金融活动中,金融机构、金融产品或金融市场所面临的可能产生损失的风险。这种风险是由金融市场中的价格波动、利率变动、汇率变动、信用状况变化等多种因素导致的,涉及金融市场、金融机构和金融产品的多个方面,对金融体系的稳定和经济的发展具有重要影响。金融风险的发生具有不确定性,难以事前完全把握。金融机构所经营的商品——货币的特殊性决定了金融机构同经济和社会的发展是紧密相关的。金融企业负债率偏高,财务杠杆大,导致负外部性大。此外,随着金融工具创新,衍生金融工具也伴随着高度的金融风险。金融机构承担着中介机构的职能,割裂了原始借贷的对应关系。处于这一中介网络的任何一方出现风险,都有可能对其他方面产生影响,甚至发生行业的、区域的金融风险,导致金融危机。

(2)非金融风险。非金融风险是与金融市场无关的风险,具体包括来源于企业运营和外部环境的风险。具体有以下几方面:①操作风险,即人工失误或错误导致企业运营过程中产生损失的风险;②清偿力风险,即企业现金不足导致无法继续经营的风险;③监管风险,即监管环境发生变化导致企业负担额外成本或企业活动受限的风险;④政府或政策风险,即政策发生变化(如税率变动)导致企业额外负担成本的风险;⑤法律风险,即未来法律活动产生后果的不确定性;⑥模型风险,即企业估值时利用不正确的分析模型导致决策失败的风险;⑦尾部风险,即极端事件发生概率超出企业的预期,尤其是错误地假定事件发生概率所产生的风险;⑧会计风险,即由企业会计政策和估计的判断不正确所产生的风险。

除了以上划分方式,风险的划分方式还有许多,划分的目的是便于人们更好地识别风险、应对风险。因此,相较于给企业所面临的每种风险起一个名称,对风险所带来的经济后果的认识更加重要。

(四)风险成本

风险成本是指由风险存在而导致的企业价值减少的部分。风险成本由期望损失成本、损失控制成本、损失融资成本、内部风险抑制成本和残余不确定性成本构成。

(1)期望损失成本包括直接期望损失成本和间接期望损失成本。直接期望损失成本主要涉及对损毁资产的修复或重置、对受伤员工的赔偿以及可能产生的诉讼成本;间接期望损失成本则涵盖因直接损失可能导致的净利润减少等。

(2)损失控制成本是企业为降低损失频率和损失程度而采取措施所发生的成本,如加强安全设施建设、提高员工安全意识等。

(3)损失融资成本包括自保成本(如为支付损失而持有的自保资金成本)、保险费中的附加保费的成本,以及拟定、协商和实施套期合约等风险转移合同过程中的交易成本。

(4)内部风险抑制成本是与实现分散经营以及管理这些分散行为有关的成本,包括对数据进行收集、分析以进行更精确的损失预测所产生的成本。

(5)残余不确定性成本是指即使采取了损失控制、保险、套期等风险转移措施,仍可能存在一部分无法完全消除的损失而产生的成本。

二、风险管理的相关概念

风险管理思想自古有之。我国早在夏朝就有了旨在积谷防饥的粮食储备制度,《夏箴》中记有:"天有四殃,水旱饥荒,其至无时,非务积聚,何以备之?"公元前 916 年和公元前 400 年,国外提出了共同海损制度和船货押贷方法。

现代意义上的风险管理理论和实践始于 20 世纪 30 年代的美国。1930 年,美国宾夕法尼亚大学所罗门·许布纳(Solomon Schbner)博士在美国管理协会召开的一次关于保险问题的会议上首次提出了风险管理的概念。风险管理本质上是针对各种风险的管理活动的总称,包括风险识别、风险评估、风险应对和风险控制等。60 年代,风险管理在美国工商企业界发展为一种现代管理手段;70 年代,全球性的企业风险管理运动兴起;90 年代,整体层面的风险管理思想出现并得到推广。

(一)风险管理的定义

风险管理是指经济单位(如企业、组织或个人)通过风险识别、风险估测、风险评价,并在此基础上选择与优化组合各种风险管理技术,对风险实施有效控制和妥善处理风险所致损失的过程,以最小的成本获得最大的安全保障。

从流程视角看,风险管理被视为一个流程,涉及战略决策和执行决策的全过程。在这个过程中,董事会、管理层和其他人员共同实施风险管理活动,旨在识别潜在事件,管理风险并确保实体目标的实现。

从目标视角看,风险管理旨在将不确定因素产生的结果控制在可接受的预期范围内,以保障和促进组织的整体利益实现。这一定义强调了风险管理在实现组织目标过程中的重要作用。

从活动视角看,风险管理是针对风险所采取的指挥和控制的协调活动。这一定义突出了风险管理作为一种管理手段的本质特征,即通过有效的协调活动来应对不确定性带来的挑战。

(二)风险管理的目标

风险管理的目标是一个多层次、多维度的概念,旨在通过一系列策略和方法来应对风险的不确定性,确保组织或个人的资产安全、运营稳定以及价值最大化。

1.总体目标

风险管理的总体目标是以最小的成本获得最大的安全保障,从而实现经济单位(如企业、组织或个人)的价值最大化。这一目标体现了风险管理的核心追求,即在风险与收益之间寻求最佳平衡,确保组织或个人在面对不确定性时能够稳健前行。

2.具体目标

(1)确保企业与组织及成员的生存和发展。风险管理的基本目标是确保企业和组织在面临风险和意外事故时能够维持生存。这意味着通过风险管理能够使经济单位乃至社会避免受到灾害损失的严重打击。

(2)保证组织的各项活动正常运转。风险事故的出现往往会影响或打破组织的正常状态和人们的正常生活秩序。风险管理的目标之一是通过有效的风险管理措施,帮助组织迅速恢复正常运转,减少损失和混乱,使人们尽快从无序走向有序。

(3)尽快实现企业和组织稳定的收益。面临风险事故时,进行风险管理有助于企业和经济单位通过经济补偿等方式及时恢复生产经营活动,保证企业经营的稳定性。同时,风险管理还可以为企业提供其他方面的支持,帮助其尽快恢复到损失前的水平,并推动企业实现持续增长。

(4)减少忧虑和恐惧,提供安全保障。风险事故的发生不仅会导致物质损失或人员伤亡,还会给人们带来严重的心理压力。风险管理的目标之一是尽可能地创造宽松的生产和生活环境,减少人们心理上的忧虑和恐惧感,增强安全感,维护社会稳定。

(5)通过风险成本最小化实现企业或组织价值最大化。通过全面系统的风险管理措施,企业可以减少风险成本支出和现金流出,实现企业价值的最大化。这是现代企业风险管理的一个重要目标。

三、风险管理的程序

风险管理的程序主要包括风险识别、风险分析、风险应对和风险监控四个步骤。

(一)风险识别

风险识别是指通过一定的方法和手段,对可能影响项目目标实现的各种风险因素进行系统的、连续的识别和归类,并分析产生风险事故的具体原因。这有助于人们了解项目面临的风险状况,为后续的风险分析和风险应对打下基础。

风险识别包括感知风险和分析风险。感知风险即了解客观存在的各种风险,是风险识别的基础。通过感知风险,人们可以初步认识到项目可能面临的各种风险因素。分析风险是在感知风险的基础上,进一步分析引起风险事故的各种因素,找出导致风险事故发生的原因,为拟定风险处理方案、进行风险管理决策服务。

风险识别的内容广泛,包括环境风险、市场风险、技术风险、生产风险、财务风险、人事风险。①环境风险是由于外部环境意外变化打乱了企业预定的生产经营计划而产生的经济风险,如国家宏观经济政策变化,社会文化道德、风俗习惯的改变等。②市场风险是指市场结构发生意外变化,使企业无法按既定策略完成经营目标而带来的经济风险,如市场需求预测失误、竞争格局变化等。③技术风险是指企业在技术创新过程中遇到技术、商业或市场等因素的意外变化而导致的创新失败风险。④生产风险是指企业无法按预定成本完成生产计划而产生的风险,如生产过程发生意外中断、生产计划延误等。⑤财务风险是指由于企业收支状况发生意外变动给企业财务造成困难而引发的风险。⑥人事风险是指涉及企业人事管理方面的风险,如关键人员的意外伤亡或伤残等。

风险识别的方法多种多样,常用的方法包括流程图分析法、专家调查列举法、财务报表分析法、因果图分析法、失误树分析法等。①流程图分析法,强调根据不同的流程,对每一阶段和环节逐个进行调查分析,找出风险存在的原因。②专家调查列举法是由风险管理人员逐一列出该企业、单位可能面临的风险,并根据不同的标准进行分类。③财务报表分析法是按照企业的资产负债表及损益表、财产目录等财务资料,对企业财务状况进行分析,发现其潜在风险。④因果图分析法是将一复杂的事物分解为多个比较简单的事物,将大系统分解为具体的组成要素,从中分析可能存在的风险及潜在损失。⑤失误树分析法是以图解表示的方法来调查损失发生前种种失误事件的情况,或对各种引起事故的原因进行分解,具体判断哪些失误最可能导致损失风险发生。此外,还有环境分析、保险调查、事故分析等方法。企业在识别风险时,应根据实际情况和需要,综合使用各种方法,以确保识别的全面性和准确性。

风险识别应遵循全面周详、综合考察、量力而行、科学计算、系统化原则。①全面周详是指风险识别应尽可能全面考虑项目可能面临的各种风险因素,不遗漏任何重要信息。②综合考察是指对风险因素进行综合分析,考虑其相互关系和影响。③量力而行是指在风险识别过程中,应根据企业的实际情况和承受能力进行识别,避免盲目扩大识别范围。④科学计算是指运用数学方法和统计工具对风险进行量化分析,提高识别的准确性和科学性。⑤系统化是指将风险识别纳入项目管理的整体框架中,与其他管理活动相协调、相配合。

总之,风险识别是风险管理的重要环节,对于确保项目的顺利进行和实现项目目标具有重要意义。通过科学、系统的风险识别方法,人们可以全面了解项目面临的风险状况,为后续风险分析和风险应对提供有力支持。

(二)风险分析

风险分析是指在风险事件发生之前或之后(尚未结束),对该事件可能给人们的生活、生命、财产等各个方面造成的影响和损失的可能性进行量化评估的过程。

风险分析就是量化测评某一事件或事物带来的影响或损失的可能程度。从信息安全的角度讲,风险分析是对信息资产所面临的威胁、存在的弱点、造成的影响,以及三者综合作用所带来风险的可能性的评估。风险分析的目的是消除风险、将风险降到最低、控制风险,为组织或企业制定风险管理策略提供科学依据,确保业务活动的顺利进行和实现组织目标。

风险分析的主要任务有:①识别评估对象面临的各种风险,包括内部风险和外部风险,如战略风险、运营风险、财务风险、市场风险、技术风险等。②评估风险概率和可能带来的负面影响,即通过量化分析,确定风险发生的可能性和潜在影响程度。③确定组织承受风险的能力,即根据组织的资源、财务状况、业务特点等因素,评估组织对风险的承受能力。④确定风险消减和控制的优先等级,即根据风险分析结果,制定风险管理策略,确定风险消减和控制的优先顺序。

风险分析的基本流程包括以下几项工作:①确定风险分析的参与人员和时间;②收集风险分析的有关信息;③选择风险分析的技术和方法;④综合分析实施方案;⑤撰写风险分析报告。

风险分析方法多种多样,常用的方法包括头脑风暴法、德尔菲法、流程图分析法、敏感性分析法、情景分析法、事件树分析法、决策树法、压力测试法等。

风险分析应注意全面性与系统性、客观性与公正性、动态性与灵活性、保密性与安全性。①全面性与系统性是指风险分析应全面考虑各种风险因素及其相互关系,确保评估结果的准确性和可靠性。②客观性与公正性是指评估过程中应保持客观公正的态度,避免主观臆断和偏见对评估结果的影响。③动态性与灵活性是指风险分析是一个动态过程,应根据实际情况的变化及时调整评估策略和方法。④保密性与安全性是指在评估过程中应注意保护敏感信息和数据的安全性,防止信息泄露和不当使用。

总之,风险分析是风险管理的重要组成部分,对于确保组织或企业的业务活动顺利进行和实现组织目标具有重要意义。通过科学、系统的风险分析工作,可以全面了解组织面临的风险状况,为制定有效的风险管理策略提供有力支持。

(三)风险应对

风险应对包括风险评级和应对策略两个方面。风险评级是指为评估后的风险划分等级。应对策略是指企业应对风险的态度和方式。将风险评级工作划分到风险分析中是合理的,因为风险评级是风险分析的结果;将风险评级划分到风险应对中也是合理的,因为应对策略要配合风险评级,而风险评级更多涉及企业对风险的主观看法,与风险分析不同。两种观点都无可厚非,这里我们采用第二种观点,将风险评级划分到风险应对程序中。

1.风险评级

企业的典型做法是检查风险评级,并得出一份列明潜在风险的清单。系统化的程序有助于识别风险以及对风险评级,这是非常关键的一步。有效的风险管理策略一般取决于量化的风险,这常常通过概率模型分析得到。花费一定的时间和资源,利用工具和专门技术正确地量化企业的主要风险,对于后期的风险管理程序是有帮助的。

首先,在识别、量化和缓解风险时,需要注意的一个关键要素是风险之间的相互影响和相互关系。例如,信贷风险的敞口可能影响市场价格风险;而运营风险,比如舞弊可能造成法律及名誉风险。应认识到不同企业活动的风险相互影响,这是目前大企业广泛采用的风险管理方法的基础。

其次,按照确定的重大程度和可能性估值计算风险评分,并识别最为重大的风险。根据影响及可能性,对风险进行优先次序的排列。进行优先次序排列时,应不仅考虑财务方面的影响,更重要的是考虑对实现企业目标的潜在影响。并非所有风险经过识别后都是重大风险。非重大风险应定期复核,特别是在外部事项发生变化时,应检查这些风险是否仍为非重大风险。

最后,风险分析小组要检查每一项被识别的风险,估计承担风险的成本。之后用成本乘以风险因素的概率,得出风险的期望值。风险分析小组应与企业的其他专业人员合作计算风险估值。计算期望值时,无须对成本进行详细的研究,也不需要使用大量的历史趋势和估计,已识别风险的估值可作为持续风险矫正的决策基础。

2.应对策略

管理层可针对已评估的关键风险作出回应。可选的应对风险策略有风险规避、风险控制、风险转移、风险承担、风险分散、风险转换、风险对冲、风险补偿。管理层可以选择一种或多种策略。

(1)风险规避。风险规避是指企业在面临潜在风险时,通过回避、停止或退出含有某一风险的商业活动或商业环境,以避免成为风险的承担者或所有者。这是一种策略性的决策,旨在减少或消除企业可能面临的损失或不利影响。

(2)风险控制。风险控制是指通过管理和调整风险事件发生的动因、环境和条件,来减轻风险事件可能造成的损失或降低其发生的概率。相较于风险规避,风险控制是一种更为积极主动的应对策略。

(3)风险转移。风险转移指的是企业通过与第三方签订合同或协议,将原本由自己承担的风险责任转移给对方。这种转移并不意味着风险被消除或减弱,而是改变了风险的承担者。企业对转移后的风险不再拥有所有权,从而在一定程度上减轻了自身的风险负担。

（4）风险承担。风险承担是企业明知可能面临风险损失，但在综合考虑其他风险管理策略的成本效益后，选择不采取进一步的控制措施，而是依靠企业自身的财力去弥补可能出现的损失。这种策略并不是一种消极的无为态度，而是企业在权衡利弊后作出的理性决策。

（5）风险分散。风险分散是指通过多样化的投资、经营或筹资方式，将原本集中的风险分散到多个不同的领域、项目或资产上，以减少企业遭受风险损失的程度。其目的在于降低企业对特定事物或人的依赖程度，避免单一风险事件对企业造成过大的冲击。

（6）风险转换。风险转换作为一种企业风险管理策略，其核心在于通过一系列措施，如战略调整或使用衍生产品等，将当前面临的风险转变为另一种性质的风险。这种做法通常是为了优化风险组合，寻求更佳的风险与回报平衡，而不是简单地减少总体风险水平。

（7）风险对冲。风险对冲是指通过投资或购买与标的资产收益波动负相关的某种资产或衍生产品，来冲消标的资产潜在的风险损失的一种风险管理策略。这种策略的关键在于寻找那些与原有风险具有负相关性的资产或产品，以便在原有风险发生时，这些资产或产品的表现能够与之相反，从而起到对冲作用。

（8）风险补偿。风险补偿是指企业为了降低风险可能带来的损失，而主动采取的一系列措施。这些措施旨在确保企业在面临风险事件时，有足够的资金或资源来补偿可能产生的损失，从而维护企业的财务稳定和持续运营。

（四）风险监控

对主要风险的识别不是单一的过程。经集体讨论或其他程序识别的一系列风险所在的环境，将随着这些已识别风险性质的改变而迅速变化。某些环境条件的改变可能使风险变得更为严重。企业需要设立一项机制，对已识别的风险进行监控。风险监控是一个实时监测风险状况及变动、监控风险管理目标实现过程的程序，贯穿风险管理的全过程。

风险监控可由程序的执行者或独立审查人员执行，如企业风险管理部门或内部审计师。

企业风险管理部门的成员能不断提供最佳的风险状况信息。企业根据正确的信息进行分析和预测，并持续对这些风险进行调研，提供对已识别风险的最新评估。企业应利用信息加强跟踪反馈，以便进行风险管理，精确调整损失控制程序，并采取新的行动进一步减少损失。如果企业能够识别可能导致重大损失、名誉损害或经营中断的主要缺陷，并且可以减少这些风险，避免产生重大影响，企业将实现风险分析和改进流程的最终目标。

内部审计师也常常能提供可靠且完善的信息，来监控已识别风险的当前状况。内部审计师可通过调查或面谈来收集此类信息。

准确的监控程序是风险管理中至关重要的一环。有些企业可能已经运行了为识别较重大风险而精心设计的程序,但是仍然必须定期对风险的状况进行监控,必要时作出调整。

四、风险管理组织

风险管理是一个具体、计划严密且正式的过程。进行风险管理,必须有规范的组织,风险管理组织承担着风险管理的职能。不同的企业,负责风险管理的部门以及人员的责任不同,这取决于高层管理者对风险管理的认识及需求。图1-1反映了风险管理组织与其他部门之间的关系。

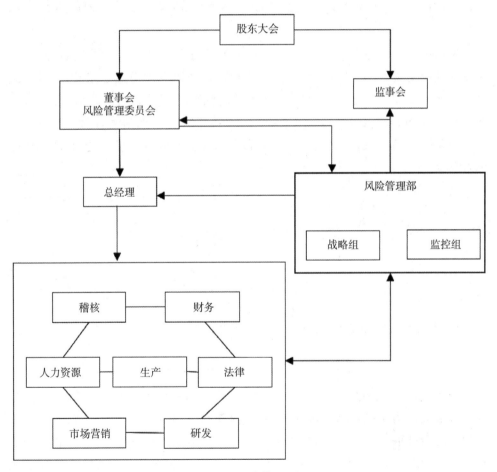

图 1-1 风险管理组织

在图 1-1 中,风险管理部受风险管理委员会领导。风险管理委员会通常由 3～5 名董事组成,其工作主要包括两个方面:一是确保企业有完善的内部控制、规范的业务程序和适当的经营政策,使各项业务在承接前及执行过程中都受到有效的风险评估管理及监督;二是批准所能承受的风险大小,并为承担风险损失提供所需的风险资本。

风险管理部通常设有战略组和监控组。战略组的职责是制定企业的风险管理政策、风险管理制度、风险度量模型和标准等,及时修订有关办法或调整风险管理策略,并且指导业务人员的日常风险管理工作。监控组的职能是贯彻风险管理战略,具体包括三个方面:第一,根据战略组制定的风险度量模型进行风险衡量、评估,持续监测风险的动态变化,并及时、全面地向战略组汇报风险状况;第二,监督业务部门的操作流程,促使各部门严格遵循风险管理程序;第三,审核和评价各业务部门采取的风险管理措施,评估各业务部门的风险管理业绩。

虽然风险管理主要由风险管理部来完成,但由于产生损失的原因多种多样,因此从理论上说,风险管理的整个过程不可能由风险管理部独立完成,而是由风险管理部和企业的其他主要部门一起完成,包括人力资源部、生产部、市场营销部以及财务部等。风险经理很可能介入一个企业多方面的活动,例如,为雇员建立养老基金和医疗保险,调查影响并购和企业收益的风险因素,购买保险以转移风险。

第二节　内部控制

一、内部控制的概念

内部控制的主体,即内部控制设计、执行和考核评价的主体,一般是指单位内部的行政领导、职能部门及相关人员。内部控制的客体是单位内部的经济、业务管理活动。为了控制客体,即控制单位内部的一切生产经营活动、财务收支活动和各种行政业务管理活动,必须针对其具体环节建立内部控制制度,制定一套相互联系、相互制约的程序和方法,使之严格按照预期目标有秩序、有效率地进行。

内部控制以责任、牵制、程序、手续等各项制度为依据,建立健全合理的组织机构,明确部门和个人的职权范围及责任界限,规定授权处理程序及相互联系、相互制约的内部流程和方法。内部控制的主要目的是领导、组织、协调、监督企事业单位和机关团体内部的各项管理活动,促使其认真贯彻执行管理部门制定的方针政策,准确、可靠地取得各种管理信息,确保财产安全、完整,不断提高经营管理水平,如期实现管理目标。

内部控制体系的建立、执行、检查、测试和评价,是现代管理学和现代审计学共同关心的问题。关于内部控制的含义,国内外有几十种不同的说法,归纳起来主要从内部控制范围、内部控制手段、内部控制目的三个方面定义。

(1)从内部控制范围来看,主要有部分控制论和全部控制论两种观点。持部分控制论的人认为,内部控制只包括与处理经济业务有关的内部会计控制,内部控制只与资产管理有关,而与行政、业务管理无关;少数人认为内部控制只包括内部牵制和内部稽核两大部分,前者蕴含在会计业务处理过程中,后者则是由特设的专业人员进行定期与不定期的核查。持全部控制论的人认为,内部控制应当包括全部管理控制,它超越了会计、财务的范围,渗透到经营的各个方面和管理的全过程。其中有人认为,内部控制实质上是由单位拥有或建立的各种程序和秩序组成的一种制度,也是保证单位行政管理按其规定作用贯彻执行以及提供有用信息的一种制度,其目的是实现单位的目标和经济而有效地使用各种资源。有人认为,内部控制包含单位管理部门设置的全部协调系统和组织计划,尽可能有条不紊和高效率地进行业务活动,保证达到管理目标。也有人认为,内部控制包含单位内部的组织计划和与计划相配合的各种方法及措施,或是机构内部的组织和程序,以保证各项资产的安全,贯彻执行既定的管理政策。还有人认为,内部控制不仅包括内部牵制和内部审计,而且包括对单位财务和其他方面的管理,这种管理便于搞好单位经营活动,维护其财产的完整性。因此,应尽可能确保会计记录的正确性和可靠性,以确保对单位经营活动进行控制和平衡。

(2)从内部控制手段来看,主要有牵制论和组织方法论两种观点。持牵制论者认为,内部控制只包括相互联系、相互制约的管理制度或职责分工制度。其中有人认为,内部控制就是单位各个职能部门的工作人员在处理经济业务过程中相互联系、相互制约的一种职责分工制度。不难看出,牵制论属于部分控制论的观点。持组织方法论者认为,内部控制不仅包括牵制制度,还包括组织、方法、手续等其他手段。其中有人认为,内部控制是采用一定的方法,对单位的业务活动进行组织、制约、考核和调节,它是各种控制措施的总称。由此可见,组织方法论属于全部控制论的观点。

(3)从内部控制目的来看,主要有三目的论和四目的论两种观点。持三目的论者认为,内部控制是为了保护单位的财产,保证会计记录准确可靠和及时提供可靠的财务信息。持四目的论者认为,内部控制除了保护资产和检查财务资料的准确性、可靠性,更重要的是为了贯彻执行既定的管理政策以达到组织的目标,提高经营效率和经济效益。内部控制的目的总是和内部控制的内容相联系,一般来说,有什么样的控制目的便需要什么样的控制内容和范围;相反,有什么样的控制内容便会产生什么样的控制目的。三目的论属于部分控制论的观点,四目的论则属于全部控制论的观点。

美国注册会计师协会(American Institute of Certified Public Accountants,简称 AICPA)所属的审计程序委员会在 1949 年第一次提出了内部控制的概念,即内部控制包括经济组织的计划,以及经济组织为保护其财产、检查其会计资料的准确性和可靠性、提高经营效率、保证既定的管理政策得以实施而采取的所有方法和措施。委员会在其后 50 多年间不断对其进行修订,1973 年进一步规定了会计控制和管理控制的含义。1988 年委员会在《审计准则说明书第 55 号》(SAS No.55)中把内部控制定义为:为了对实现特定企业目标提供合理保证而建立的一系列政策和程序,并认为控制环境、会计系统、控制程序为内部控制的三要素。

最高审计机关国际组织(International Organization of Supreme Audit Institutions,简称 INTOSAI)在发布的《内部控制准则指南》(1992 版)中规定:内部控制是为达成管理目标提供合理保证的管理工具。内部控制包括组织计划,以及为达成组织任务,保护资源,遵循法律、规章及各项管理作业规定而提供值得信赖的财务及管理资料所采取的管理态度、方法、程序及评价措施。其控制目标在于:一是保护资源,以避免因浪费、舞弊、管理不当、错误、欺诈及其他违法事件而导致的损失;二是配合组织任务,使各项作业均能有条不紊且更经济有效地运行,并提高产品与服务的质量;三是遵循法律、规章及各项管理作业规定;四是提供值得信赖的财务及管理资料,并能适时恰当地披露有关资料。

1992 年 COSO 在发布的《内部控制——整合框架》(*Internal Control Integrated Framework*)中提到,内部控制是为达成某些特定目标而设计的过程。即内部控制是一种由管理层所设计,企业董事会、管理层与其他人员执行,为达成运营效果和效率提升、财务报告可靠和遵循相关法律法规等目标而提供合理保证的过程。该定义反映的基本观点是:内部控制是一种过程,贯穿企业经营过程的始终;内部控制是一种受人影响的过程,由人执行,而非仅依靠政策手册与表格;内部控制只能为企业管理层与董事会提供合理保证,而非绝对保证。

无论怎样对内部控制下定义,都要满足组织内部控制的要求,而且还必须提出并建立可用来评估内部控制制度及决定如何改善的标准。随着现代企业管理实践的发展,全部控制论为越来越多的人所接受。人们逐渐认识到,内部控制是一种管理体系,它是整个经营管理过程的一个重要部分,是现代分权管理的重要手段,也是现代管理最重要的方式。它已经成为业务较为复杂的大中型企业进行有效管理必不可少的技术,是提高管理效能的一种先进方法,是实现组织管理高效化、专业化、规范化、自动化最基本的条件。

内部控制的全过程,实际上就是单位内部的管理人员在实现单位目标中借以保证获得资源,并有效利用资源的管理过程,其实质就是有效执行经营策略的一种管理控制。在延续不断、反复发生的过程中,管理人员在特定的环境和期限内,按照内部控制的要求,以最经济有效的方式去完成作业任务,实现整体经营策略和目标,这就是内部控制的作用。我们还可以把内部控制看成管理当局用以规定和指导其经营活动的各项制度的一个组成部分,涉及经营单位的财务、会计收支等一切经营活动,具有很强的管理功能。有了良好的内部控制,行政领导才能够依赖各级经营管理者,上级单位才能够信赖下级单位的管理人员及职工,各级管理人员及职工才能充分理解和执行上级的意图,进而取得良好的经营效果。因此,无论是企业的领导者,还是政府机关的负责人,都应该高度重视内部控制,建立健全内部控制制度。

二、内部控制的产生

内部控制的产生可以追溯到古代管理思想的萌发,但其系统化的形成则是在近现代随着企业规模的扩大和管理需求的提升而逐渐演进的。内部控制的产生和发展是一个逐步演进的过程,从古代的内部牵制思想到近现代系统化的内部控制体系,其目的在于保护企业资产、提高运营效率、确保财务报告的准确性和可靠性,并促进企业战略目标的实现。随着企业内外部环境的变化和管理需求的提升,内部控制体系将不断完善和演进。

(一)古代内部牵制思想

古罗马采用的双人记账制,体现了最早的内部牵制思想,即通过不同人员共同记录和处理账目来减少错误和舞弊。我国西周王朝实施了较为成熟的内部牵制制度,包括分权控制方法、九府出纳制度和交互考核制度等,旨在通过不相容职务分离和相互核对来确保财务记录的准确性。

(二)近代内部牵制制度的发展

随着资本主义发展,15世纪出现了复式记账法。复式记账法的出现推动了内部牵制在管理和内部控制中的应用。

20世纪初期,随着公司制企业尤其是股份公司的兴起,为了保护资产安全和完整、防范错误和舞弊行为,企业开始采取以业务授权、职责分工、双重记录和定期核对等为主要手段的内部牵制措施,形成了内部控制的雏形。

（三）内部控制概念的提出与扩展

AICPA 所属的审计程序委员会在 1949 年首次给出的内部控制的定义,将其扩展到企业财务和会计部门功能以外,包括所有在企业中采用的协调方法,目的在于保护财产、检查会计资料的准确性、提高营运效率并促进管理政策的贯彻。

随着内部控制理论和实践的不断发展,内部控制的定义和范围进一步扩展,逐渐形成了包括控制环境、风险评估、控制活动、信息与沟通、内部监督等要素在内的全面内部控制框架。

（四）现代内部控制体系的形成

1992 年,COSO 发布的《内部控制——整合框架》提出了内部控制的五要素,即控制环境、风险评估、控制活动、信息与沟通、内部监督,为现代内部控制体系的建立提供了理论基础和实践指导。

在 COSO 框架的基础上,内部控制体系不断完善和扩展,逐渐涵盖了企业的各个方面,成为企业管理的重要组成部分。

三、内部控制的发展

内部控制的发展可以追溯到 20 世纪的三个阶段:第一阶段是 20 世纪 20—40 年代,第二阶段是 20 世纪 40—80 年代,第三阶段是 20 世纪 90 年代至今。每个阶段的标志性事件,促进了内部控制理论和实务的不断发展。

（一）第一阶段:20 世纪 20—40 年代

麦克森-罗宾斯案件(Mckesson & Robbins Case)是内部控制发展史上的里程碑,对内部控制理论和实践产生了深远影响。

麦克森-罗宾斯公司是一家从事化学与制药的大型企业,成立于 19 世纪末。在 20 世纪 30 年代,该企业规模庞大,资产总额达到 1 亿美元,其股票在纽约证券交易所上市交易。1938 年,证券交易所停止了麦克森-罗宾斯公司股票的交易,原因是该企业财务状况存疑。美国证券交易委员会(United States Securities and Exchange Commission,简称 SEC)介入调查,发现该企业财务报表存在重大问题。调查结果显示,麦克森-罗宾斯公司虚构了高达 2000 万美元的存货和应收账款,占其全部资产的 20%。这一数额在当时的经济大萧条背景下显得尤为巨大。其造假手段包括伪造销售记录、虚构客户订单和应收账款等,虚增企业利润和资产。

负责审计麦克森-罗宾斯公司的普华永道会计师事务所未能发现这些财务造假行为。审计人员在审计过程中过于依赖企业的内部记录和管理层的陈述，缺乏足够的独立性和怀疑精神。麦克森-罗宾斯案件使整个会计职业界和金融市场感到震惊，因为其暴露了当时审计程序和内部控制的严重缺陷。该案件促使审计界开始重新审视和改进审计程序，加强对企业内部控制的审查和评估。

SEC成立的专门调查组对此案进行调查并提出了关于加强企业内部控制和审计程序的建议。这些建议最终促使审计程序准则的修订和完善，以及帮助人们更加全面了解企业内部控制系统，规范审查要求。麦克森-罗宾斯案件后，企业内部控制开始受到前所未有的重视。企业开始建立和完善内部控制制度，以确保财务报告的准确性和可靠性。审计人员也加强了对企业内部控制的审查和评估，将其作为审计工作的重要组成部分。

麦克森-罗宾斯案件是内部控制发展史上的一个重要转折点，它不仅揭示了当时企业内部控制和审计程序的严重缺陷，还促使整个会计领域和金融市场对内部控制重新审视和改进。该案件强调了建立健全内部控制制度的重要性以及审计人员对企业内部控制的审查和评估责任，对后世内部控制理论和实践的发展产生了深远影响。

(二)第二阶段:20世纪40—80年代

1949年，AICPA所属的审计程序委员会首次发表了对内部控制的研究报告，题为《内部控制:系统协调的要素及其对管理部门和独立公共会计师的重要性》(*Internal Control: Elements of Coordinated System and Its Importance of Management and the Independent Public Account*)。这份报告是内部控制理论的一个重要里程碑，因为它首次给出了内部控制的明确定义，并对内部控制进行了系统性的阐述。报告中，内部控制被定义为"包括组织计划和所有在企业中采用的协调方法，目的在于保护财产，检查会计资料是否正确可靠，提高营运效率并且促进管理政策的贯彻"。这个定义强调了内部控制的多方面功能，包括保护财产安全、确保会计信息的可靠性、提高经营效率以及支持管理政策的实施。这个定义在当时具有开创性，因为它不再局限于会计控制，而是将内部控制扩展到企业管理的多个方面。报告还指出了内部控制的重要性，并强调了审计师在评估企业内部控制有效性方面的责任。这为后来的内部控制理论发展和实践应用奠定了基础。随着时间的推移，内部控制的定义和范围不断扩展和完善。

《反海外贿赂法》(*Foreign Corrupt Practices Act*，简称FCPA)是美国于1977年制定的一部单行法，旨在限制美国企业利用个人贿赂国外政府官员的行为，并对在美国上市公司的财会制度作出相关规定。它被认为是内部控制发展史上的又一里程碑。FCPA的制定主要源于20世纪70年代美国企业海外贿赂行为的泛滥,以及水门事件后公众对政府官员和大企业行为的监督需求增强。该法的目的是遏止美国企业向外国政府公职人员行贿,重建公众对美国商业系统的信心,并维护全球市场的公平竞争秩序。FCPA 并没有直接对内部控制作出具体的规定,但其合规性要求间接地促使企业必须建立健全内部控制体系来确保其业务活动符合法律要求。FCPA 要求企业保持准确的账簿和记录,以真实反映其交易和处置情况。这就要求企业建立有效的内部控制体系,确保所有财务交易的记录都是准确无误的,以防止任何形式的财务欺诈和误导性财务报告。

为了遵守 FCPA 关于禁止对外国公职人员行贿的规定,企业必须制定并执行严格的反腐败政策和程序。这些政策和程序应嵌入企业的内部控制体系中,以确保员工和第三方代表了解并遵守这些规定,防止贿赂行为的发生。FCPA 要求企业特别关注那些可能涉及海外贿赂的高风险领域,如跨国交易、政府采购等。企业需要通过内部控制体系加强对这些领域的监控和管理,以确保业务活动的合规性。为了提高员工的合规意识,企业需要定期进行合规培训和教育。这些培训和教育内容应纳入企业的内部控制体系中,以确保员工了解 FCPA 的要求和企业的合规政策,并在日常工作中积极践行。为了评估内部控制体系的有效性和合规性,企业需要定期进行内部审计和监控。这些审计和监控活动应重点关注与 FCPA 合规性相关的领域,如财务记录的准确性、反腐败政策的执行情况等。企业应建立有效的举报和调查机制,鼓励员工报告任何可能的违规行为。这些机制应与内部控制体系相结合,确保对违规行为的及时发现、调查和纠正。

(三)第三阶段:20 世纪 90 年代至今

1992 年,COSO 发布的《内部控制——整合框架》为内部控制提供了一个全面且系统的标准。该框架提出:内部控制是由企业董事会、管理层和其他员工实施的,旨在为达成运营效果和效率提升、财务报告可靠以及遵循相关法律法规等目标而提供合理保证的过程;内部控制的目标在于确保企业运营活动的有效性和效率提升,以支持企业实现其既定目标、确保对外公布的财务报告是准确可靠的、确保企业的经营活动遵守相应的法律法规;内部控制包含五要素,分别是控制环境、风险评估、控制活动、信息与沟通、内部监督。

(1)控制环境设定了组织的基调,影响着员工的控制意识,是其他内部控制要素的基础,包括诚信和道德价值观、治理结构、管理哲学和经营风格、组织架构、权力和职责的分配、人力资源政策和实务等。

(2)风险评估主要是识别和分析影响企业目标实现的风险,为确定如何管理这些风险奠定基础。

（3）通过政策和程序来确保管理层的指令得到实施，控制活动帮助应对风险。

（4）信息与沟通能确保信息在企业内部得到及时、准确、完整的传递，使每个人能够履行职责。

（5）内部监督的目的是评估内部控制系统在一定时期内的运行质量，以确保内部控制持续有效运行。

COSO框架强调了内部控制在保护企业资产、确保财务报告准确性和可靠性、促进遵守法律法规以及提高运营效率方面的关键作用。该框架强调了内部控制是一个全面、系统的过程，需要企业各个层级的共同参与和努力，以确保内部控制的有效性。

2004年，COSO发布了《企业风险管理——整合框架》（*Enterprise Risk Management : Integrated Framework*，简称ERM框架）。该框架是对《内部控制——整合框架》（1992版）[①]的扩展和深化，将风险管理的概念更加系统地融入企业内部控制中，在内部控制五要素的基础上增加了战略目标，并将内部控制视为风险管理的一部分。

这一阶段内部控制框架逐渐完善，形成了系统化的理论体系和实践指导。内部控制的目标扩展到包括战略目标在内的多个方面，更加强调风险管理和绩效提升。内部控制不再局限于会计和财务领域，而是渗透到企业管理的各个方面和业务流程。风险管理成为内部控制的重要组成部分，企业通过风险管理来识别和应对潜在的风险，确保战略目标的实现。

内部控制的发展是一个不断演进和完善的过程。随着企业内外部环境的变化和管理需求的提升，内部控制体系不断扩展和深化，以更好地适应企业发展的需求。现代内部控制体系已经成为企业管理的重要组成部分，对于保护企业资产、提高运营效率、确保财务报告的准确性和可靠性以及促进企业战略目标的实现具有重要意义。

四、内部控制的目标

内部控制目标的历史观点随着内部控制理论的发展而不断演变。

在内部控制早期阶段，其主要目标集中在查错防弊、保护财产安全以及确保会计信息的准确性上。这一时期的内部控制更多地关注会计控制和内部牵制，目的是防止和发现会计错误和舞弊行为。

20世纪40—80年代，随着内部控制理论的发展，内部控制目标逐渐扩展。

---

① 编者注："1992版"是指《内部控制——整合框架》在1992年发布的版本。

AICPA 所属的审计程序委员会在 1949 年首次给出了内部控制的定义,指出其目标是保护财产、检查会计资料的正确性、提高经营效率和促进管理政策的实施。

1973 年,AICPA 发布的《审计准则说明书第 1 号》(SAS No.1)进一步细化了会计控制和管理控制的目标:会计控制主要关注会计记录的可靠性,而管理控制则侧重于运营效率的提高和管理政策的遵循。

1992 年,COSO 发布的《内部控制——整合框架》将内部控制的目标确定为三个主要方面:确保经营的效率和效果,确保财务报告的可靠性,遵守适用的法律和法规。这些目标反映了内部控制在企业整体运营中的重要作用,不再局限于会计控制,而是扩展到整个企业的经营管理活动。

2004 年,COSO 发布的 ERM 框架对内部控制目标进行了扩展,增加了战略目标,即确保将风险控制在与总体目标相适应并可承受的范围内,以支持企业实现其战略目标。这一目标的增加表明内部控制已被提升到企业战略层面,并将其视为实现企业长期发展的重要因素。

借鉴 COSO 发布的框架,并结合我国经济及企业管理的现状,我国财政部等五部委于 2008 年联合发布了《企业内部控制基本规范》(财会〔2008〕7 号)。该规范将内部控制的目标确定为五类:①合理保证企业经营管理合法合规;②保护资产安全;③保护财务报告及相关信息真实完整;④提高经营效率和效果;⑤促进企业实现发展战略。这些目标涵盖了企业内部控制的各个方面,体现了内部控制在现代企业管理中的核心地位。

内部控制目标的历史观点经历了从最初的查错防弊、保护财产安全,到后来的提高经营效率、确保财务报告可靠性,再到实现战略目标的演变过程。这一过程反映了内部控制理论的不断完善和发展,也体现了其在企业管理中的重要性。

五、内部控制的要素和原则

(一)内部控制的要素

下面介绍我国 2008 年发布的《企业内部控制基本规范》中的内部控制要素。

企业内部控制包括内部环境、风险评估、控制活动、信息与沟通以及内部监督等。

1.内部环境

内部环境是企业内部控制的基础和前提,它决定了企业内部控制的基调和氛围。一个健康、积极的内部环境能够为企业内部控制的有效实施提供有力保障。内部环境主要包括以下几个方面:

（1）治理结构。企业的治理结构是企业内部环境的核心。它包括股东大会、董事会、监事会和经理层的职责和权限分配，以及它们之间的相互关系。有效的治理结构能够确保企业内部权力的平衡与制约，防止权力滥用。

（2）内部机构设置及权责分配。企业应合理设置内部机构，明确各机构的职责和权限，确保各部门之间既相互独立又相互协作，形成有效的制衡机制。同时，企业应明确各级管理人员的权责，确保他们能够在授权范围内行使职权并承担相应的责任。

（3）企业文化。企业文化是企业内部环境的重要组成部分。它包括企业的价值观、经营理念、道德观念等，对员工的行为具有引导和约束作用。积极的企业文化能够增强员工的归属感和责任感，促进企业内部控制的有效实施。

（4）人力资源政策。企业的人力资源政策对内部控制的实施效果具有重要影响。企业应制定科学合理的人力资源政策，包括招聘、培训、考核、晋升等方面的规定。通过选聘具有胜任能力的人员、加强员工培训、建立有效的激励和约束机制等，确保内部控制的有效执行。

（5）内部审计。内部审计是内部控制的重要组成部分，它通过对企业内部控制的健全性、合理性和有效性进行检查和评价，帮助企业发现并纠正内部控制中的缺陷和问题。企业应建立独立的内部审计机构，配备具有专业知识和技能的审计人员，确保内部审计工作的独立性和客观性。

（6）反舞弊机制。企业应建立反舞弊机制，通过制定反舞弊政策、设立举报渠道、加强员工培训等方式，防止和发现舞弊行为。同时，企业应对发现的舞弊行为采取严厉措施予以惩处，以维护企业的声誉和利益。

2.风险评估

风险评估是一个系统性、连续性的过程，它要求企业从目标设定开始，通过风险识别、风险分析、风险评价和风险应对等步骤，全面、准确地评估企业面临的各种风险，并制定相应的风险应对策略和管理措施。它涉及企业面临的各种内外部风险的识别、分析和评价，以及制定相应的风险应对策略。以下是关于风险评估的详细阐述：

（1）目标设定。风险评估首先需要明确企业的战略目标、经营目标、财务报告目标、合规性目标等，这些目标是风险评估的基准。企业应根据自身的实际情况和发展需求，合理设定目标，并将其作为风险评估的依据。

（2）风险识别。风险识别是风险评估的第一步，它要求企业采用定性和定量的方法，系统、连续地收集与企业风险或风险管理相关的内外部信息，及时发现、准确识别可能影响企业目标实现的各种风险。风险识别的方法包括问卷调查、专家咨询、小组讨论、情景分析等。

（3）风险分析。在识别出潜在风险后，企业需要对这些风险进行深入分析，了解风险的性质、成因、影响范围和影响程度等。风险分析的方法包括风险矩阵、故障树分析、事件树分析等,这些方法有助于企业对风险进行量化评估,为制定风险应对策略提供依据。

(4)风险评价。风险评价是在风险识别和风险分析的基础上,综合考虑风险发生的可能性和影响程度,对风险进行排序和分级,确定哪些风险需要优先关注和管理。风险评价的结果将直接影响企业后续的风险应对策略选择和资源配置。

(5)风险应对。针对识别和评价出的风险,企业需要制定相应的风险应对策略。常见的风险应对策略包括风险规避、风险控制、风险分散和风险承担等。企业应根据风险的性质、影响程度以及自身的风险承受能力等因素,选择最合适的风险应对策略。

(6)风险监控。风险评估是一个持续的过程,企业需要对已识别的风险进行持续监控,及时了解风险的变化情况,并根据新的信息和情况调整风险应对策略。同时,企业还需要建立风险预警机制,对可能发生的重大风险进行预警和防范。

3.控制活动

控制活动是指企业根据风险评估结果,采用相应的控制措施,将风险控制在可接受的范围内,以确保内部控制目标的实现。控制活动是内部控制体系的核心组成部分,贯穿于企业各个层级和业务流程之中。以下是对《企业内部控制基本规范》中控制活动的详细阐述:

(1)不相容职务分离控制。企业应当全面系统地分析、梳理业务流程中所涉及的不相容职务,实施相应的分离措施,形成各司其职、各负其责、相互制约的工作机制。不相容职务包括但不限于授权批准与业务经办、业务经办与会计记录、会计记录与财产保管、业务经办与稽核检查等内容。

(2)授权审批控制。企业应当明确各岗位办理业务和事项的权限范围、审批程序和相应责任。企业内部各级管理人员必须在授权范围内行使职权和承担责任。对于重大业务和事项,企业应当实行集体决策审批或者联签制度,任何个人不得单独进行决策或者擅自改变集体决策。

(3)会计系统控制。企业应当严格执行国家统一的会计准则制度,加强会计基础工作,明确会计凭证、会计账簿和财务会计报告的处理程序,保证会计资料真实完整。企业应当依法设置会计机构,配备会计从业人员。从事会计工作的人员,应当取得会计从业资格证书。会计机构负责人应当具备会计师以上专业技术职务资格。

(4)财产保护控制。企业应当建立财产日常管理制度和定期清查制度,采取财产记录、实物保管、定期盘点、账实核对等措施,确保财产安全。企业应当严格限制未经授权的人员接触和处置财产。

（5）预算控制。企业应当实施全面预算管理制度，明确各责任单位在预算管理中的职责权限，规范预算的编制、审定、下达和执行程序，强化预算约束。

（6）运营分析控制。企业应当建立运营情况分析制度，经理层应当综合运用生产、购销、投资、筹资、财务等方面的信息，通过因素分析、对比分析、趋势分析等方法，定期开展运营情况分析，发现存在的问题，及时查明原因并加以改进。

（7）绩效考评控制。企业应当建立和实施绩效考评制度，科学设置考核指标体系，对企业内部各责任单位和全体员工的业绩进行定期考核和客观评价，将考评结果作为确定员工薪酬以及职务晋升、评优、降级、调岗、辞退等的依据。

（8）重大风险预警机制和突发事件应急处理机制。企业应当建立重大风险预警机制和突发事件应急处理机制，明确风险预警标准，对可能发生的重大风险或突发事件，制定应急预案，明确责任人员，规范处置程序，确保突发事件得到及时妥善处理。

综上所述，《企业内部控制基本规范》中的控制活动涵盖了不相容职务分离控制、授权审批控制、会计系统控制、财产保护控制、预算控制、运营分析控制、绩效考评控制以及重大风险预警机制和突发事件应急处理机制等多个方面。这些控制措施旨在确保企业风险得到有效管理和控制，从而保障企业内部控制目标的实现。

4.信息与沟通

信息与沟通是内部控制体系的重要组成部分，涉及企业内部信息的收集、处理和传递，以及企业内部和外部之间的沟通等内容。良好的信息与沟通机制能够确保企业各层级、各部门之间以及企业与外部利益相关者之间信息畅通无阻，为内部控制的有效实施提供有力支持。以下是对信息与沟通的详细阐述：

（1）信息收集与处理。企业应建立有效的信息收集机制，确保及时、准确地收集与企业内部控制相关的内外部信息。这些信息可能包括市场环境变化、政策法规更新、企业内部业务流程的执行情况、财务数据的变动等。对收集到的信息，企业应进行分类、整理和分析，以便更好地理解和利用这些信息。在信息处理过程中应注重信息的准确性和时效性，确保信息能够真实反映企业的实际情况。

（2）内部信息传递。企业应建立顺畅的内部信息传递渠道，确保企业各层级、各部门之间的信息能够迅速、准确地传递。这包括向上传递的汇报机制和向下传递的指令机制，以及横向传递的协作机制。企业应注重信息的透明度和开放性，鼓励员工积极参与信息的交流和分享。通过内部会议、公告、邮件等方式，确保员工能够及时了解企业的最新动态和决策信息。

（3）外部沟通。企业应建立与外部利益相关者之间的有效沟通机制，包括与供应商、客户、债权人、政府部门等之间的沟通。通过定期交流、参加行业会议、发布公开报告等方式,加强与外部利益相关者的联系和合作。在与外部沟通过程中,企业应注重信息的真实性和准确性,避免误导性信息或虚假宣传。同时,企业应积极回应外部利益相关者的关切和诉求,建立良好的企业形象和信誉。

(4)信息系统建设。企业应建立先进的信息系统,利用现代信息技术手段提高信息收集、处理和传递的效率和质量。信息系统应具备数据集成、信息共享、远程访问等功能,以便员工能够随时随地获取所需信息。企业应定期对信息系统进行更新和维护,确保其稳定性和安全性。通过加强网络安全管理、数据备份和恢复等措施,保障信息系统的正常运行和数据安全。

(5)反舞弊机制与举报人保护制度。企业应建立反舞弊机制,通过制定反舞弊政策、设立举报渠道等方式,鼓励员工积极举报舞弊行为。同时,企业应对举报人进行保护,防止其受到打击报复。在处理舞弊行为时,企业应遵循公正、公平、公开的原则,对舞弊者进行严肃处理,并对相关制度和流程进行改进和完善。

综上所述,信息与沟通机制是确保企业内部控制有效实施的重要保障。通过建立良好的信息收集与处理机制、内部信息传递机制、外部沟通机制以及建设信息系统等措施,企业能够提高信息的透明度和开放性,促进内部控制目标的实现。

5.内部监督

内部监督是内部控制体系的重要组成部分,旨在对企业内部控制的建立与实施情况进行持续、有效的监督检查,以评价内部控制的有效性,及时发现并纠正内部控制的缺陷,确保内部控制目标的实现。以下是对内部监督的详细阐述:

(1)监督目标与原则。内部监督的主要目标是评估内部控制体系的有效性,发现可能存在的问题和缺陷,并提出改进建议,以确保内部控制体系能够持续、有效地运行。内部监督应遵循客观性、独立性和公正性原则,确保监督工作的准确性和可靠性。

(2)监督机构与职责。企业应设立专门的内部审计机构或指定专职人员负责内部监督工作。内部审计机构或专职人员应保持独立性,不受管理层或其他部门的干扰和影响。内部监督机构或人员的主要职责包括制订内部监督计划、实施监督检查、评估内部控制的有效性、提出改进建议等。

(3)监督范围与频率。内部监督应覆盖企业所有重要业务和关键控制环节,确保不留死角。企业应根据自身实际情况和风险水平,合理确定内部监督的频率和范围,确保监督工作能够及时、有效地发现潜在问题。

(4)监督程序与方法。内部监督应遵循一定的程序和方法,包括制订监督计划、收集监督证据、评估控制缺陷、提出改进建议等。企业可以采用多种监督方法,如个别访谈、调查问卷、实地观察、穿行测试等,以获取充分的监督证据,评估内部控制的有效性。

(5)缺陷认定与报告。企业应建立内部控制缺陷认定标准,对监督过程中发现的内部控制缺陷进行认定和分类。对于认定的内部控制缺陷,企业应及时报告给相关部门和人员,并提出具体的整改措施和时间表,确保缺陷得到及时纠正和改进。

(6)持续改进与反馈。内部监督工作应形成持续改进的机制,通过定期的评估和监督,不断完善和优化内部控制体系。企业应建立反馈机制,鼓励员工积极参与内部控制的监督和改进工作,及时反映内部控制实施过程中存在的问题和困难,共同推动内部控制体系的不断完善和提升。

综上所述,内部监督是确保内部控制体系有效运行的重要保障。通过建立健全内部监督机制,企业能够及时发现和纠正内部控制的缺陷和问题,提高内部控制的有效性和可靠性,从而保障企业的稳健运营和可持续发展。

内部控制的构成要素并非简单相加,而是相互联系、相互制约、相辅相成,共同组成一个完整的框架。内部控制五个要素之间的关系如图 1-2 所示。

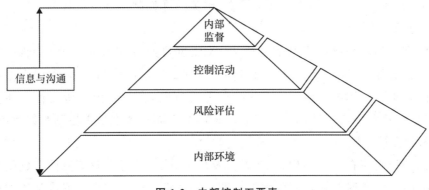

图 1-2　内部控制五要素

(1)内部环境是内部控制赖以存在的基础,为实施控制活动和履行控制职责搭建框架。

(2)风险评估是实施内部控制的依据,实施风险评估才能进一步通过控制活动管理风险。

(3)控制活动要制定合理的风险管理策略,通过控制活动确保降低风险的措施顺利实施。

(4)信息与沟通可以确保有效获取相关信息并在组织内部和外部进行有效传递。信息与沟通贯穿于内部控制的全过程,联系着企业内外和上下左右,将整个内部控制结构凝聚在一起,是保证内部控制过程良好运行的润滑剂。

(5)内部监督位于顶端的重要位置,是内部控制系统的特殊构成要素,它独立于各项生产经营活动之外,是对其他内部控制的一种再控制。

(二)内部控制的原则

尽管每个企业在组织形式、行业特点、业务类别、经营范围、规模大小、管理模式等方面都存在差异,内部控制模式也不尽相同,但在内部控制体系建立和实施的过程中,存在一些共性的原则理念。企业需要根据内部控制目标,遵循这些具有规律性和指导性的原则建立和实施内部控制。

1.全面性原则

企业内部控制应贯穿于决策、执行和监督全过程,涉及事前控制、事中控制和事后控制,覆盖企业及其所属单位的各种业务和事项,包括企业整体层面的控制、业务活动层面的控制、对子公司的控制和对分支机构的控制。内部控制是全员控制,上至董事会成员,下至普通员工,中间是各阶层的管理者,他们都是内部控制实施的主体。内部控制在业务流程上应渗透到决策、执行、监督、反馈等各个环节;任何决策或操作均应有案可查,避免内部控制出现空白和漏洞。

2.重要性原则

内部控制应在全面控制的基础上,关注重要业务与事项以及高风险领域。针对重要业务与事项、高风险领域与环节采取更严格的控制措施,确保不存在重大缺陷。重要性原则的应用需要一定的职业判断,企业应根据所处行业环境和经营特点,从业务与事项的性质和涉及金额两方面来考虑是否控制及如何控制。

3.制衡性原则

内部控制应在治理结构、机构设置及权责分配、业务流程等方面形成相互制约、相互监督,同时兼顾运营效率的机制。制衡性原则要求企业完成某项工作必须经过互不隶属的两个或两个以上的岗位和环节,并且履行内部控制监督职责的机构或人员应具有良好的独立性。任何人不得拥有凌驾于内部控制之上的特殊权力,高级管理人员应以身作则,做好表率。

4.适应性原则

内部控制应与企业经营规模、业务特点、业务范围、竞争状况和风险水平等相适应,并随着企业外部环境的变化、经营业务的调整、管理要求的提高等不断改进和完善。适应性原则要求企业建立与实施内部控制应考虑各单位具体特点,繁简适度,易于操作。内部控制建设要具有针对性和前瞻性,适时对内部控制系统进行评估,及时发现可能存在的问题,并采取措施予以补救。

5.成本效益原则

一般而言,各种控制制度、程序和方法的设计与实施成本不应超过不施行该控制所产生的错误或存在的潜在风险可能造成的损失和浪费。内部控制成本通常包括设计成本和运行成本,例如,聘请内部控制相关的高技能员工需要支付更高的薪酬。内部控制的效益是指某项控制活动或制度实施、运行后产生的效益和好处。例如,内部控制可以增强董事会和管理层实现目标的信心、减少不利事件的发生、满足进入资本市场的特定要求、为经营管理中的判断提供依据、提高业务职能和工作流程的效率等。

这些原则共同构成了企业内部控制体系的基础框架,指导企业在不同层面和环节上科学合理地设计和实施内部控制措施,以提升企业的运营效率和风险防范能力。企业在实际操作中应根据自身情况灵活运用这些原则,确保内部控制的有效性和可持续性。

六、我国内部控制的相关立法和政策

20 世纪 80 年代以来,随着市场经济的发展和企业改革的深入,我国政府对内部控制的重视程度不断提高,相继出台了一系列法规和政策,以规范企业的内部控制建设。我国企业内部控制的相关立法和政策已经形成了较为完善的体系,涵盖会计、审计、证券、金融等多个领域,并针对不同类型的企业和行业制定了具体的内部控制规范和指引。这些立法和政策为企业建立健全内部控制体系提供了法律保障和指导。主要立法如下:

1.会计法相关立法

1985 年,《中华人民共和国会计法》首次在法律文件中对内部牵制提出明确要求,规定会计机构内部应当建立稽核制度。1999 年,再次修订的《中华人民共和国会计法》将内部控制制度当作保障会计信息真实和完整的基本手段之一。2024 年,再读修订的《中华人民共和国会计法》在第二十五条提到"各单位应当建立、健全本单位内部会计监督制度,并将其纳入本单位内部控制制度。"这既为各单位建立健全内部控制体系提供了坚实的法律基础,也有助于提高单位内部管理水平,加强廉政风险防控机制建设,推进国家治理体系和治理能力现代化。

2.审计法相关政策

1996 年,审计署发布《中华人民共和国国家审计基本准则》,将对内部控制制度的测试当作"作业准则"予以规定。

3.证券法相关政策

2000 年,中国证监会发布《公开发行证券的公司信息披露编报规则》第 1 至6 号,要求公开发行证券的商业银行、保险公司、证券公司等建立健全内部控制制度,并对内部控制制度的完整性、合理性和有效性进行说明。2001 年,中国证监会发布《证券公司内部控制指引》,要求所有证券公司建立和完善内部控制机制和内部控制制度。2006 年,中国证监会发布《首次公开发行股票并上市管理办法》,要求证券发行人在内部控制方面能有效应对所有重大事项,并由注册会计师出具无保留结论的内部控制鉴证报告。

4.金融机构相关政策

2002 年,中国人民银行颁布的《商业银行内部控制指引》,旨在促进商业银行建立和健全内部控制制度、防范金融风险。2009 年及以后,银监会也多次发布或修订关于商业银行内部控制的指引和办法,以加强对商业银行内部控制的监督和管理。

5.国务院国资委相关政策

2006 年,国务院国资委出台的《中央企业全面风险管理指引》指出,企业应建立健全全面风险管理体系,包括风险管理策略、风险理财措施、风险管理的组织职能体系、风险管理信息系统和内部控制系统。

6.财政部相关政策

1996 年,财政部发布的《会计基础工作规范》和中国注册会计师协会发布的《独立审计具体准则第 9 号——内部控制与审计风险》,对内部控制和审计风险提出具体要求。2001 年起,财政部陆续发布的《内部会计控制规范——基本规范(试行)》及其配套指引,明确了建立和完善内部会计控制体系的基本框架。2008 年,财政部联合证监会、审计署、银监会、保监会五部委发布我国第一部《企业内部控制基本规范》,随后发布《企业内部控制评价指引》和《企业内部控制应用指引》等配套文件,进一步规范了企业内部控制的建立、实施、评价和披露。2012 年,财政部颁布《行政事业单位内部控制规范(试行)》,旨在提高行政事业单位内部管理水平,规范内部控制。针对不同行业特点,财政部还发布了如《石油石化行业内部控制操作指南》《电力行业内部控制操作指南》等行业内部控制规范。

7.其他部门立法

2011 年 10 月,中国注册会计师协会发布《企业内部控制审计指引实施意见》,其目的在于规范注册会计师执行内部控制审计业务,明确工作要求,提高执业质量,维护公众利益。2015 年 2 月,中国注册会计师协会发布《企业内部控制审计问题解答》,旨在进一步指导注册会计师更好地贯彻内部控制审计思路,解决在企业内部控制审计实务中遇到的问题,防范审计风险。

第三节　内部控制、风险管理与合规管理

一、内部控制与风险管理的统一性

内部控制与风险管理在本质上具有统一性,主要体现在以下几个方面。

1.目标的一致性

内部控制和风险管理都能保障企业目标的实现。无论是内部控制还是风险管理,其最终目标都是降低企业运营过程中的不确定性,保护企业资产安全,提高经营效率,确保财务报告的可靠性,以及遵守相关法律法规。

2.过程的融合性

在实际操作中,内部控制和风险管理的过程往往是相互融合、不可分割的。内部控制的实施过程中包含了风险识别的环节,而风险管理也需要在有效的内部控制体系下进行。两者共同构成了企业全面管理体系的重要部分。

3.要素的共通性

内部控制和风险管理的要素有很多共通之处。例如,风险评估是内部控制和风险管理的共同核心环节,它们都需要对可能面临的风险进行识别、分析和评价。此外,控制活动、信息与沟通以及内部监督等要素在内部控制和风险管理中也发挥着类似的作用。

4.文化的趋同性

建立有效的内部控制和风险管理体系,都需要企业培养一种积极向上的风险管理文化。这种文化强调全员参与、具有风险意识、愿意持续改进等理念,它们对于内部控制和风险管理的成功实施至关重要。

5.价值的共创性

内部控制和风险管理通过降低企业运营风险、提高经营效率等方式,共同为企业创造价值。有效的内部控制和风险管理体系能够保障企业的稳健运营,为企业的可持续发展奠定坚实基础。

综上所述,内部控制与风险管理在目标、过程、要素、文化和价值等方面都具有统一性。因此,在实践中,企业应当将内部控制与风险管理紧密结合,形成一套完整、科学的管理体系,以确保企业目标的顺利实现。

二、合规管理与风险管理的对比

合规管理与风险管理在企业管理中各自扮演着重要角色,它们在目标、关注点、实施方式等方面存在一定的差异。

合规管理主要目标是确保企业的所有经营活动符合相应的法律法规、行业标准及企业内部规章制度,避免违法违规行为的发生,保护企业的声誉和合法权益;风险管理则侧重于识别、评估和控制企业可能面临的各种风险,以减少不确定性对企业目标实现的影响,保障企业稳健运营和可持续发展。

合规管理更关注企业行为是否符合外部规定,如法律、法规、政策等,以及内部规章制度的执行情况;风险管理则更广泛地关注可能影响企业目标实现的各种不确定性因素,包括市场、财务、运营、战略等多个层面。

合规管理通常通过制定合规政策、建立合规机制、开展合规培训、进行合规审查等措施来实施,它强调的是对规定和制度的遵守和执行;风险管理则通过风险识别、风险评估、风险应对和风险监控等措施来实施,它强调的是对风险的主动管理和控制。

在某些情境下,合规管理可能影响企业绩效,因为企业为了达到合规要求可能要多付出成本,才能维护企业的合法性和声誉。而风险管理在面临某些极端情境时,可能会在权衡利弊后,考虑是否打破某些规定以追求更高的绩效,但这通常是在确保企业不会因此承担重大法律风险的前提下进行。尽管合规管理和风险管理在目标和实施方式上存在差异,但它们的最终目标是一致的,即都是促进企业的健康发展和可持续发展。在实践中,两者往往需要相互协调和配合,共同为企业的稳健运营提供保障。

三、内部控制与风险管理的衔接

尽管内部控制和风险管理具有统一性,但风险管理是对内部控制的发展,两者的衔接体现在从风险的视角理解和实施内部控制,即风险管理框架下的内部控制。内部控制与风险管理与其说是专项工作,不如说是理念、文化与方法论。

1.平衡风险管理和内部控制的关系

风险管理框架下的内部控制是站在企业战略层面分析、评估和管理风险,把对企业的监督控制从细节控制提升到战略层面及企业治理层面。风险管理不仅关注内部控制的建立,更关注内部控制的运行与评价,从企业内外部风险的角度为企业治理层、管理层持续改进内部控制设计和运行提供思路。风险管理比内部控制的范围要大得多,如图1-3所示。

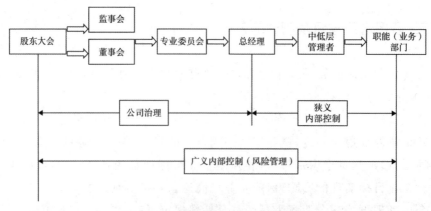

图 1-3　风险管理框架下的内部控制

2.前动与后动的平衡

风险管理框架下的内部控制既包括提前预测和评估各种潜在和现存风险，从企业整体战略的角度确定相应的内部控制措施来管理风险，达到控制的效果，又包括在问题或事件发生时作出反应，积极采取修复性和补救性的行为。显然，在风险未产生负面影响前即采取措施，更能够根据事件或风险的性质，减少风险的损失，降低成本，提高整体管理效率。

3.治理、风险、控制的整合

风险管理框架下的内部控制试图寻求一个有效的切入点，使内部控制真正作为组织战略管理的重要成分嵌入组织内部，提高组织对内部控制重要性的认识，并使内部控制能为组织战略目标的实现作出更多的贡献。依照风险管理的整体控制思维，扩展内部控制的内涵和外延，将治理、风险和控制作为一个整体来帮助实现组织目标。这一整合过程将克服原本内部控制实施过程中内部控制与管理脱节的问题，整个组织风险管理的过程也是内部控制实施的过程，内部控制不再被人为地从企业运营的整个流程中分离出来，而使其与组织的整合性和全员参与性得到提高。

4."从上到下"控制基础和"从下到上"风险基础的执行模式的融合

过去，一提到内部控制，人们往往认为它是管理者制定出相应的规章制度约束员工。但风险管理框架下的内部控制既体现内部控制从上到下的贯彻执行，也强调内部控制从下到上参与设计、反馈意见以及倒逼机制，即"从上到下"控制基础和"从下到上"风险基础的执行模式的融合。

风险管理框架下的内部控制（即风险管理）既包括管理层以下的监督控制，又包括管理层以上的治理控制。按照内部控制五要素分析，内部治理控制见如表 1-1 所示。

表 1-1　风险管理框架下的企业内部控制

内部控制要素	企业治理的表现（举例，并不全面）
内部环境	1.股东（大）会、董事会、监事会、经理的职责定位与授权； 2.董事会内部职责分工与授权，如内设的战略、执行、审计、薪酬、提名等专业委员会等； 3.董事会、监事会与经理团队的沟通氛围； 4.股东与董事会的风险偏好； 5.董事长主持董事会工作，其职业修养与专业能力将影响治理效果； 6.董事、监事能力； 7.独立董事的独立性。
风险评估	1.战略、目标、重大经营计划等决策需充分评估内外部风险； 2.在为具体治理活动制订控制策略前需要进行风险评估。

续表

内部控制要素	企业治理的表现(举例,并不全面)
控制活动	1.治理结构本身的牵制机制设计,如监事会、独立董事制度、审计委员会设立等; 2.企业战略和目标的制定与决策程序; 3.通过听取业绩报告,董事会对经理战略执行的过程控制; 4.董事长对经理的决策授权与监督; 5.董事、监事、经理的考核激励控制; 6.公司章程,董事会及其下属委员会、监事会的议事规则; 7.信息披露的控制程序。
信息与沟通	1.股东、董事、监事履行职责时,必须适时得到充分的相关信息; 2.董事会与经理团队应建立正常沟通机制,适时了解战略和目标的执行信息与沟通情况,及时采取行动; 3.股东分散,不参与企业的经营管理时,董事会应按规定适时披露相关信息,保障所有股东的合法权益。
内部监督	1.董事会(或审计委员会)聘请独立第三方检查经理履行职责的情况; 2.监事会对董事会与经理的监督检查。

四、合规管理、内部控制和风险管理的协调

合规管理、内部控制和风险管理是对企业运营的制衡,即对人的制衡,对事的制衡,对利益的制衡,制衡之外是对企业健康发展的促进。合规管理、内部控制和风险管理在企业管理中既各自扮演着重要角色,又存在紧密的联系。

1.合规管理的基础作用

合规管理是企业管理的基础,它确保企业所有经营活动都符合相应的法律法规、行业标准及企业内部规章制度。合规管理的核心在于预防和控制因违规操作可能带来的法律风险和声誉损失。通过制定合规政策、建立合规机制、开展合规培训和进行合规审查等措施,企业能够确保自身行为的合法性和规范性,从而为内部控制和风险管理打下一个坚实的基础。

2.内部控制的核心地位

内部控制是企业管理的重要组成部分,涵盖企业内部的各个方面,旨在通过制定制度、实施措施和执行程序,对经济业务活动进行风险控制。内部控制的目标是合理保证企业经营管理合法合规、资产安全、财务报告及相关信息真实完整、提高经营效率和保证经营效果、促进企业实现发展战略。内部控制的实施不仅有助于降低企业面临的各种风险,还能够提高企业的运营效率和管理水平,为风险管理提供有力支持。

3.风险管理的全面性

风险管理侧重对企业可能面临的各种不确定性因素进行识别、评估、应对和监控,以确保企业目标的顺利实现。风险管理不仅关注内部因素,还涉及外部环境的变化对企业可能产生的影响。通过全面的风险管理,企业能够更好地应对各种潜在风险,减少不确定性对企业运营的影响,保障企业稳健发展。

4.合规管理、内部控制和风险管理的协调性

合规管理为内部控制和风险管理提供基础。合规管理确保企业行为的合法性和规范性,为内部控制和风险管理的实施提供必要的前提条件。只有在合规的基础上,内部控制和风险管理才能更加有效地发挥作用。

内部控制是合规管理和风险管理的重要手段。内部控制通过制定和执行一系列控制措施,确保企业目标顺利实现。这些控制措施不仅有助于降低企业面临的各种风险,还能够确保企业行为符合相关法律法规和内部规章制度的要求。因此,内部控制在合规管理和风险管理中发挥着重要作用。

风险管理涵盖合规管理和内部控制的内容。风险管理具有更广泛的涵盖范围,它不仅关注企业可能面临的各种不确定性因素,还包括对合规性和内部控制有效性进行评估。通过全面的风险管理,企业能够更好地协调合规管理、内部控制和日常运营活动之间的关系,确保企业稳健发展。

本章小结

本章主要介绍内部控制与风险管理的概念。首先,阐述风险的概念、特点、分类以及风险管理的目标,说明风险识别、风险评估、风险应对和风险监控等风险管理程序及企业风险管理组织。其次,介绍内部控制的概念、产生及发展,了解内部控制的发展是一个不断演进和完善的过程。再次,分析内部控制的目标、要素及原则,明确内部控制的构成要素并非简单相加,而是相互联系、相互制约、相辅相成,共同组成一个完整的框架。复次,介绍了我国企业内部控制的相关立法及政策,我国企业内部控制的相关立法及政策已经形成了较为完善的体系。最后,探讨合规管理、内部控制和风险管理对企业运营的制衡情况,三者在企业管理中既各自扮演着重要角色,又存在紧密的联系。

通过本章的学习,读者可以初步认识风险管理和内部控制,知悉我国风险管理与内部控制历史及现状,了解内部控制与风险管理的概念,为后续章节进一步学习企业内部控制与风险管理的实施奠定基础。同时,增强风险管理与内部控制的意识是企业持续高速健康发展的安全带。

案例分析

恒大集团危机

1.企业简介

恒大集团有限公司（以下简称恒大集团）是一家总部位于广东省广州市的综合性集团，成立于1996年，在房地产、文化旅游、健康养生、金融投资、体育产业等领域拥有广泛的业务布局。作为我国曾经最大的房地产开发商之一，恒大集团在全国范围内开展房地产项目，涵盖住宅、商业、写字楼等多个领域，企业在房地产市场占据重要地位。恒大物业曾是中国最大和增长最快的综合物业管理服务运营商之一，是恒大集团的控股子公司。由于恒大集团奉行的高周转模式和房地产行业的整体下行，加上恒大集团的内部控制存在重大缺陷，2021年9月恒大集团开始出现财务危机的迹象，企业面临巨额债务和流动性压力，无法按期偿还债务。市场对恒大集团的财务状况和未来发展产生担忧，随后恒大集团债券交易暂停，企业未能按时支付到期债券本息，引发债务违约和资金挤兑，反映恒大集团的财务危机迹象包括恒大物业的大额质押存单被强制执行的情况。

2.存单质押业务介绍

2020年12月28日至2021年8月2日期间，恒大物业的六大附属企业（分别是金碧物业、金碧恒盈、金碧华府、恒大恒康、金碧世家和金碧恒康）通过银行，为多家第三方企业（作为被担保方）融资提供存单质押担保，相关的资金通过被担保方及多家渠道企业（扣除费用后）划转至恒大集团。总体而言，自2021年9月至12月期间，因质押担保期限届满，触发质押权实现条件，被银行强制执行的恒大物业附属企业质押存单的总计价值为134亿元。

前述存单质押的交易原因：2020年12月中至下旬，基于恒大集团的资金需求，恒大集团提出开展一个专项融资业务，具体方案为利用恒大物业附属企业对外做质押，为第三方向银行申请融资提供担保，第三方融资所获取资金投入到恒大集团，以支付在2021年2月的负债及应付款项。随后，该质押的目的，是继续利用专项融资业务，为恒大集团的其他营运及财务需求获取资金，包括支付在2021年不同时间点到期的负债及应付款项。质押担保操作如下：

第一，2020年12月，金碧物业（恒大物业的附属企业）通过在银行的三个月定期存款，为第三方企业提供金额为20亿元的存单质押担保，使该第三方企业获得等额的银行票据。在扣除和抵消了企业支付的相关费用后，金额为19.5275亿元的资金通过一通道企业间接转至恒大集团。2021年3月，金碧物业通过在银行的六个月定期存款,为另一家第三方企业提供金额为 20 亿元的存单质押担保,使该第三方企业获得在扣除费用后的 19.554 亿元银行贷款。该笔资金通过通道企业间接转至恒大集团,并用于解除前述所述的第一笔定期存单质押。该银行贷款于 2021 年 9 月到期,但借款人未能偿还该贷款。此后,金碧物业提供的 20 亿元质押存单被银行强制执行。

第二,2021 年 6 月,金碧恒盈及恒大恒康(恒大物业的两家附属企业)通过在银行的定期存款,向 6 家第三方企业提供合计金额为 27 亿元的存单质押担保,使该等第三方企业取得 27 亿元的银行票据。在 2021 年 6 月的同一时期,上述 6 家第三方企业中的一家,向恒大集团提供 27 亿元,该资金随后被用于向金碧物业作出同等金额的付款。金碧恒盈及恒大恒康提供的 27 亿元质押存单于 2021 年 9 月被银行强制执行。

第三,2021 年 7 月和 8 月,金碧世家、金碧恒盈、金碧华府、恒大恒康、金碧恒康(恒大物业的五家附属企业)通过在银行的定期存款,为 17 家第三方企业提供合计金额为 87 亿元的存单质押担保,使该第三方企业从银行取得银行贷款或银行票据。金额为 87 亿元的资金通过不同通道企业和肇庆恒晋间接转至恒大集团。从 2021 年 9 月到 2021 年 12 月,恒大物业附属企业提供的金额为 87 亿元的质押存单被相关银行强制执行。

3.原因追溯

恒大物业为上市公司,前述存单质押业务属于恒大物业违规关联担保,恒大集团违规占用恒大物业非经营性资金 134 亿元,侵害了恒大物业的其他少数股东权益。根据企业独立调查委员会公告内容,我们从内部控制和风险管理的角度追溯其原因。

第一,管理层凌驾于控制之上。恒大集团未建立利益冲突申报制度规范员工、管理层及董事的道德行为流程,企业时任某些董事的行为超出了企业对其授予的董事权限;同时,前述质押业务涉及企业层面的高级管理人员/执行董事违反香港上市规则的披露和合规义务。

第二,控制环境较差,员工合规性意识薄弱。恒大集团未制定相关管理制度,监控企业对上市规则下的企业管理守则及相关法规的遵循(包括内幕消息、重大信息、关联交易等信息识别、监控及披露程序);企业员工在促成前述质押业务和处理内部审批时,只关注服从性而不关心合规性,使得开展存单质押业务未能执行妥当的审核程序。

第三,控制活动失效,不相容岗位未分离。恒大物业企业层面的交易批准者,对拟进行交易的目的、理由和细节只进行有限的独立审查,更多的是严重依赖负责提起事项供审议的个人或部门的合规检查结果。这引申出一个问题,即相关人员在履行其批准交易者和把关者的职务时,可能未进行独立判断。

第四,控制活动失效,印章管理无序。恒大物业和恒大集团统一保管公司印章,以及使用相互连通并有时重叠的用印审批系统,使得恒大物业附属企业的公司印章有可能在获得恒大集团的高级管理人员批准,但在未得恒大物业管理层批准的情况下被使用。

第五,信息沟通渠道缺失。在恒大集团的高级管理人员参与前述质押交易或就质押交易发出指示时,恒大物业企业层面的管理人员在促成交易时表现出高度的服从性。特别是一些员工在访谈时提到,即使交易事项违反了正常程序,他们并没有途径或权利去质疑集团高级管理人员所了解和推动的事项。

第六,未实施监督管理。一般情况下,交易批准者应就前述这些交易的不寻常情况提出询问。例如,为该质押业务寻求特别的批准,而没有准备简要记录来说明该质押业务的整体情况;拟进行交易不属于所涉附属企业的常规业务;在短时间内匆忙寻求批准而没有提供支持文件等。然而,尽管出现了这些警惕信号,没有人提出明确的质疑或询问。

4.启示

恒大集团的失败,深刻地揭示了内部控制和风险管理的重要性,也说明企业内部控制和风险管理必须从上层(治理层、管理层)做起,即企业的治理层、管理层不仅要重视内部控制和风险管理,更要成为内部控制和风险管理中被监督、被控制的一个环节。否则,再漂亮的理论和实践,也只会成为风险的源头。同时,任何一个组织,要在整合的基础上控制好所有的风险,而不是那些显而易见的风险。

资料来源:恒大物业.内幕消息独立调查主要结果[EB/OL].(2023-02-15)[2024-09-06]. http://www.cninfo.com.cn/new/disclosure/detail? plate=hke&orgId=9900047436&stock Code=06666&announcementId=121587397 0&announcementTime=2023-02-15%2022:08.

问题:结合恒大集团失败的内部控制方面的原因,讨论内部控制五要素及其在内部控制和风险管理体系中的地位与作用。

思考与练习

一、单选题

1.风险管理的总体目标是(　　　)。
A.实现企业利润最大化　　　B.以最小的成本获得最大的安全保障
C.完全消除企业面临的所有风险　D.确保企业市场份额不断增长

2.下列哪一项不属于纯粹风险?( )

A.地震　　　B.股票价格下跌　　　C.人身意外伤害　　　D.疾病

3.COSO《内部控制——整合框架》中的哪个要素强调了组织内部的沟通和信息传递?( )

A.控制环境　　　B.风险评估　　　C.信息与沟通　　　D.内部监督

4.风险评估的第一步通常是( )。

A.风险分析　　　B.风险评价　　　C.风险识别　　　D.风险应对

5.以下哪项不是风险管理策略?( )

A.风险规避　　　B.风险控制　　　C.风险增加　　　D.风险转移

6.下列哪一项不是内部控制的基本原则?( )

A.全面性原则　　　B.成本效益原则　C.灵活性原则　　　D.制衡性原则

7.风险评估的主要目的是( )。

A.完全消除企业风险　　　　　　B.为风险管理决策提供科学依据

C.仅关注财务报告风险　　　　　D.确定企业是否应该进行多元化经营

8.内部控制五要素中,哪一个要素为其他控制要素提供了基础?( )

A.风险评估　　　B.控制活动　　　C.控制环境　　　D.信息与沟通

9.在《企业风险管理——整合框架》中,以下哪项不属于风险应对的方式?( )

A.风险规避　　　B.风险控制　　　C.风险承担　　　D.风险预测

10.内部控制的主要目的是( )。

A.仅仅确保会计信息的准确性

B.提高企业产品在市场上的竞争力

C.合理保证企业经营管理合法合规、资产安全、财务报告及相关信息真实完
整、提高经营效率和保证经营效果、促进企业实现发展战略

D.仅保护企业高层管理人员的利益

二、多选题

1.以下哪些属于风险的特点?( )

A.客观性　　　B.主观性　　　C.偶然性　　　D.普遍性

E.可变性

2.风险管理的主要程序包括哪些步骤?( )

A.风险识别　　　B.风险分析　　　C.风险应对　　　D.风险监控

E.风险预防

3.内部控制的目标包括哪些?( )

A.确保财务报告的可靠性　　　　　B.提高经营效率和保证经营效果

C.保护财产安全 　　　　　　　　D.促进企业实现发展战略

E.确保企业实现最大利润

4.以下哪些属于内部控制的要素？（　　　）

A.内部环境　　　　B.风险评估　　　　C.控制活动　　　　D.信息与沟通

E.成本效益分析

5.风险管理策略包括哪些方式？（　　　）

A.风险规避　　　　B.风险控制　　　　C.风险转移　　　　D.风险承担

E.风险预测

三、判断题

1.风险是客观存在的，不会因人的主观意识而改变。（　　　）

2.纯粹风险只涉及损失的可能性，不存在获利的机会。（　　　）

3.内部控制的主要目的是确保会计信息绝对准确和可靠。（　　　）

4.风险管理策略中的风险转移是通过购买保险将风险完全消除。（　　　）

5.COSO《内部控制——整合框架》包括控制环境、风险评估、控制活动、信息与沟通和成本效益分析五个要素。（　　　）

四、简答题

1. 简述风险的特点。

2. 简述风险管理的主要步骤。

3. 简述内部控制发展的三个阶段。

4. 简述内部控制的五要素。

5. 简述内部控制、风险管理与合规管理之间的关系。

第一章
思考与练习参考答案

第二章　内部控制与风险管理框架

学习目标

知识目标

1. 掌握内部控制的基本概念、原则和要素,了解内部控制在企业运营中的重要作用,以及内部控制与风险管理的关系;
2. 理解风险管理的核心理论和方法,以及风险管理在企业战略制定和执行中的重要性;
3. 熟悉内部控制与风险管理框架的构建过程,以及不同框架之间的比较和选择。

能力目标

1. 具备设计和实施内部控制系统的能力,能够根据企业实际情况和业务需求,制定合适的内部控制政策和程序;
2. 能够运用风险管理工具和方法,对企业面临的各种风险进行有效识别、评估和控制,确保企业稳健运营;
3. 具备内部控制与风险管理框架的持续优化能力,能够根据内外部环境的变化和企业发展的需要,对框架进行调整和完善。

素养目标

1. 培养良好的职业道德和诚信意识,确保在内部控制和风险管理工作中始终保持公正、客观和谨慎的态度;

2. 提高团队协作和沟通能力,能够在跨部门和跨层级的合作中有效推动内部控制和风险管理工作;

3. 树立风险意识和创新意识,能够积极应对复杂多变的市场环境和业务挑战,为企业创造更多价值。

思维导图

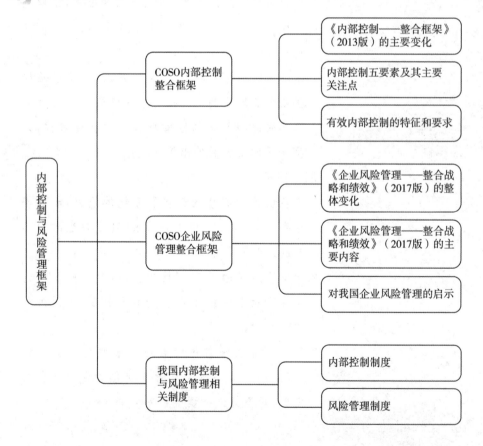

引导案例

来自民生银行"假理财"案的启示:内控要防范基层员工道德风险

银行的支行行长级别虽不高,但权力不小,支行更容易成为风控源头和风险事件的高发区。对于民生银行"假理财"案[①],2017 年 4 月 20 日,民生银行提出解决方案:最晚 7 月底以前兑付投资者的初始投资款(需扣除以前曾投资同类产品的所得利息)。4 月 27 日,在 2017 年第一季度投资者交流会上,民生银行副行长石某介绍,经民生银行工作组逐笔与客户登记核实,涉案金额约 16.5 亿元,涉及客户 150 余人。初步线索显示,航天桥支行行长张某非法募集资金用于个人支配,部分用于投资房产、文物、珠宝等。

民生银行还表示,接下来将严格按照银监会要求,规范理财和代销业务,规范销售行为,不折不扣地全面排查;针对排查中发现的问题,列出清单,逐一整改。

"这是一起内控失范的案例,从支行行长、副行长,到理财经理、柜员,一条线上的人员未能形成相互制衡,而是共同成为操作风险、道德风险的牺牲品。"一位从业近 20 年的私人银行业务人士对《21 世纪经济报道》记者称。

"最应该防范的是银行员工的道德风险,只要是人出了问题,再好的制度都有漏洞可以钻。一般的制度设计都是两三个人相互监督、相互制约,一旦人出了问题,经办的和审核的相互串通,一个支行长和一个业务员合谋就能干出很大的事。"

资料来源:黄斌,李玉敏,王晓,等.民生银行假理财案件启示[N].21 世纪经济报道,2017-04-29.

第一节 COSO 内部控制整合框架

一、《内部控制——整合框架》(2013 版)的主要变化

1992 年由 COSO 发布的《内部控制——整合框架》首次提出内部控制概念框架,主要包含内部控制的概念、目标和五要素。

---

① 编者注:民生银行"假理财"案请通过网络搜索,查看案件全过程。

2013 年,《内部控制——整合框架》在保留原有版本内部控制定义和五个内部控制要素的同时进行了一系列更新和变化。以下是该框架的主要变化:

(1)提炼了内部控制五要素的 17 项总体原则。新框架最显著的变化是在旧框架的基础上,提炼出内部控制五要素的 17 项总体原则。将这五项基本要素和 17 项总体原则组合起来,构成了内部控制的标准,适用于所有组织。

(2)注重以原则为导向的方法。新框架提出基于内部控制五要素的 17 项原则和相应的关注点,形成一个层次分明的内部控制体系,即目标—要素—原则—关注点。以原则为导向的思路具有广泛性和适用性,新框架适用于任何类型的组织,以及组织内的单元或部门。

(3)扩大了报告目标的范围。新框架在报告对象和报告内容两个维度上对报告目标进行了扩展。在报告对象上,既要面向外部投资者、债权人和监管部门,确保报告符合有关监管要求;又要面向董事会和经理层,满足企业经营管理决策的需要。在报告内容上,除了包括传统的财务报告,还涵盖市场调查报告、资产使用报告、人力资源分析报告、内控评价报告、可持续发展报告等非财务报告。

(4)强调管理层判断的重要性。新框架并未要求对 17 项原则及其关注点进行单独评估而强调管理层要对设计、应用及评估内部控制制度的有效性进行判断。这一变化有助于管理层根据实际情况和需要,灵活调整内部控制策略和措施。

(5)增加反舞弊与反腐败的内容。鉴于当前商业环境中舞弊和腐败问题的严重性,新框架特别增加反舞弊与反腐败的内容。这有助于组织建立更加健全的内部控制体系,防范和打击各种违法违规行为。

此外,新框架还通过强化功能、设计清楚的概念以及容易应用的原则,把原架构的内部控制概念更加明确地编纂到其原则及属性中。这些原则及属性为使用者提供了更清晰的概念,便于其用来设计并建立内部控制制度,评估内部控制有效性。同时,新框架也便于使用者传达企业及运营环境的改变趋势。

总的来说,《内部控制——整合框架》(2013 版)[①]在保留原有框架精髓的基础上,通过提炼总体原则、扩大报告目标范畴、强调管理层判断的使用以及增加反舞弊与反腐败的内容等方式,对内部控制体系进行了全面优化和升级。这些变化有助于提高内部控制体系的有效性和适应性,更好地支持组织的战略目标和经营管理活动。

———————————

① 编者注:"2013 版"是指《内部控制——整合框架》在 2013 年发布的版本。

二、内部控制五要素及其主要关注点

(一)控制环境

控制环境是内部控制体系的基础,它涉及一套标准、流程和结构,这些要素共同为组织实施内部控制提供了坚实的基石。一个健康、有效的控制环境能够确保内部控制措施的有效执行,防范潜在风险,并促进组织目标的实现。

1.道德环境

企业组织应展现对诚信和道德价值的承诺,确定"高层基调",董事会和各级管理层需通过一言一行来展现对诚信和道德价值的重视,成为组织内部诚信和道德风尚的引领者。企业应制定明确的行为准则,明确界定组织期望的诚信和道德行为,确保所有员工、合作伙伴和供应商都清楚了解并遵守这些准则。企业须定期对行为准则的遵守情况开展评价工作,通过定期的员工调查、内部审计等手段,评估员工对行为准则的遵守情况,及时发现问题并采取纠正措施。企业应及时处理行为偏差,对违反行为准则的行为,应及时采取行动进行整改,并通过适当的惩罚措施来维护组织的诚信和道德形象。

2.独立性环境

董事会应展现其独立性并对内部控制进行监督。董事会应明确其对内部控制体系的监督责任,确保内部控制措施得到有效执行。董事会成员应具备必要的技能和专业知识,能够提出有针对性的问题并采取相应的措施来改进内部控制体系。董事会应确保有足够的"独立"成员,能够客观地进行评估和决策,不受管理层的不当影响。董事会应对管理层设计、实施的内部控制进行定期评估和监督,确保其有效性。

3.组织架构与权责

管理层应在董事会的监督下确立组织架构与权力责任,综合考虑组织的业务单元、法人主体、分销商和外包服务供应商等因素,构建能够支持目标实现的组织架构。设计并评估汇报路线,确保信息在组织内部顺畅流动,同时促进权力与责任的行使与履行。在组织不同层级内明确权力和责任,确保职责分离,防止权力滥用。

4.人才环境

企业应吸引、培养和留用符合目标要求的人才。具体措施为:制定与目标相符的人才政策,确保组织能够吸引并留住具备胜任能力的人才。

定期对员工和外包服务供应商的胜任能力进行评估,发现不足则督促其改进。为员工提供必要的培训和发展机会,确保员工具备实现组织目标所需的技能和知识。

控制环境作为内部控制体系的核心要素之一,对于确保内部控制的有效性至关重要。通过关注上述原则及其相关特征,组织可以构建一个健康、有效的控制环境,为内部控制的实施提供坚实基础。

(二)风险评估

在复杂的商业环境中,每个组织都不可避免地面临来自内外部的各种风险。风险,作为可能导致不利结果发生的不确定事件,对于组织目标的实现具有潜在的负面影响。因此,风险评估作为内部控制体系的核心要素之一,其重要性不言而喻。风险评估是一个动态且持续的过程,旨在全面识别、分析和评估影响组织目标实现的各种风险。

1.风险评估的先决条件

在进行风险评估之前,组织首先需要明确其运营、报告和合规等三大类目标,并将这些目标细化、分解至组织的各个层级。明确的目标是风险评估的出发点和落脚点,为管理层提供了清晰的指引,使管理层能够有针对性地识别和评估与这些目标相关的风险。

2.风险评估的原则与关注点

(1)目标设定

设定的目标主要包括运营目标、财务报告目标、非财务报告目标、内部报告目标和合规目标。

运营目标应紧密贴合管理层的选择,考虑行业特点、业绩期望等因素。同时,管理层需设定合理的风险容忍度,明确在实现运营目标时可接受的偏离范围。运营目标和财务绩效目标应成为资源分配的基石,确保资源优化配置以实现既定的运营和财务目标。

财务报告目标应严格遵守适用的会计准则,确保财务报告的准确性和可靠性。管理层需考虑财务报表的重要性水平,确保关键信息的披露。此外,外部报告应真实反映主体的运营活动,满足信息使用者的需求。

非财务报告目标应符合既定的外部标准和框架,如法律法规、行业规范等。管理层需确保非财务报告的精确度和准确性,满足信息使用者的需求。同时,非财务报告应全面反映主体的运营活动,为信息使用者提供有价值的参考信息。

内部报告目标应为管理层提供决策所需的准确、完整的信息,支持管理层的决策过程。管理层需考虑内部报告的精确度要求,确保信息的准确性和可靠性。内部报告应全面反映主体的运营活动,为管理层提供有力的支持。

合规目标应紧密贴合法律法规及规章的要求,确保组织在合法合规的轨道上运行。管理层需考虑合规目标的风险容忍度,明确在实现合规目标时可接受的偏离程度。

（2）风险识别和分析

风险识别涵盖各个层级，风险评估应覆盖组织的各个层级，包括主体、下属单位、分部、业务单元和职能部门等。在进行风险识别和分析过程中应确保每个层级都能识别和评估与其实现目标相关的风险。

风险识别和分析的过程应围绕内外部因素分析、适当层级的管理层参与、评估风险重大性、决定风险应对策略等开展。

风险评估应综合考虑内外部因素及其对实现目标的影响。内部因素如组织架构、业务流程等；外部因素如市场环境、政策变化等。风险评估需要适当的层级管理层参与，确保管理层对风险的全面了解和把控；通过流程对所识别的风险进行分析，评估其潜在的重要性水平；确保管理层能够优先处理对组织目标影响最大的风险。根据风险评估结果，管理层需决定如何应对风险。

（3）舞弊行为

在评估舞弊风险时，需考虑不同类别的舞弊，如虚假报告、资产损失等舞弊行为；确保管理层对舞弊行为有全面的了解和认识，以及舞弊行为的产生往往与动机和压力有关。因此，在评估舞弊风险时，需考虑各种动机和压力因素，如经济压力、业绩压力等。舞弊行为的发生需要一定的机会，因此，在评估舞弊风险时，需考虑未经授权的获取、使用或出售资产等因素。舞弊行为往往伴随着一定的合理化过程，因此，在评估舞弊风险时，需考虑管理层及其他人员是如何参与不当行为并对此进行辩解的。

（4）对内部控制体系的影响

在评估外部环境变化时，需考虑监管水平、经济发展水平等环境变化对内部控制体系的影响，确保内部控制体系能够适应外部环境的变化并保持有效性。在评估商业模式变化时，需考虑新业务线的拓展、现有业务线的变化以及已收购或剥离的业务等事项，它们都可能对内部控制体系产生重大影响。在评估领导层变化时，需考虑领导层的变动以及管理层对内部控制体系理念和态度的变化，它们也可能对内部控制体系产生重大影响。

（三）控制活动

控制活动作为内部控制体系的核心要素之一，是确保管理层实现风险方针得以落实的关键环节。在组织的各个层级、业务流程的各个环节，以及技术环境中，控制活动都发挥着不可或缺的作用。控制活动在性质上可以是预防性的，也可以是发现性的，它们涵盖授权与批准、核查、对账以及企业绩效评估等一系列人工和自动化控制的手段。控制活动不仅是一种风险应对策略，更是一种实现组织目标的有效工具。在设计和实施控制活动时，管理层需要遵循一系列原则，以确保控制活动的有效性。

1.降低风险至可接受水平

控制活动应与风险评估的结果紧密相连,确保控制活动能够针对已经识别出的风险采取恰当的应对措施。在选择和执行控制活动时,管理层需要充分考虑组织的规模、复杂性、经营性质以及组织文化等因素,确保控制活动有针对性和适应性。管理层需要明确哪些业务流程是关键的,需要实施控制活动以确保其正常运行的。控制活动包括预防性控制和发现性控制,以及人工控制和自动化控制等多种形式。管理层需要评估这些控制活动的组合方式,以形成有效的控制活动组合。

不同层级的控制活动在组织中扮演着不同的角色。管理层需要确保在各个层级都实施适当的控制活动。不相容职务的分离是控制活动中一项重要原则。在不相容职务难以分离的情况下,管理层需要选择并执行替代性的控制措施,以确保控制活动的有效性。

2.信息技术

随着信息技术的广泛应用,信息技术控制活动在内部控制体系中的重要性日益凸显。针对信息技术,组织需要选择并执行一般控制活动以支持其目标的实现。

管理层需要理解并确定业务流程、自动化控制和信息技术一般控制之间的依存度和联系,确保信息技术在业务流程中有效应用。为了保障信息技术处理的完整性、准确性和可用性,管理层需要选择和执行与信息技术基础设施相关的控制活动。通过限制访问权限、对相关人员授予与其工作职责相符的权限等措施,管理层可以保护组织资产免受外部威胁。为了确保信息技术及其基础设施能够满足组织的需求,管理层需要选择和执行与信息技术及其基础设施的引进、开发和维护相关的控制活动。

3.政策和程序

政策和程序是实施控制活动的基础。管理层需要通过制定和执行明确的政策和程序来确保控制活动的有效实施。政策和程序不仅为业务流程和员工日常工作提供了指导,还确保了管理层指令的贯彻执行。为了确保控制活动的有效执行,管理层需要明确相关风险所在的业务单元或职能部门的管理人员(或其他指定人员)对控制活动的职责。责任人需要按照政策和程序要求及时执行控制活动,并对执行过程中发现的问题进行调查和整改。胜任的人员在充足授权的情况下能够尽责并持续关注控制活动的执行,确保控制活动的有效性。管理层需要定期检查控制活动的有效性,并在必要时进行更新和改进,以确保其持续符合组织的需求和外部环境的变化。

（四）信息与沟通

在内部控制的架构中,信息与沟通扮演着至关重要的角色。它们为组织提供了必要的情报支持,确保内部控制的持续有效运行,并推动组织目标的实现。高质量的信息不仅有助于管理层作出明智的决策,还能帮助员工理解并履行其内部控制职责。而沟通则是实现这一目标的关键,它确保了信息的流动性和共享性。

1.获取高质量信息

一个有效的内部控制体系必须建立在高质量的信息基础上。这意味着组织需要建立一套流程来识别所需的信息,并确保这些信息能够支持内部控制持续运行。这包括从内部和外部来源收集数据,并通过信息系统将其转化为有价值的信息。在这个过程中,确保信息的及时性、准确性、完整性、可获取性、受保护性、可验证性和可保存性至关重要。只有这样,信息才能为内部控制提供坚实的基础,帮助管理层评估风险并制定相应的控制措施。

在收集和处理信息时,成本效益原则同样不可忽视。组织应根据其目标和需求,合理选择信息的性质、数量和精确度。过度的信息收集和处理可能会增加成本并降低效率,而不足的信息则可能导致决策失误和内部控制失效。

2.内部沟通与责任分配

在内部控制中,内部沟通对确保所有员工都了解并履行其职责至关重要。组织应建立一种有效的沟通机制,使内部控制的信息能够在组织内部向上、向下和横向传递。这不仅有助于员工了解内部控制的目标和要求,还能促进员工参与和支持控制活动。

此外,与董事会的沟通也是内部沟通的重要方面。管理层应定期向董事会报告内部控制的运行情况,并提供有关风险、控制活动以及控制效果的信息。这有助于董事会了解组织的内部控制状况,并为其制定战略和决策提供支持。

为了保障沟通的透明度和公正性,组织还应提供独立的沟通途径。这些途径可以包括举报热线、匿名调查等,以便员工和其他相关方能够就内部控制的问题向管理层或董事会反映情况。这些沟通途径的存在可以鼓励员工积极参与到内部控制中,提高内部控制的有效性。

3.外部沟通与信息共享

除了内部沟通外,外部沟通也是内部控制不可或缺的一部分。组织应建立与外部相关方及时沟通相关信息的流程,包括股东、合伙人、所有者、监管机构、客户、财务分析师等。这种沟通不仅有助于组织了解外部环境和市场变化,还能提高组织的透明度和公信力。

同时,组织也应从外部输入中获取信息。例如,客户反馈、消费者投诉、供应商信息等都可以为管理层提供有关内部控制的改进建议。此外,外部审计师、监管机构等的评估报告也是重要的外部信息来源,可以为管理层提供有关内部控制的意见和建议。

在与外部相关方沟通时,组织应充分考虑沟通时机、受众、信息性质以及法律法规和受托人的要求和期望。选择合适的沟通方式不仅可以提高沟通效率,还能增强沟通效果,促进组织与外部相关方的合作和共赢。

(五)内部监督

在内部控制体系中,内部监督是确保内部控制五个要素得以有效实施和持续运行的关键环节。组织需要通过持续监督、单独评估或两者相结合的方式,来确保内部控制体系的健全性和有效性。

1.持续评估与单独评估相结合

在内部控制的监督过程中,组织需要选择、开展并实施持续评估或单独评估。这两种评估方式各有侧重,但又相互补充。

在选择实施持续评估或单独评估时,管理层应基于组织的特点、风险状况以及资源状况,权衡持续评估和单独评估的利弊,选择最适合组织的评估方式或组合。随着业务的发展和业务流程的调整,内部控制体系也需随之变化。因此,在选择和开展评估时,管理层应充分考虑这些变化因素,确保评估活动的针对性和有效性。内部控制体系的设计及运行现状是开展评估的基础,管理层应深入了解内部控制体系的构成、运行机制以及存在的问题,为评估提供有力的支持。持续评估应嵌入业务流程中,与业务流程同步进行。这样不仅可以提高评估的效率,还可以确保评估结果的及时性和准确性。同时,随着业务流程的变化,持续评估也需要不断进行调整和优化。

企业应选用具备专业知识的人员,评估人员的专业素质直接影响评估的质量和效果。因此,组织应选用具备专业知识的人员来负责持续评估和单独评估工作,确保评估结果客观、准确。实施评估的人员应保持评估的客观性,单独评估应定期开展,以提供客观的反馈。在评估过程中,评估人员应保持客观、公正的态度,不受任何主观因素的影响。同时,评估结果应及时向管理层和董事会报告,为管理层和董事会提供决策依据。

2.缺陷评价与整改跟进

在内部控制的监督过程中,组织还需要对内部控制缺陷进行评价,并及时与整改责任方沟通,必要时还应与高级管理层和董事会沟通。

管理层及董事会应对持续和单独评估的结果进行认真评价,分析内部控制体系存在的问题和不足,并提出相应的改进建议。一旦发现内部控制存在缺陷,管理层应及时与整改责任方进行沟通,明确整改要求和时限。同时,对于重大或复杂的缺陷,还应及时向高级管理层和董事会报告,以便得到更高层次的关注和支持。管理层应持续跟踪缺陷整改情况,确保整改措施得到有效执行并取得预期效果。对于未能按时完成整改或整改效果不明显的责任方,应进行相应的问责和处罚。同时,对于整改过程中出现的问题和困难,应及时协调解决,确保整改工作顺利进行。

三、有效内部控制的特征和要求

一个有效的内部控制体系,对于任何组织而言,都是实现其战略目标、保障运营效率、确保合规性的重要基石。有效的内部控制不仅能为组织目标的实现提供合理保证,还能将影响目标实现的风险降至可接受水平。以下是关于有效内部控制的详细特征和要求:

1.内部控制五要素的存在与持续运行

内部控制体系由五个关键要素构成,分别是控制环境、风险评估、控制活动、信息与沟通、内部监督。每个要素以及相关的原则都必须同时存在并持续运行,以确保内部控制体系的有效性。

内部控制体系的设计和实施过程,应确保各要素和相关原则已经明确设定,并且得到充分的重视和实施。这意味着组织已经建立了必要的控制结构、流程和机制,以确保内部控制能够覆盖所有重要业务领域和流程。

内部控制体系不是一个静态的系统,而是一个动态的过程。在内部控制体系的执行过程中,应确保各要素和相关原则能够持续存在并有效运行。这意味着组织需要定期评估内部控制体系的有效性,及时发现并纠正存在的问题,以确保内部控制体系能够持续地为组织目标的实现提供合理保证。

2.五要素的整合运行

内部控制体系的五个要素并不是孤立的,而是相互依存、相互作用的。它们需要作为一个整合的体系共同运行,以将影响目标实现的风险降至可接受的水平。

五个要素需要共同持续运行,形成一个有机的整体。这意味着在内部控制体系的实施过程中,各要素之间需要相互协调、相互配合,共同发挥作用。通过整合运行,内部控制体系能够更有效地应对各种风险和挑战,为组织目标的实现提供更为坚实的保障。

内部控制体系的五个要素之间存在相互关联性。特别是通过各原则在相关要素内以及各要素之间互动的方式,这些关联使得内部控制体系能够形成一个完整的闭环系统。在这个系统中,各要素相互支持、相互制约,共同实现内部控制的目标。

3.对重大缺陷的识别与处理

如果内部控制体系中存在一项重大缺陷,且该缺陷与某要素或相关原则的存在并持续运行相关,或与各要素未以整合的方式共同运行相关,那么组织就不能得出其已满足有效内部控制体系所有要求的结论。

在这种情况下,组织需要及时识别并处理这些重大缺陷,建立有效的内部监督机制,以定期评估内部控制体系的有效性并发现潜在的问题。一旦发现重大缺陷,应立即采取措施进行整改,以确保内部控制体系能够继续为组织目标的实现提供合理保证。

4.为高级管理层和董事会提供合理保证

当内部控制体系被确定为有效时,它可以向高级管理层和董事会提供以下合理保证:

当外部事件对目标的实现不太可能造成重大影响,或组织可以合理地预测外部事件的性质和发生时间并将其影响降到可接受水平时,组织可以实现运营目标的效果和效率。

当外部事件可能对目标实现造成重大影响,且组织不能将其影响降到可接受水平时,组织需要了解运营目标的效果和效率被控制的程度。这有助于管理层和董事会了解组织在面临不确定性和风险时的应对能力和控制水平。

组织能够编制符合各项适用的规章及标准或组织特定的报告,有助于确保组织向外部利益相关者提供的信息是准确、可靠和合规的。

组织遵守适用的法律法规、规章及外部标准,有助于降低组织的合规风险,并维护组织的声誉和信誉。

5.运用判断进行内部控制决策

在设计、实施和执行内部控制以及评估其有效性时,组织需要进行判断。运用判断可以协助管理层在相关法律法规、规章及标准所限定的范围内更好地作出内部控制方面的决策。然而,需要注意的是,判断并不能保证内部控制体系完美无缺。因此,组织需要定期评估内部控制体系的有效性,并不断改进和完善内部控制体系以应对不断变化的业务环境和风险挑战。

第二节 COSO 企业风险管理整合框架

一、《企业风险管理——整合战略和绩效》(2017 版)的整体变化

2017 年 9 月,COSO 发布《企业风险管理——整合战略和绩效》,对《ERM框架》(2004 版)进行了修订和完善。新框架告别了 2004 版的立方体八要素框

架,采用五要素20项原则模式,更加注重对企业战略和愿景的支撑,并与价值创造紧密关联,更加强调和业务活动的融合,倡导决策和目标导向,明确风险管理对于战略计划和嵌入整个组织的重要性。

1.风险及风险管理概念的全面优化

在《企业风险管理——整合战略和绩效》(2017版)[①]中,COSO对风险、风险管理和风险偏好等核心概念进行了全面优化。传统上,风险被简单定义为事件发生并对目标实现产生负面影响的可能性,这种定义过于狭隘,仅强调了风险的负面性。而在新框架下,风险被重新定义为事件发生并影响组织实现战略和商业目标的可能性,这意味着风险的范围得到了极大的扩展,不仅包含了负面影响,还涵盖了正面影响。

风险管理在新框架中也被赋予了新的内涵。它不再被视为一个孤立的过程或职能,而是被定义为组织在创造、保持和实现价值的过程中,结合战略制定和执行,赖以进行管理风险的文化、能力和实践。这种定义强调了风险管理在组织价值创造过程中的核心地位,以及它与战略和绩效的紧密联系。

新框架还引入绩效的波动区间来替代传统的风险承受概念,这有助于将风险和绩效更紧密地关联起来。同时,风险偏好也被赋予了新的含义,它不再仅仅是风险数量的度量,而且包含风险的类型,即组织为追求价值所愿意承受的风险类型和数量。这种变化有助于组织根据自身风险偏好更精准地管理风险。

风险的定义不再局限于负面影响,还扩展为任何可能影响组织实现战略和商业目标的事件发生。风险管理被重新定位为结合战略制定与执行,致力于创造价值的一种组织文化、能力和实践。此外,新框架以绩效波动区间为导向,将风险与绩效紧密相连,同时风险偏好也涵盖了风险的类型和数量,要求组织根据自身偏好管理风险。

2.广泛拓展适用主体

COSO在新版框架中进一步拓展了其适用主体的范围。通过发布针对9个不同行业、不同规模组织的配套案例,展示了新版风险管理框架在高等教育、政府机构、金融服务业、能源行业、非营利机构、科技企业、制造业和健康医疗等多个领域的广泛应用。这些案例不仅涵盖了不同类型的组织,还详细阐述了如何在新版风险管理框架的指导下实施企业风险管理,进一步证明了新框架的广泛适用性和实用性。

3.从"控制框架"到"管理框架"的转变

新框架以企业使命、愿景及核心价值观为出发点,深入阐述战略、绩效与风险管理之间的内在联系,强调风险管理在战略和绩效提升过程中的核心作用。

---

① 编者注:"2017版"是指《企业风险管理——整合战略和绩效》在2017年发布的版本。

通过强调战略制定和绩效提升过程中考虑风险的重要性,新框架使风险管理工作能够更好地与企业战略和绩效相融合,从而提升组织的整体价值。

为实现这一转变,新框架对框架中的要素、原则和内容进行了大幅改动。传统的"控制框架"过于关注风险的控制和避免,而新框架则更加注重风险的管理和利用。通过引入"管理框架"的概念,新框架将风险管理与企业战略、绩效相结合,强调风险管理不是一项孤立的工作,而是企业整个管理工作不可或缺的一部分。

4."要素＋原则"模式的创新应用

新框架抛弃了传统的立方体八要素框架,采用了"要素＋原则"的创新模式。这种模式将风险管理框架中的要素和原则融入企业战略、绩效和价值提升过程、实践和能力中,使风险管理更加贴近企业实际运营和管理需求。

在新的模式下,原来的八要素被整合为治理与文化、战略和目标设定、绩效、审查与修订以及信息、沟通与报告五个要素。新要素体现了"去风险化"和"去控制化"的特征,不再过分强调风险的内容本身,而是从企业管理的角度将风险管理内容融入其中。每个要素下面都有对应的原则与之适应,共20项原则。这些原则以图形方式展示了各要素和原则之间的关系,提高了文件的可理解性和实用性,同时也增强了整个框架的逻辑性。

5.风险管理与战略、绩效的深度融合

新框架在强调风险与绩效的关联方面取得了显著进展。通过加强风险与绩效的关联,新框架认识到战略和绩效对组织风险管理的重要性。在新框架下,企业风险管理实践被要求支持可能影响绩效的风险识别和风险评估。风险评估和风险报告的目的不再是简单地提供冗长的风险清单,而是强调风险管理如何影响和支持战略与业务目标的实现。

为实现这一目标,新框架要求企业将风险管理工作融入组织活动的各个方面,包括战略制定过程、确定商业目标、执行商业活动以及完成并评价绩效等。这种全面的融合使风险管理不再是一项额外或独立的工作,而成为企业整体管理工作的重要组成部分。

6.突破风险管理的传统局限性

在《企业风险管理——整合战略和绩效》(2017 版)中,COSO 尝试突破传统风险管理的局限性。与《内部控制——整合框架》(1992 版)和《ERM 框架》相比,新框架删除了关于风险管理局限性的论述。这一变化旨在强调风险管理作为一套"管理体系"而非"控制体系"的角色,从而突破原企业风险管理的局限性。通过强调风险管理的主动性和前瞻性,新框架鼓励组织在战略规划和决策过程中积极考虑风险因素,以更好地应对不确定性并创造更大的价值。

7.新框架的其他变化

第一,强调了文化在风险管理中的重要性。新框架阐述了在风险治理和内部监督的大背景下,理解和塑造文化的重要性,以及文化如何影响框架的其他组成部分。

第二,增加了风险管理对组织战略层面作用的讨论。新框架从三个方面强调了风险管理在企业战略层面的作用,突出企业风险管理的重要性:一是分析企业战略与企业目标、愿景、核心价值观等是否不一致;二是评估企业战略可能产生的影响;三是识别战略实施过程中存在的风险。

第三,强调风险与价值之间的关系。企业的使命是为利益相关方创造价值,新框架强调了风险管理在创造、实现和保护价值方面的作用。风险管理不再局限于防止组织价值侵蚀而将风险降至可接受水平,相反,它被视为战略制定不可分割的组成部分,并为创造、实现和保持价值创造机会。

第四,将企业风险管理与决策联系起来。决策发生在价值链的每个阶段,战略选择、商业目标和业绩指标的确立以及资源分配等都离不开决策。决策过程必须融入风险意识,认识到风险信息对提高管理者决策能力的帮助,恰当地理解风险的严重性和类型,及时对决策过程中的相关风险开展识别、评估和应对。

二、《企业风险管理——整合战略和绩效》(2017版)的主要内容

新框架的标题将企业风险管理与战略、绩效相结合,表明了企业风险管理在战略规划中的重要性,认识到战略、绩效与企业风险管理之间的内在逻辑,强调必须将风险管理嵌入组织的各项活动中。如表2-1所示,新框架以表格的方式展示了这一逻辑和路径,并以表格作为整个文档的导航工具,提高了文件的可理解性和实用性,增强了整个框架的逻辑结构。

新框架采用了"要素+原则"模式,每一要素由若干原则支撑,共有五要素和20项原则。

表 2-1　新框架五要素 20 原则

	要素				
	治理与文化	战略和目标设定	绩效	审查与修订	信息、沟通与报告
原则	1.执行董事会风险监督	6.分析商业环境	10.识别风险	15.评估重大变化	18.利用信息系统
	2.建立运营架构	7.定义风险偏好	11.评估风险的严重程度	16.审查风险和绩效	19.沟通风险信息
	3.定义期望的组织文化	8.评估替代战略	12.风险排序	17.企业风险管理改进	20.对风险、文化和绩效进行报告
	4.展现对核心价值的承诺	9.建立商业目标	13.实施风险应对		
	5.吸引和培养人才		14.建立风险的组合观		

1.治理与文化

治理与文化是企业风险管理的基石,它们共同构建了企业风险管理的框架,并奠定了其他要素的基础。治理通过设定明确的监督责任,强调企业风险管理的重要性,确保风险管理得到持续关注和有效执行。文化则是企业价值观和行为准则的体现,贯穿于企业的决策过程,影响企业对风险的理解和应对方式。

该要素包含的五项原则具体为:执行董事会风险监督、建立运营架构、定义期望的组织文化、展现对核心价值的承诺、吸引和培养人才。董事会作为企业的最高决策机构,不仅要对战略进行监督,还要肩负起治理责任,确保管理层能够有效地实现战略和业务目标,同时关注并管理潜在风险。企业需建立与战略和商业目标相匹配的运营架构,确保资源得到合理分配,流程得到优化,以支持风险管理活动的有效开展。组织应明确其期望的员工行为和文化理念,通过培训和引导,使员工深刻理解并践行企业的价值观,形成积极向上的组织氛围。企业应对其核心价值观保持坚定承诺,通过日常经营和管理活动,体现其对核心价值观的尊重和追求。企业风险管理需要高素质的人才支持,因此,组织应致力于吸引、培养和留住与战略和业务目标相适应的人才,构建高效的风险管理团队。

2.战略和目标设定

在企业战略规划过程中,风险管理、战略和目标设定是紧密相连、相互作用的。风险偏好的确定应以战略为基础,与战略保持一致;商业目标则是将战略付诸实践的具体步骤,也是风险识别、分析和应对的基础。该要素包含的四项原则,具体为分析商业环境、定义风险偏好、评估替代战略、建立商业目标。企业需对外部商业环境进行深入分析,了解行业趋势、竞争对手动态等关键因素,以评估潜在风险并制定相应的应对策略。在明确企业目标和价值观的基础上,企业应定义其风险偏好,即在追求价值创造和保持价值的过程中愿意承担的风险水平。

企业应评估不同战略选项的潜在风险和回报,以选择最适合企业实际情况和发展目标的战略。在战略指导下,企业应建立支持战略实现的商业目标,并在目标设定过程中充分考虑潜在风险,确保目标的实现与风险管理相协调。

3.绩效

绩效是企业风险管理的关键环节,它要求企业识别、评估并应对影响战略和商业目标实现的风险。在风险偏好的指导下,企业应对风险进行排序,并采取有效的应对措施。同时,企业还应采取组合视角衡量风险总量,确保整体风险控制在可承受范围内。该要素包含的五项原则具体为:识别风险、评估风险的严重程度、风险排序、实施风险应对、建立风险的组合观。企业应全面识别可能影响战略和商业目标实现的风险因素,包括内部和外部风险。企业应对识别出的风险进行定量和定性评估,确定其潜在影响和发生概率。根据评估结果,企业应对风险进行排序,优先处理对战略和商业目标影响最大的风险。针对排序后的风险,企业应制定并实施相应的风险应对措施,以降低风险发生的可能性和影响程度。企业应从整体角度考虑风险组合的影响,确保整体风险控制在可承受范围内。

4.审查与修订

审查与修订是企业风险管理的持续过程,它要求企业定期审视绩效情况,评估风险管理框架的有效性,并根据变化进行必要的修订。该要素包含的三项原则具体为:评估重大变化、审查风险和绩效、企业风险管理改进。企业应识别和评估可能对战略和商业目标产生重大影响的因素,如市场环境、政策变化等。企业应定期审视绩效情况并考虑相关风险因素的影响,以评估风险管理框架的有效性。根据审查结果,企业应不断改进风险管理框架,以适应变化并提升风险管理效果。

5.信息、沟通与报告

信息、沟通与报告是企业风险管理的重要组成部分,它要求企业从内部和外部获取必要的信息,并通过有效的沟通渠道将信息传递给相关利益方。同时,企业还应定期报告风险、文化和绩效情况,以便利益相关方了解企业的风险管理状况。该要素包含的三项原则具体为:利用信息系统,沟通风险信息,对风险、文化和绩效进行报告。企业应利用先进的信息技术系统来支持风险管理活动,提高信息处理效率和准确性。企业应建立有效的沟通渠道,确保风险信息能够在企业内部和外部得到及时传递和共享。企业应定期向利益相关方报告风险、文化和绩效情况,以便他们了解企业的风险管理状况并作出相应决策。

三、对我国企业风险管理的启示

1.风险管理应全面服务于企业价值创造

我国企业在追求经济利益的过程中,不可避免地会遇到各类风险。过去,风险管理往往被局限于纠错防弊的层面,但随着市场环境的日益复杂和竞争的加剧,风险管理必须向全面服务企业价值创造和价值管理的方向转变。企业风险管理应以增加利益相关方价值为最终目的,通过对各类风险的精准识别、评估和应对,确保企业战略目标的有效实现。这不仅要求风险管理部门具备更高的专业素养和全局视野,也需要企业高层领导对风险管理给予足够的重视和支持。

2.培养风险管理文化,提升全员风险意识

风险管理不仅是一种流程制度和实践体系,更是一种深入人心的管理文化。我国企业应充分认识到风险管理文化的重要性,将风险管理文化融入企业文化中,使之成为企业发展的重要支撑。高层领导应发挥表率作用,传递恰当的高层基调,通过言谈举止向全体员工传递风险管理的理念和价值观。同时,企业还应加强风险管理的培训和宣传,增强全体员工的风险意识和风险防范能力,让每个人都成为企业风险管理的参与者和推动者。

3.实施全面风险管理,构建完善的风险管理体系

风险管理不是某一个部门的工作或某一项管理职能,而是需要全员、全过程、全方位参与的全面风险管理工作。我国企业可以借鉴国际先进的COSO《ERM框架》,将五大要素20项原则全面融入现有风险管理体系中。以"使命、愿景及核心价值观、战略制定、商业目标、日常运营、业绩考评"为核心,构建完善的风险管理体系。通过明确风险管理目标、制定风险管理策略、建立风险管理机制、实施风险管理措施等步骤,全面提升企业的风险管理水平。

4.建立嵌入式职责体系,明确风险管理职责

为了确保风险管理工作的有效实施,我国企业应建立一套嵌入式职责体系,明确各项风险管理工作的职责和边界。将风险管理职责融入现有的组织机构和岗位职责中,确保每个部门、每个岗位都能够明确自己在风险管理中的责任和义务。同时,企业还应建立风险管理考核机制,将风险管理纳入绩效考核体系,通过激励和约束机制推动风险管理工作的深入开展。这样不仅能够提高风险管理的效率和效果,还能够促进企业内部各部门之间的协作和配合,形成合力,共同应对风险挑战。

第三节　我国内部控制与风险管理相关制度

我国现行的内部控制与风险管理的相关制度涉及多个方面,旨在确保企业稳健运营和风险管理有效性。以下是主要的内部控制与风险管理相关制度:

一、内部控制制度

《企业内部控制基本规范》是我国关于企业内部控制的基本规范,旨在规范企业的内部控制活动,保障企业的资产安全,提高财务报告的准确性和可靠性。该规范明确了内部控制的目标、原则、要素、基本方法以及内部控制的实施与监督等。

会计法规范了企业的会计行为,包括会计核算、会计监督等方面,对于保障企业财务信息真实、准确、完整具有重要作用。

公司法规定了公司的组织结构、股东权益、公司治理等内容,对于企业的内

部控制和风险管理具有指导意义。

《商业银行内部控制指引》是针对商业银行内部控制的指导文件,要求商业银行建立健全内部控制体系,保障银行业务的稳健运行。该指引涵盖了内部控制的目标、原则、基本要素、主要环节等方面。

《保险公司内部控制基本准则》是针对保险公司内部控制的基本准则,要求保险公司建立健全内部控制体系,保障保险业务的稳健运行。该准则明确了内部控制的目标、原则、要素、基本方法以及内部控制的实施与监督等。

二、风险管理制度

《中央企业全面风险管理指引》是针对中央企业全面风险管理的指导文件,旨在帮助企业建立健全风险管理体系,提升风险管理水平。该指引明确了风险管理的目标、原则、流程、组织以及风险管理文化的建设等。

此外,我国还制定了一系列与内部控制和风险管理相关的行业规范、指引和法规,如《证券投资基金管理公司内部控制指导意见》《证券公司内部控制指引》等,以适应不同行业的特点和需求。

这些内部控制与风险管理的相关制度共同构成了我国企业的风险管理框架,为企业的稳健运营提供了制度保障。企业在实施这些制度时,应根据自身的实际情况灵活应用,以确保制度的有效性和适应性。

本章小结

本章主要探讨了内部控制与风险管理框架的构建与实施。首先,明确了内部控制的核心作用,能确保组织提升运营效率、使财务报告准确,以及遵守法律法规。内部控制不仅是一种管理手段,更是一种全员参与的管理哲学。其次,分析了风险管理框架的关键环节,包括风险识别、评估、应对和监督。强调全面识别风险、客观评估风险以及有效应对风险的重要性,同时指出持续监控和定期回顾风险管理体系的必要性,以适应不断变化的环境。还着重讨论了内部控制与风险管理之间的紧密联系,两者相辅相成,共同支撑组织战略目标的实现,以及如何整合内部控制流程与风险管理活动,以提升组织的抗风险能力。最后,强调高层领导在推动内部控制与风险管理文化建设中的关键作用,以及信息技术在优化这些流程中的应用潜力。

通过本章的学习,读者应能理解并掌握内部控制与风险管理的基本概念、原则和实践方法,以及它们在组织治理中的重要性,为后续章节的深入探讨和应用打下坚实的基础。构建健全有效的内部控制与风险管理框架是组织实现可持续发展和竞争优势的基石。

案例分析

一家跨国金融服务公司的风险应对策略

1.背景介绍

某跨国金融服务公司(以下简称B公司)在全球化经营的背景下,面临着来自市场、信用、操作和技术等多方面的风险。随着业务范围的扩大和市场竞争的加剧,B公司意识到有效的风险管理是保障企业稳健发展的关键。因此,B公司决定加强风险管理体系建设,以应对日益复杂多变的风险环境。

2.风险识别与评估

B公司首先进行了全面的风险识别和评估工作。B公司通过对历史数据的分析、市场趋势的预测以及内部流程的梳理,识别出以下主要风险:

(1)市场风险。由于全球经济波动、利率和汇率变化等因素,公司投资组合和金融市场业务面临较大的市场风险。

(2)信用风险。随着信贷业务的拓展,公司面临着客户违约、信用评级下降等信用风险。

(3)操作风险。由于人为错误、系统故障或流程缺陷,公司的日常运营可能受到操作风险的影响。

(4)技术风险。随着科技的快速发展,公司的信息技术系统可能面临网络安全威胁、技术过时等风险。

在识别风险后,B公司利用定量和定性的方法对这些风险进行了评估,确定了风险的优先级和应对策略。

3.风险应对策略

针对识别出的风险,B公司制定了以下风险应对策略:

(1)市场风险应对。建立了严格的市场风险管理框架,包括制定投资政策、设置风险限额、实施动态监控等;同时,加强了与国际金融市场的联系,及时获取市场信息,以应对市场变化。

(2)信用风险应对。加强了信贷审批流程,严格把关客户资质和信用状况;同时,建立了完善的信用评级体系,对客户进行定期评估和监控,以降低信用风险。

(3)操作风险应对。加强了内部流程的管理和监控,确保员工遵守操作规程;同时还加强了员工培训,提高员工的操作技能和风险意识。对于系统故障,建立了应急响应机制,确保在出现问题时能够迅速恢复运营。

(4)技术风险应对。加大了对信息技术系统的投入,提升系统的安全性和稳定性;同时,加强了网络安全防护,定期进行安全漏洞扫描和修复。此外,公司还积极采用新技术,提高系统的性能和效率。

4.风险管理效果评估

经过一段时间的风险管理实践,B公司取得了以下成果:

(1)风险水平降低。通过实施有效的风险管理策略,公司的各类风险水平得到了显著降低,企业稳健性得到了增强。

(2)运营效率提升。优化后的流程和系统提高了公司的运营效率,降低了运营成本。

(3)客户满意度提高。由于风险管理水平的提高,服务质量和客户满意度也得到了提升。

(4)市场竞争力增强。有效的风险管理使B公司在激烈的市场竞争中保持了竞争优势,实现了可持续发展。

资料来源:王清刚.内部控制与风险管理:理论、实践与案例[M],北京:北京大学出版社,2016.

思考:围绕《企业风险管理——整合战略和绩效》(2017版)的五要素20原则讨论B公司是如何开展风险应对的。

思考与练习

一、单选题

1.关于《内部控制——整合框架》(1992版)对于内部控制的定义,以下理解不正确的是(　　)。

A.内部控制是一个动态的过程,包括制度设计、制度执行和制度评价

B.人既是内部控制的主体,也是内部控制的客体

C.内部控制是一种全过程控制,包括事前控制、事中控制和事后控制

D.只要内部控制设计和执行是有效的,那么就可以保证经营、合规和报告目标的实现

2.根据《内部控制——整合框架》(1992版),以下说法正确的是(　　)。

A.控制环境提供了内部控制的基本规则和构架,是其他四个要素的基础

B.风险评估指识别、分析相关风险以实现既定目标,从而形成内部控制的基础

C.信息与沟通仅限于信息在企业内部的自上而下、横向以及自下而上的传递与沟通

D.只要持续性监督是有效的,就应该降低独立评估活动的广度和频度,以节省监督资源

3.根据《内部控制——整合框架》(1992 版),关于经营、报告和合规三个控制目标,以下说法不正确的是(　　)。

A.三个目标既相互独立,又相互联系

B.三类目标体现了不同的需求,也体现了不同管理人员的职责

C.内部控制系统可以为实现财务报告可靠和法律法规遵循等目标提供合理的保证

D.内部控制系统可以完全控制经营目标的实现

4.根据《ERM 框架》,以下关于控制目标说法不正确的是(　　)。

A.战略目标是企业高层次的目标,与企业的使命、愿景相协调,并支持使命和愿景

B.所有控制目标的实现总是处在主体的控制范围之内

C.报告目标包括对内报告与对外报告,项目可能涉及财务与非财务信息

D.控制目标各不相同却又相互交织,有助于不同的主体关注企业风险管理的不同侧面

5.企业风险管理是一个动态的过程,体现在(　　)。

A.风险管理要严格经过"事项识别—风险评估—风险应对"等三大步骤

B.风险管理要严格经过"目标设定—事项识别—风险评估—风险应对"等四大步骤

C.风险管理要严格经过"目标设定—事项识别—风险评估—风险应对—控制活动"等五大步骤

D.企业风险管理并不是一个严格的顺次过程。它是一个多方向的、反复的过程,在这个过程中几乎每一个构成要素都能够并且将会影响其他要素

6.《内部控制——整合框架》(2013 版)结构框架的特点是(　　)。

A.完全沿袭了原有框架的要素

B.完全抛弃了原有框架的要素

C.形成了一套以"要素—原则"为结构主线的内部控制框架体系

D.形成了一套以"要素—原则—关注点"为结构主线的内部控制框架体系

7.《企业风险管理——整合战略和绩效》(2017 版)对于内部控制与风险管理关系的定位,以下不正确的是(　　)。

　　A.内部控制主要聚焦在主体的运营和对相关法律法规的遵从上

　　B.风险管理更关注驱动战略、绩效进而提升价值等管理目的

　　C.风险管理是内部控制的一部分

　　D.内部控制是企业风险管理工作的一个基础和组成部分

8.《企业风险管理——整合战略和绩效》(2017 版)对于风险管理目标的定位,正确的是(　　)。

　　A.风险管理的目标是为了降低危机发生给企业带来的损失

　　B.风险管理的目标在于寻找、创造为企业创造价值的机会

　　C.风险管理的目标在于优化战略与绩效,为利益相关者创造价值

　　D.风险管理与内部控制的目标仍具有较强的重合性

9.以下不属于《企业风险管理——整合战略和绩效》(2017 版)要素的是(　　)。

　　A.治理与文化　　　　　　　　B.战略和目标设定

　　C.信息、沟通与报告　　　　　D.监控

二、多选题

1.无论是《内部控制——整合框架》(1992 版)还是《ERM 框架》均指出内部控制的固有局限,具体包括(　　)。

　　A.决策人判断上的失误

　　B.由简单差错导致的失效

　　C.两个或更多的人联合欺诈或串通以绕过内部控制

　　D.管理层凌驾于内部控制之上而失效和外部不受控事件的影响而导致失效

　　E.要考虑与控制相关的成本和收益

2.《ERM 框架》中关于风险管理的定义,以下说法正确的是(　　)。

　　A.企业风险管理是一个动态的过程

　　B.企业风险管理是一个由人参与的过程,同时企业风险管理也会影响人的行动

　　C.风险管理过程与战略管理是完全独立的两个系统

　　D.风险管理过程旨在识别一旦发生将会影响主体的潜在事项,并把风险控制在风险容量以内

　　E.设计合理、运行有效的风险管理有助于企业目标的实现

3.相较于《内部控制——整合框架》(1992 版),《ERM 框架》的创新在于(　　)。

A.对内部控制提出了一个迄今为止最权威的定义

B.新提出了一个更具管理意义和管理层次的战略管理目标,同时扩大了报告的范畴

C.增加了目标制定、风险识别、风险评估和风险应对等四个管理要素

D.提出了两个新概念——风险偏好和风险容忍度

E.提出了一个新的观念——风险组合观

4.《ERM 框架》再一次强调了系统的概念,即在实施企业整体风险管理过程中,主体中的每个人都对企业风险管理负有责任,具体包括(　　)。

A.首席执行官(CEO)负有首要责任

B.其他管理人员支持主体的风险管理理念,并在各自的责任范围内依据风险容量去管理风险

C.风险官、财务官、内部审计师等负有关键的支持责任,主体中的其他人员负责按照既定的指引和条例去实施风险管理

D.董事会对企业风险管理进行监督,并察觉和认同主体的风险容量

E.外部集团,例如顾客、零售商、商业伙伴、外部审计师、监管者和财务分析师,常常提供影响企业风险管理的有用信息,因此,他们对主体风险管理的有效性也承担一定责任

5.关于风险偏好与风险容忍度,以下说法正确的有(　　)。

A.风险偏好是指企业在实现其目标的过程中所愿意接受的风险的数量

B.一般将风险偏好分为风险喜好、风险中性和风险厌恶三种类型

C.在风险衡量方面,风险偏好是一种定性表述,而风险容忍度是一种定量反映

D.风险容忍度是指在企业目标实现的过程中所能接受的偏离程度,是企业在风险偏好的基础上设定的在相关目标实现过程中对差异的可接受程度

E.在确定各目标的风险容忍度时,企业应考虑相关目标的重要性,并将其与企业风险偏好联系起来,将风险控制在风险容忍度的最大范围内

6.与《内部控制——整合框架》(1992 版)相比,《内部控制——整合框架》(2013 版)的变化主要体现在(　　)。

A.突出了原则导向

B.扩大了报告目标类别

C.强调管理层判断的重要性

D.迎合了新环境下内部控制的需求

E.增加了关于反舞弊的讨论

7.根据《内部控制——整合框架》(2013版),应纳入报告目标的范畴的是(　　)。

A.财务报告　　　　　　　　　B.核心客户名单

C.内部控制自我评价报告　　　D.顾客满意度调查报告

E.预算执行报告

8.《企业风险管理——整合战略和绩效》(2017版)的主要变化包括(　　)。

A.重新定义了风险及风险管理

B.既是一种"管理框架",又是一种"控制框架"

C.突出原则导向,重构了风险管理的要素框架

D.将风险管理置于组织绩效的背景下,真正融入战略和绩效管理的工作中去

E.厘清了风险管理和内部控制的模糊关系

9.为了清晰界定内部控制与风险管理的概念边界,《企业风险管理——整合战略和绩效》(2017版)提出的观点有(　　)。

A.风险偏好、风险承受度、战略和目标设定等概念属于内部控制

B.与财务报告目标相关的舞弊风险、与合规目标相关的控制活动、与运营目标相关的持续及独立评估属于风险管理的概念

C.也有一些内部控制概念在本框架中进一步研究和深化,例如,企业风险管理中的治理和文化部分

D.战略目标不应该被包含在内部控制框架中

E.资产安全目标作为一个控制目标单独提出

10.《内部控制——整合框架》(2013版)和《企业风险管理——整合战略和绩效》(2017版)对我国的影响主要包括(　　)。

A.有利于分别建立与完善内部控制与风险管理的规范标准体系

B.有利于促进内部控制与风险管理建设与实施回归原则导向

C.有利于我国内部控制与风险管理规范体系建设实现国际趋同

D.有利于促使内部控制目标定位、要素选择上更加科学合理

E.有利于我国克服内部控制与风险管理长期流于形式的积弊

三、判断题

1.对企业内部的每个单位而言,其风险可能落在该单位的可接受范围,但从企业总体来看,总风险可能会超过企业总体风险偏好的范围。(　　)

2.由于内部控制的固有局限,因此内部控制只能提供合理保证而非绝对保证。管理层在设计和执行内部控制时,应当考虑但无法改变这些局限。(　　)

3.《ERM框架》对控制环境要素进行了深化和拓展,将内部控制整合中的

"控制环境"改为"内部环境",强调了董事会的风险管理理念。（　　）

4.《内部控制——整合框架》（1992 版）与《ERM 框架》都包含报告目标,且其包含的内容也是一样的。（　　）

5.《ERM 框架》拓展了企业信息与沟通的构成内容,认为企业的信息包括来自过去、现在和未来的潜在事项的数据,而不仅仅关注历史信息。（　　）

6.《内部控制——整合框架》（2013 版）强调在内部控制建设过程中应注重与效率的结合,建议管理层通过判断,去除那些失效、冗余乃至完全无效的控制,提升控制的效率和效果,而非单纯地为了控制而控制。（　　）

7.由于《内部控制——整合框架》（2013 版）已经作出修订与完善,因此更新后的内部控制完全克服了其固有局限,能够为控制目标的实现提供完全保证。（　　）

8.内部控制的对象就是风险,内部控制与风险管理是同义与等价的。（　　）

9.《企业风险管理——整合战略和绩效》（2017 版）在适用范围上较《ERM框架》没有突破。（　　）

10.战略目标既是内部控制的目标,也是风险管理的目标。（　　）

第二章
思考与练习参考答案

第三章　内部环境

学习目标

知识目标

1. 理解并掌握内部环境的构成要素及其主要内容；
2. 理解组织架构及其设计与运行中的主要风险；
3. 理解发展战略的层次和制定发展战略的风险控制方法；
4. 了解人力资源和风险控制的概念；
5. 熟悉企业履行和管理社会责任中的主要风险及其控制方法。

能力目标

1. 能结合实践案例分析企业在设计组织架构上存在的风险；
2. 能结合实践案例分析企业在制定发展战略时可能存在的风险；
3. 能结合实践案例分析企业内部环境中人力资源规划产生的不利影响；
4. 能分析企业并购重组案例中存在的文化风险。

素养目标

1. 深化对我国中小企业内部环境的认识，增强民族自信与文化自信；
2. 关注我国中小企业的企业文化发展背景，增强创新发展的意识。

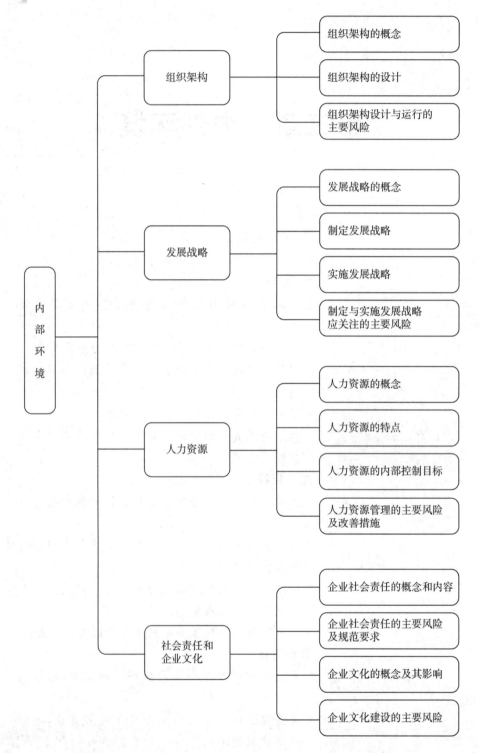

思维导图

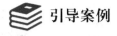 **引导案例**

联想组织架构再调整

2023年1月8日,联想集团正式宣告,鉴于当前环境的演变、新兴趋势的涌现及客户需求的转变,联想中国已对其组织架构进行了战略性的重构。联想集团执行副总裁兼中国区总裁刘军,在内部通讯中明确指出,经过一年多的持续努力,中国区业务已成功恢复增长态势。步入2023年,联想中国区将进一步实施以客户为核心的战略转型,构建以客户为导向的组织架构与运营模式。此次调整聚焦于三大核心客户群体——大客户、中小企业客户及消费客户,旨在实现更为精准的市场覆盖与服务提供。

经过此次调整,联想中国的组织架构由大客户事业部、中小企业事业部、消费事业部、联想手机事业部、市场推广部、联想中国官网及服务事业部等多个关键部门组成。值得注意的是,大客户事业部、中小企业事业部及消费事业部均为新设机构,各自承载着特定的战略使命。大客户事业部专注于深耕大客户市场,探索智慧化行业解决方案,推动商用IT服务业务的持续增长,并加速"Device+"转型的步伐;中小企业事业部则整合了原Think业务、扬天业务及惠商业务,旨在形成更为统一的中小企业服务体系;而消费事业部则聚焦于中国手机市场的产品营销、销售及推广工作。

此次调整与联想中国于2021年8月发布的"日出东方"战略紧密相连,是该战略在组织架构层面的深化与拓展。联想官方强调,此次调整旨在进一步推动联想从产品导向向客户导向的转型,以及从PC业务向"Device+"业务的拓展。此前,刘军总裁在"日出东方"战略发布时提出的"一个愿景、两个转型、三大基石"已成为指导联想中国未来发展的核心框架。

具体而言,"一个愿景"即"智慧联想,服务中国",彰显了联想中国战略重心向国内市场转移的意图;"两个转型"则明确了从产品导向向客户导向、从PC业务向"Device+"业务的双重转变;"三大基石"则涵盖了数字化与智能化转型、品牌再造及文化再造等关键领域。通过这一系列变革,联想中国不仅实现了线上线下渠道的融合,还建立了更为扁平化的组织架构,以更好地响应客户需求。

通信行业专家刘启诚对此次调整表示认可,他认为以客户为导向的大方向是正确的。然而,他也指出,联想新增的三大事业部需具备强大的支撑能力,才能确保向客户提供优质的产品与服务。这一观点进一步凸显了客户导向在联想中国未来发展中的重要性。

资料来源:新设三大事业部! 联想中国区架构再调整[EB/OL].(2019-01-08)[2024-09-06].hhttps://baijiahao.baidu.com/s?id=1622074222912695027.

第一节 组织架构

一、组织架构的概念

在内部控制五要素中,内部环境是其他内部控制要素的基础,而组织架构又是内部环境建设的核心,建立和完善组织架构有助于防范和化解各种舞弊风险,强化企业内部控制建设。现代企业制度的核心是组织架构问题,企业应不断完善法人治理结构,持续优化内部机构设置和权责分配体系,为优化内部环境、实现企业目标奠定扎实的企业基础。

正如人体以骨骼作为基本框架一样,企业也是由结构来决定其形状。组织架构就是企业的框架体系。企业组织架构的基本构成要素其实就是分工与整合,是指企业按照不同任务或职位来划分和调配劳动力的方法。一方面,企业为实现预期目标而使用协调人员与职能的手段,例如企业专门设立联合指挥部、危机公关小组或跨职能团队;另一方面,企业为创造价值而对其人员和资源进行分配,其内部设立的职能部门和事业部越多、越专业化,企业内部分工程度越高。

二、组织架构的设计

(一)组织架构设计的一般要求

组织架构设计的核心在于健全管理体制与运行机制,确保组织架构高效运转。企业需严格遵循国家法律法规,界定董事会、监事会和经理层的职责权限、任职条件、议事规则及工作程序,以实现决策、执行与监督的有效分离与制衡。股东大会作为权力机构,依法定程序决定投资计划、经营方针、董事与监事选举更换及其报酬等重大事项。董事会作为最高决策机构,对股东大会负责,受托行使企业经营决策权,制定发展战略,管理资产,并设立专门委员会以辅助决策,明确其职责、资格、议事规则及程序,必要时撤换不称职经理人员。监事会则对股东大会负责,监督董事、经理及其他高管依法履职。经理层由董事会任命,对其负责,领导企业生产经营管理,并明确经理及其他高管的职责分工。董事会、监事会和经理层的产生程序需合法合规,人员构成、知识结构及能力素质需满足履职要求。企业重大决策、事项、人事任免及大额资金支付等,应依权限和程序实施集体决策审批或联签制度,严禁个人擅自决策或改变集体决策。

(二)上市企业组织架构设计的特殊要求

上市企业作为承载重大公众利益的主体,其治理结构的设计必须深刻体现公众性特征。具体而言,这要求我们在以下几个方面进行严谨而周密的安排:

首先,企业应推行独立董事制度。上市企业应设立独立董事职位,并确保这些独立董事不在企业内部担任其他任何职务,以此保证他们的独立性和客观性。独立董事须对上市企业及全体股东承担诚信与勤勉的义务,独立履行职责,全力维护公众的整体利益,特别是要高度关注并保护中小股东的合法权益。

其次,应建立健全董事会专业委员会制度。上市企业董事会应下设审计委员会和薪酬与考核委员会等专业机构。审计委员会的主要职责是加强对经理层提供的财务报告和内部控制评价报告的监督,同时,通过有效指导和监督内部审计与外部审计工作,提升这两者的独立性,从而在信息披露、内部审计和外部审计之间构建起一个独立、有效的监督和控制机制。薪酬与考核委员会则主要负责制定并执行针对董事、监事及高级管理人员的考核标准和薪酬政策,确保这些政策既公平又合理。

最后,上市企业还应设立董事会秘书这一重要职位。董事会秘书作为企业的高级管理人员,直接对董事会负责,其任免由董事长提名并经董事会审议决定。在上市企业的日常运营中,董事会秘书扮演着至关重要的角色,他们负责筹备股东大会和董事会会议、保管相关文件、管理企业股东资料以及处理信息披露等事务。为了确保专业性和独立性,专业委员会中独立董事应占多数并担任负责人,而在审计委员会中,至少应有一名独立董事具备会计专业背景。

(三)国有独资企业组织架构设计的特殊要求

国有独资企业作为我国特有的企业类型,其组织架构设计需充分彰显其独特性,主要体现在以下四大方面:

首先,国有资产监督管理机构在国有独资企业中代行股东大会职权,这一安排取消了股东大会的设置。董事会则依据授权,可部分行使股东大会职权,决定企业重大事务。然而,对于涉及企业根本性变更的事项,如合并、分立、解散、注册资本调整及债券发行等,均须由国有资产监督管理机构直接决策。

其次,国有独资企业董事会构成中,特设企业职工代表席位,以确保职工利益得到充分反映。董事会成员由国有资产监督管理机构委派,但职工代表则需通过企业职工代表大会民主选举产生。同时,董事长及副董事长的任命,亦由国有资产监督管理机构在董事会成员中指定。

再次,监事会作为监督机构,其成员同样由国有资产监督管理机构委派,但同样保留职工代表席位,由职工代表大会选举产生。监事会主席的指定,亦遵循由国有资产监督管理机构在监事会成员中择优产生的原则。

最后,为进一步提升治理效能,国有独资企业引入外部董事制度。外部董事由国有资产监督管理机构提名推荐,并由非本企业人员担任,以确保其独立性和专业性。在任期内,外部董事不得在任职企业兼任其他职务,以确保其能专注于企业治理与决策。该制度对于优化国有独资企业治理结构、提升决策科学性与有效性、防范重大风险等方面,均具有重要意义。

三、组织架构设计与运行的主要风险

风险会影响目标的实现。为实现企业发展战略和经营目标,企业至少应关注组织架构设计与运行中的下列风险:

(一)治理结构层面

治理结构设计与运行的主要风险在于治理结构形同虚设,缺乏科学决策、良性运行的机制和执行力,可能导致企业经营失败,难以实现发展战略。具体表现为:

(1)股东大会不能规范而有效地召开,股东不能通过股东大会行使自己的权利。

(2)企业与控股股东在资产、财务、人员方面未实现相互独立,企业与控股股东的关联交易不能贯彻平等、公开和自愿的原则。

(3)对与控股股东相关的信息不能根据规定及时完整地予以披露。

(4)企业没有对中小股东权益采取必要的保护措施,使中小股东不能以同等条件和大股东参加股东大会,不能获得与大股东一致的信息并行使相应的权利。

(5)董事会不能独立于经理层和大股东,董事会及其审计委员会中没有适当数量的独立董事存在或独立董事不能有效地发挥作用。

(6)董事对于自身的权利和责任没有明确的认知,或没有足够的知识、经验和时间来勤勉、尽责地履行职责。

(7)董事会不能保证企业建立并实施有效的内部控制,不能审批企业发展战略和重大决策并定期检查、评价其执行情况,不能明确企业可接受的风险承受度并督促经理层对内部控制有效性进行监督和评价。

(8)监事会的构成不能保证其独立性,监事能力与相关领域不匹配。

(9)监事会不能规范而有效地运行,不能有效监督董事会和经理层正确地履行职责并纠正损害企业利益的行为。

(10)对经理层的权力没有必要的监督和约束机制。

(二)内部机构层面

内部机构设计与运行的主要风险在于内部机构设计不科学、权责分配不合理,可能导致机构重叠、职能交叉或缺失、推诿扯皮、运行效率低下。具体表现为:

(1)企业内部组织机构没有考虑经营业务的性质,没有按适当集中或分散的管理方式设置。

(2)企业对内部组织机构设置、各职能部门的职责权限、企业的运行流程等没有明确的书面说明和规定,存在关键职能缺位或职能交叉的现象。

(3)企业内部组织机构不能支持发展战略的实施并根据环境变化及时作出调整;

(4)企业内部组织机构的设计与运行不能适应信息沟通的要求,不利于信息的上传下达和在各层级、各业务活动间的传递,不利于为员工提供履行职权所需的信息。

(5)关键岗位员工对自身权责没有明确的认识,没有足够的胜任能力去履行权责,没有建立关键岗位员工轮换制度和强制休假制度。

(6)企业对董事、监事、高级管理人员及全体员工的权限没有明确的制度规定,对授权的情况没有正式的记录。

(7)企业没有对岗位职责进行恰当的描述和说明,存在不相容职务未分离的情况。

(8)企业没有对权限的设置和履行情况进行审核和监督,对于越权或权限缺位的行为没有及时予以纠正和处理。

第二节 发展战略

一、发展战略的概念

发展战略是指企业在对现实状况和未来趋势进行综合分析和科学预测的基础上,制定并实施的长远发展目标与战略规划。发展战略包括制定发展战略、实施发展战略、制定与实施发展战略应关注的主要风险这三个方面。企业需要深入分析内外部环境,明确组织的优势和劣势,并制定战略目标和策略来应对变化。

在当今快速变化的环境下,公司战略的核心在于采取积极主动的姿态,以预测未来趋势并引导变革,而非仅仅是对外界变化的被动应对。企业需不断审视并调整其战略,以维持稳健的发展动力,并将这种动力转化为持续前行的惯性。通过实施有效的战略,企业能够构建并巩固其竞争优势,从而确保长期的成功与繁荣。

二、制定发展战略

制定发展战略是企业健康运转、可持续发展的重要基石。企业应当遵循科学发展的核心原则,将企业的长远发展蓝图与国家的宏伟目标紧密相连,既立足当下实际,又放眼未来趋势。在深入进行风险评估的基础上,企业应精准识别并设立关键控制点,以确保发展战略的科学性与合理性。所制定的发展战略需紧密贴合企业自身实际情况,并遵循市场经济的发展规律,为企业的稳健前行提供有力支撑。

(一)建立健全发展战略制定机构

发展战略紧密关联着企业的当前与长远未来,因此,企业各层级均需予以高度重视及全力支持,确保在人力资源配置、组织结构构建等方面提供坚实的保障。企业应于董事会架构下,设立战略委员会,或明确指定相关部门,专职负责发展战略的管理工作,并切实履行其相应职责。此外,企业还应在内部组织结构中,设立专门部门或指定相关部门,以承接并执行战略委员会所下达的各项任务与指令。

企业需清晰界定战略委员会的职责范畴与议事准则,对战略委员会会议的召集流程、表决机制、提案审议流程、保密规定及会议记录管理等环节,均作出详尽而明确的规定,以保障议事过程的规范化与透明度,同时确保决策程序的科学性与民主性。

战略委员会应积极关注企业相关部门,对既定的发展目标及战略规划进行深入的可行性研究与科学论证,进而形成具有前瞻性与可行性的发展战略建议方案。在必要时,战略委员会可充分利用中介机构及外部专家的专业优势,为其履行职责提供有力的咨询支持。此外,战略委员会的成员应具备较高的综合素质与丰富的实践经验,其任职资格的设定及选任程序的执行,均需严格遵循相关法律法规及企业章程的规定。

(二)影响发展战略的内外部因素

在制定企业发展战略时,企业需审慎考虑其外部环境和内部资源等关键因素。在这一过程中,企业应全面审视宏观经济政策、国内外市场需求动态、技术革新趋势、行业格局及竞争对手态势、资源储备水平,以及自身的优势与不足。基于详尽的市场调研、科学的预测分析以及广泛的意见征询,企业应精心策划发展战略。

外部环境作为发展战略制定的核心考量因素,涵盖了企业所处的宏观背景、行业竞争格局、竞争对手表现及经营环境等多个维度。在剖析外部环境时,企业应深入洞察环境变化及其潜在走向,评估其对公司战略的深远影响,同时识别并挖掘潜在的市场机遇,同时警惕并防范潜在的威胁与挑战。

内部资源则构成了企业发展战略的内在约束条件,包括各类有形及无形的资源与能力,如企业资源、核心竞争力和市场定位等。唯有对外部环境与内部资源进行全面而深入的剖析,企业方能制定出既科学合理又切实可行的发展战略。在评估内部资源与能力时,企业应着重分析其在行业中的相对位置,以及与竞争对手相比所展现出的优势与劣势。

(三)科学制定有风险控制的发展战略的意义

企业制定有风险控制的发展战略,其价值和意义在于确保企业在追求长期目标和愿景的过程中,能够有效识别、评估、管理和缓解潜在的风险,从而保障企业的稳健发展和可持续竞争力。

1.保障企业稳健发展

制定发展战略能预防风险,通过制定有风险控制的发展战略,企业可以在早期阶段识别并预防潜在的风险,避免风险转化为实际的损失或危机。制定发展战略还能增强企业韧性,有风险控制的发展战略能够增强企业对外部环境和内部变化的适应能力,使企业能够在面对风险时保持稳健的运营,避免过大的波动和不确定性。

2.提升决策质量

制定发展战略能获取全面的信息,在制定发展战略时,企业会全面考虑各种潜在的风险因素,从而确保决策的全面性和准确性。制定发展战略还便于企业进行风险量化,通过风险评估,企业可以将风险量化,为决策者提供更为精确的数据支持,有助于作出更为明智的决策。

3.优化资源配置

制定发展战略便于高效利用资源,有风险控制的发展战略能够指导企业高效利用资源,避免在风险较高的领域过度投入,确保资源的优化配置。制定发展战略还方便节约成本,通过风险预防和管理,企业可以减少因风险事件导致的额外成本和损失,提高整体运营效率。

4.增强企业竞争力

制定发展战略便于树立品牌形象,有效的风险控制能够提升企业的品牌形象,使企业在消费者和市场中树立良好的信誉和口碑。制定发展战略还有利于扩大市场份额,通过稳健的运营和持续的创新,企业能够巩固和扩大市场份额,提高市场竞争力。

5.促进可持续发展

制定发展战略有利于企业达成长期目标,有风险控制的发展战略有助于企业实现长期目标和愿景,确保企业在未来能够持续稳健地发展。制定发展战略还便于企业履行社会责任,通过制定和执行有风险控制的发展战略,企业能够更好地履行社会责任,保护环境和利益相关者的权益。

(四)识别和评估发展战略风险的工具

准确识别发展战略风险是成功制定发展战略的必要前提与坚实保障。唯有精确无误地辨识发展战略风险,方能对风险的程度进行恰如其分的评估,并在发展战略的制定过程中予以周全的考量。倘若风险识别出现偏差或遗漏重大风险,无论发展战略的规划如何详尽,风险仍将对企业造成不利影响,导致发展战略偏离既定的航向。

科学的企业发展战略应当建立在全面深入的调查研究、严谨科学的分析预测以及广泛吸纳各方意见的基础之上。通过系统而深入的调查研究和科学分析预测,我们能够清晰辨识企业发展战略中潜藏的各种风险。在此基础上,对发展战略决策所需的信息资料进行详尽的了解与剖析,从而明确企业所面临的发展战略风险因素,精准界定风险类型与性质,并把握其动态变化趋势,为发展战略的有效实施奠定坚实的基础。

鉴于企业发展战略的独特特征与重要性,结合其制定流程,我们可着重从以下两大维度出发,对发展战略风险进行识别与评估:一是深入剖析由企业外部环境变化所触发的发展战略风险;二是细致审视由企业内部战略资源配置不当所引发的发展战略风险。

1.PEST 外部环境分析

PEST 外部环境分析包括政治因素(political factors)、经济因素(economic factors)、社会因素(social factors)和技术因素(technological factors)四个维度。PEST 外部环境分析的四个维度是相互关联、相互影响的。企业需要综合考虑这些因素的变化趋势和相互影响关系,以制定合理的战略决策并应对外部环境的变化。

(1)政治因素

政府政策:政府的产业政策、税收政策、进出口政策等都会对企业的运营产生直接影响。政策的调整可能导致企业成本上升或下降、市场准入门槛的变化,以及竞争格局的变动。

政治稳定性:政治稳定是企业经营的重要前提。政治动荡可能导致社会不稳定,进而影响企业的生产和销售。

法律法规:法律法规的制定和执行规范了企业的市场行为,《反不正当竞争法》《税法》《环境保护法》等法律法规的变化可能直接影响企业的合规成本和市场竞争地位。

(2)经济因素

经济发展水平:国家的整体经济实力和消费者的购买力是影响企业销售的重要因素。经济发展水平越高,消费者需求越旺盛,企业的市场机会也越多。

经济结构和产业布局:产业结构、分配结构、交换结构等决定了市场的供需关系和竞争格局。企业需要根据经济结构的变化调整产品策略和市场定位。

经济政策:财政货币政策、通货膨胀率、利率、汇率等经济指标会影响企业的融资成本、市场需求和盈利能力。企业需密切关注这些经济指标的变化,以制定合理的财务和投资策略。

(3)社会因素

人口结构:人口规模、年龄分布、性别比例等决定了市场的潜在容量和消费者的偏好。企业需要根据人口结构的变化调整产品设计和营销策略。

社会文化和价值观:文化传统、宗教信仰、社会习俗等会影响消费者的消费习惯和对产品的接受程度。企业需尊重当地的社会文化和价值观,以建立良好的品牌形象。

生活方式和消费心理:随着生活水平的提高,消费者对产品的需求从基本需求向更高层次的需求转变,如追求品质、个性化和环保等。企业需要不断创新,以满足消费者的多样化需求。

(4)技术因素

技术创新:新技术的出现和应用会改变产品的生产方式,提高生产效率和质量,并可能创造新的市场需求。企业需要关注技术创新的发展趋势,以抢占市场先机。

技术替代:随着技术的不断进步,旧的技术可能会被新的技术替代。企业需要不断更新技术,以保持竞争优势。

技术转移和合作:国际技术转移和合作会加速技术的传播和应用。企业可以通过技术转移和合作,引进先进技术和管理经验,提升自身实力。

2.波特五力分析

波特五力分析是由麦克·波特提出的,用于评估一个产业的竞争力或企业的竞争力和吸引力。该模型将竞争视为一个产业的结构,通过分析五个力量,即行业内现有竞争者的竞争、潜在进入者的威胁、替代品的威胁、供应商的议价能力和购买者的议价能力,来评估该产业的竞争潜力和盈利能力这五种力量之间是如何相互影响、相互制约的,它们共同决定了行业的竞争态势和企业的战略选择。以下是波特五力相互影响的具体表现:

（1）行业内现有竞争者的竞争：激烈的竞争会促使企业不断创新，降低成本，提高产品和服务质量，以期在市场中脱颖而出。这种竞争压力也会影响到潜在进入者和替代品的发展。

（2）潜在进入者的威胁：新进入者会带来新的资源和能力，可能打破现有市场的平衡，加剧竞争。同时，潜在进入者的威胁也会促使现有企业加强自身的竞争优势，如提高技术壁垒、增强品牌影响力等。

（3）替代品的威胁：替代品能够满足相同或相似的需求，因此会对现有产品和服务构成威胁。替代品的出现会促使企业不断改进和创新，以提高产品的差异化和竞争力。同时，替代品的发展也会受到行业内现有竞争者和潜在进入者的影响。

（4）供应商的议价能力：供应商的议价能力会影响企业的采购成本和生产效率。如果某供应商议价能力强，企业可能需要寻找替代供应商以降低对该供应商的依赖，这也会影响到行业内现有竞争者和潜在进入者的战略选择。

（5）购买者的议价能力：购买者的议价能力会影响企业的销售价格和市场份额。如果购买者议价能力强，企业可能需要通过提高产品质量、降低成本或提供增值服务来增强自身的竞争力。这种变化也会影响到行业内其他竞争者和潜在进入者的市场地位。

因此，波特五力之间是相互关联、相互影响的。企业需要综合考虑这些因素的变化趋势和相互影响关系，以制定合理的战略决策并应对外部环境的变化。外部环境分析的具体内容，请参阅图3-1。

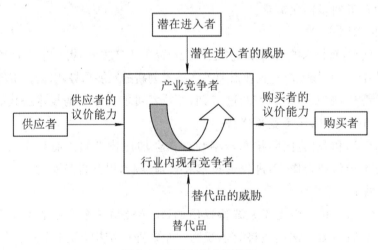

图3-1　波特五力分析模型

三、实施发展战略

实施发展战略是一个将既定战略转化为具体行动,并力求取得预期成果的过程。在此实施过程中,企业应依据所选择的战略类型,精确执行以下关键任务。

一是调整并优化企业结构,确保其与企业的战略定位高度契合,为战略实施提供坚实的企业基础。

二是深化企业文化的培育与发展,使企业文化成为推动企业达成战略目标的核心驱动力和重要支撑点;同时,激发员工积极性,为战略实施提供不竭的动力源泉。

三是综合运用财务与非财务手段与方法,严密监控战略实施的每一个阶段,及时发现并有效纠正执行过程中的偏差,确保战略实施能够顺利达成预定目标。在必要时,还需对发展战略进行适时的调整与优化,以推动企业绩效的持续稳步提升。

四是积极引入并应用先进技术,特别是数字化技术,以构建更加高效、灵活的企业形态,推动经营模式的创新转型,全力支持企业数字化转型和数字化战略的高效实施。

五是制定风险清单。在识别与评估的基础上,企业应制定详细的风险清单,列明各种风险的类型、特点、发生可能性、潜在影响等信息。这有助于企业全面了解自身面临的风险状况,为后续制定应对措施提供依据。

六是进行动态监测与更新。战略风险的识别与评估并非一劳永逸,企业应建立动态监测机制,定期或不定期地对风险进行重新审视和评估。随着市场环境、企业状况等因素的变化,原本的风险可能发生变化,新的风险也可能出现。因此,企业需要保持对风险的敏感性,及时更新风险清单和评估结果。

七是制定灵活的发展战略规划。企业应建立灵活的发展战略规划框架,以应对突发事件和市场变化。在战略规划过程中,应留有调整和修改的余地,并制定备选方案,以便在需要时能够快速调整战略方向。以下是一些关于如何制定灵活的发展战略规划的建议:

(1)明确战略愿景与目标。首先,企业需要明确自身的战略愿景和长期目标。这有助于企业在制定战略规划时保持一致性,并确保所有战略举措都围绕着实现这些目标而展开。同时,明确的战略愿景和目标也能为企业在面临风险时提供决策依据,确保企业在调整战略时不会偏离核心发展方向。

(2)分析市场与竞争环境。在制定发展战略规划时,企业需要对市场和竞争环境进行深入分析。这包括了解行业趋势、市场规模、竞争对手状况等。通过对市场和竞争环境的全面分析,企业能够更准确地预测潜在的战略风险,并制定相应的应对措施。

(3)保持发展战略规划的灵活性。在制定发展战略规划时,企业应注重保持其灵活性。这意味着发展战略规划应具备一定的弹性和可调整性,以便在面临突发事件或市场变化时能够迅速作出调整。为此,企业可以采用情景规划、备选方案制定等方法,为可能出现的不同情况做好预案。

(4)加强发展战略与业务的协同性。发展战略规划不应仅停留在高层管理层面,而应与实际业务紧密结合。企业应确保发展战略规划能够指导业务活动的开展,并促进各部门之间的协同合作。通过加强发展战略与业务的协同性,企业能够在面临风险时更快地调整业务策略,降低风险对企业运营的影响。

(5)建立定期评估与调整机制。发展战略规划是一个持续的过程,企业需要定期对其进行评估和调整。通过定期评估战略实施的效果和市场环境的变化,企业可以及时发现潜在的风险和问题,并制定相应的调整措施。同时,企业也应建立快速响应机制,以便在面临突发事件时能够迅速作出决策和调整。

综上所述,制定灵活的发展战略规划是企业在应对战略风险时的重要一环。通过明确战略愿景与目标、分析市场与竞争环境、保持发展战略规划的灵活性、加强战略与业务的协同性以及建立定期评估与调整机制等措施,企业制定更具针对性和可操作性的发展战略规划,能够有效降低战略风险对企业的影响。

公司战略管理的实践明确指出,战略制定固然占据重要地位,然而从更深层次的意义上审视,实施发展战略的核心价值更为凸显。一个良好的战略构想,仅仅是通往成功之路的基石之一,其真正价值在于能否得到切实有效的执行。唯有通过精心实施发展战略,企业的宏伟蓝图与既定目标方能稳步实现。

与此同时,我们亦需认识到,面对战略制定的不足,企业并非全然束手无策。在实际操作中,即便初始战略未能尽善尽美,但若在实施过程中能够展现出强大的适应力与创新能力,有效弥补策略设计的缺陷,那么仍有可能引领企业迈向成功的彼岸,圆满达成其使命与目标。

四、制定与实施发展战略应关注的主要风险

一是缺乏明确的发展战略或发展战略实施不到位,可能导致企业盲目发展,难以形成竞争优势,丧失发展机遇和动力。企业在面对市场竞争时,如果缺乏一个清晰、明确的发展战略,就如同在茫茫大海中航行而没有指南针,容易迷失方向。同样,即便制定了发展战略,但如果实施力度不够,没有将战略转化为具体的行动计划和资源配置,那么发展战略也就成了纸上谈兵。这种情况下,企业往往会陷入盲目发展的境地,不清楚自己的定位、目标和核心竞争力,难以在市场

中形成独特的竞争优势。同时,由于缺乏明确的指引,企业可能会错失宝贵的发展机遇,丧失前进的动力和信心,最终在激烈的市场竞争中被淘汰。

二是发展战略过于激进,脱离企业实际能力或偏离主业,可能导致企业过度扩张,甚至经营失败。有些企业在制定发展战略时,过于追求速度和规模,而忽视了自身的实际能力和主业优势。这种激进的发展战略往往会导致企业盲目扩张,涉足自己不熟悉的领域或行业,增加经营风险和不确定性。当企业资源无法支撑这种快速的扩张时,就会出现资金链断裂、管理失控等问题,最终可能导致经营失败。因此,企业在制定发展战略时,必须充分考虑自身的实际情况和主业优势,确保发展战略与企业的资源、能力和市场环境相匹配。

三是发展战略因主观原因频繁变动,可能导致资源浪费,甚至殃及企业的生存和持续发展。发展战略是企业长期发展的蓝图和指南,需要具有一定的稳定性和连续性。然而,如果由于高层领导的主观意志或市场环境的短期波动,发展战略频繁变动,那么就会给企业带来极大的困扰和损失。首先,频繁变动的发展战略会导致企业资源的大量浪费,因为每次调整都需要重新分配资源、调整组织结构和管理流程。其次,这种不稳定的发展战略会影响企业的市场形象和信誉,降低客户的信任度和忠诚度。最后,如果发展战略的变动过于频繁且缺乏明确的规划和方向,就可能导致企业陷入混乱和危机之中,危及企业的生存和持续发展。因此,企业在制定和实施发展战略时,必须保持高度的稳定性和连续性,避免基于主观原因的频繁变动。

第三节 人力资源

一、人力资源的概念

"人力资源"这一重要概念,最初是由现代管理学领域的权威学者彼得·德鲁克在其 1954 年所著的标志性作品《管理的实践》中进行了明确阐述。随后,在学术与管理实践领域,该概念得到了进一步的深化与拓展。1965 年,雷蒙德·迈勒斯(Raymond Myers)在《哈佛商业评论》上发表的论文,更是将"人力资源"的理论探讨推向了新的高度,引起了广泛的学术关注与社会讨论。

关于人力资源的具体界定,学术界与实践界存在多元化的视角与理解。部分观点将其等同于劳动力资源,即将人力资源视为从事劳动活动的人员;也有观点将其等同于人口总量,即将所有人口均视为潜在的人力资源;而更为深入的理解则强调人力资源的核心在于人的劳动能力,即人们通过智力与体力的运用,为社会经济发展作出贡献的潜在与现实能力。

本书倾向于将人力资源定义为:具备推动社会进步与经济繁荣的能力的人的劳动能力。这一定义不仅涵盖了智力与体力两个层面的劳动能力,还进一步将其细分为现实的劳动能力与潜在的劳动能力。现实的劳动能力,指的是个体当前能够直接且有效地投入劳动过程,为社会经济发展作出实际贡献的能力;而潜在的劳动能力,则是指那些因各种条件限制尚未能直接参与劳动,但经过适当的开发与培训后,能够转化为现实劳动能力的资源。这包括但不限于对儿童的教育培养,以提升其未来在社会经济中的贡献潜力,以及对文化素质较低人群的技能培训,以增强其进行现代生产所需的技能与能力。

鉴于劳动能力与人本身之间的紧密关联,从广义上讲,人力资源也可被视为所有具备劳动能力的人群的集合。这一理解不仅体现了人力资源的丰富内涵与广泛外延,也为人力资源管理与开发的实践提供了重要的理论支撑。

二、人力资源的特点

1.人力资源的主动性

人力资源在众多生产要素中,具有独一无二的主动性特质。它凭借个体的主观愿望、意念及思想,对其他生产要素进行调配与整合,并通过劳动实践创造经济价值与社会财富。因此,人力资源的核心价值,始终在于其蕴含的创新精神与创造能力。正是这些内在素质,主导了生产力的整体效能与演进轨迹。

2.人力资源的时效性

人力资源的时效性,即其形成与作用的效率,深受个体生命周期的制约。具体而言,在个体成长的少年儿童阶段,虽对人力资源进行持续投资,但尚未能转化为现实的产出。进入青壮年后,人力资源开始产生实质贡献,其产出的质量与数量均逐步提升。然而,随着步入老年,个体的体力与精力逐渐衰退,导致人力资源的总体产出量有所下降,甚至可能因丧失劳动能力而退出人力资源的范畴。

在人力资源的利用过程中,不可避免地会出现两种类型的磨损:有形磨损与无形磨损。前者主要表现为劳动者自身的衰老过程,而后者则体现为劳动者知识与技能因时代变迁而逐渐老化。因此,深入考察人力资源的时效性,对于合理调整人力资源的投入与产出比例、最大化人力资源的效益以及延长其有效作用期限,均具有重要意义。

3.人力资源的可再生性

人力资源作为一种"活"的资源,其特性体现在两个方面。首先,通过人口的自然繁衍,人力资源能够持续不断地得到再生产,并得以世世代代地传承延续。

其次,当人的体能在某一生产过程中被消耗后,它能够通过休息和适当的能量补充而得到恢复。更进一步地,如果个体的知识技能出现陈旧或过时的情况,亦可通过培训和学习等有效手段实现更新与提升。综上所述,无论是人的本身、体能,还是知识技能,均展现出显著的再生性。确保这一再生过程的顺畅进行,对于促进人力资源的全面开发与高效利用具有重要意义。

4.人力资源的社会性

人力资源具备显著的社会性特质。具体而言,首先,在劳动实践活动中,不同劳动者汇聚于多样化的劳动集体之内,展现出强烈的群体属性,此群体属性构成了人力资源社会性的微观基石。其次,人力资源的孕育、发展及运用均深深植根于特定的社会环境之中,其本质上是一种社会性活动。再者,两人协同工作的效果,往往并非两人各自独立工作效果的简单相加。在某些情况下,协同工作能激发出超越两人独立工作总和的效能,即实现"1+1>2"的协同效应;而在其他情境下,则可能因种种因素导致整体效能低于两人独立工作之和,即出现"1+1<2"的现象。

5.人力资源的智能性

人力资源中蕴含着智力的要素,其价值在很大程度上取决于个体所具备的智力水平及其在实践中的应用程度。1996年,经济合作与发展企业发布了一份题为"以知识为基础的经济"的正式报告。该报告明确界定了知识经济的概念,即一种建立在知识的生产、分配以及使用(或消费)基础之上的经济体系。其中,所提及的知识范畴广泛,涵盖了人类历史长河中所积累的一切知识成果,尤其是科学技术、管理科学及行为科学等核心领域的知识最为关键。在知识经济时代背景下,企业日益倾向于通过创新手段来构建自身的竞争优势,而企业的创新能力本质上则源自其员工所从事的智力活动。

三、人力资源的内部控制目标

人力资源的内部控制目标可以设定为以下几个方面:

(1)建立科学、规范、公平、公开、公正的人力资源政策,调动员工积极性、主动性和创造性。

(2)为确保企业的选拔与聘用过程高效、合规,就必须严格把关,确保所选员工不仅具备高度的道德素养,还需拥有扎实的专业能力与技能,以充分满足企业日常生产经营及各项管理活动的实际需求。同时,需积极促进员工树立正确的价值取向,并引导其行为特征符合企业内部控制与风险管理的各项要求,从而为企业的稳健发展奠定坚实的人才基础。

(3)重视并加强员工培训,制订科学合理的培训计划,提高员工培训的针对性和实效性,不断提升员工的道德素养和业务素质。

（4）为了确保企业内部控制的有效执行,并促进员工责、权、利的有机统一,要建立和完善针对不同层级员工的激励约束机制。此机制通过精心制定合理目标、确立明确标准、执行严格考核以及落实配套的奖惩措施来实现。此举旨在激发员工的积极性和创造力,同时确保企业目标的顺利达成。

（5）为确保企业的人力资源政策与实践全面符合法律法规要求,就必须构建一个稳健、合规的管理体系。此体系需紧密契合企业发展战略,并有效支撑企业积极履行社会责任,同时促进内部环境和企业文化的深度培育与持续发展。

四、人力资源管理的主要风险及改善措施

（一）人力资源管理的主要风险

第一,人力资源缺乏或过剩、结构不合理、开发机制不健全,可能导致企业发展战略难以实现。

第二,人力资源激励约束制度不合理、关键岗位人员管理不完善,可能导致人才流失、经营效率低下或关键技术、商业秘密和国家机密泄露。

第三,人力资源退出机制不当,可能导致法律诉讼或企业声誉受损,招聘过程中可能产生信息泄露、欺诈等问题。

第四,培训内容和方式可能不符合员工需求,导致培训效果不佳。

第五,对员工的绩效评价可能存在主观性和不公正,影响员工积极性。

第六,激励制度可能不健全,导致员工缺乏动力。

第七,员工离职或调岗后,可能产生商业秘密泄露等问题。

第八,在劳动管理和劳动保障上可能存在法律风险,如招聘尚未解除劳动合同的劳动者、试用期约定不当、未订立培训协议或约定不明、处理劳动关系程序不到位、解除劳动合同未按规定支付经济补偿金等。

（二）人力资源管理防控措施

第一,强化招聘管理。制定详细的招聘计划,严格筛选应聘者,确保招聘到合适的人才。

第二,优化培训体系。根据企业需求和员工特点,制订合适的培训计划,提升员工的技能和素质。

第三,完善薪酬结构。设计合理的薪酬体系,确保薪酬水平与市场接轨,提高员工的满意度和归属感。

第四,强化员工关系管理。建立良好的员工沟通机制,及时解决员工问题,

提高员工满意度和忠诚度。

第五,建立风险预警机制。定期评估人力资源管理的风险点,及时发现并解决问题,确保企业稳定发展。

第四节 社会责任和企业文化

一、企业社会责任的概念和内容

(一)企业社会责任的概念

早在 18 世纪中期,部分美国企业已开始承担一定的社会责任,例如援建雇员住房、为雇员子女设立学校等。关于企业社会责任的定义,学界存在多种观点。卡罗尔(Archie B. Carroll)在其研究中明确指出,企业社会责任应涵盖经济责任、法律责任、伦理责任以及自愿责任四个核心方面。而一些学者则进一步强调:企业社会责任不仅体现在企业自愿投身于教育或慈善事业,即便此举可能削弱其经济收益;还体现在企业恪守高于法律与习俗所要求的标准的道德准则,在业务选择中,企业需基于社会价值进行判断;同时,企业还需出于非经济利益考量,投资于企业内部质量的提升及改善。《企业内部控制应用指引第 4 号——社会责任》则明确指出,社会责任是企业在其经营与发展过程中必须履行的职责与义务,具体涵盖安全生产、产品质量(含服务)、环境保护、资源节约、促进就业以及员工权益保护等多个方面。

(二)企业社会责任的内容

基于利益相关方视角,企业生产经营活动中的主要社会责任具体如下:

一是在企业新产品研发的过程中,应坚定不移地秉持低碳环保与循环经济的核心理念,强化自主研发能力,并明确界定知识产权的归属,以规避潜在的侵权风险与纠纷。同时,企业应积极倡导并实践产、学、研、用深度融合的发展模式,高度重视人才培养与学术交流,深化与高等院校及科研机构的合作,通过资源整合与优势互补,共同激发创新潜能,推动产业持续健康发展。

二是在原料采购的环节中,企业应当高度重视原料来源地的生态环境保护工作,积极采取措施以节约资源,并实行适度的开采策略。同时,企业应积极依托科技进步和技术创新的力量,集中力量开发和利用可再生资源。此外,企业还需注重对供应商的管理及关系维护,力求实现多方共赢,并坚决避免任何可能侵害供应商权益的行为。企业应当秉持公正、诚信的原则,不以损害他人利益为代价来谋求自身发展。相反,企业应不断提升产品(包括服务)的质量,这既是对整个社会负责,也是企业自身持续发展的基石。

三是在产品制造的全流程中,企业应秉持清洁生产的核心理念,致力于降低能源消耗,并显著减少废弃物的产生与排放。同时,企业应建立健全废弃物回收、再利用及安全处置机制,以确保资源的高效循环与环境的可持续发展。安全生产、维护员工健康及强化环境管理,不仅关乎企业自身的长远发展,更紧密关联着员工的合法权益与社会的和谐稳定。因此,企业必须加强管理力度,制定并执行完善的规章制度,确保各项措施得以有效实施。此外,企业还应不断提升产品或服务的质量水平,这不仅是对广大消费者及整个社会的庄严承诺,更是企业自身责任与担当的重要体现。

四是在产品销售的各个环节中,企业应秉持诚信为本的经营理念,恪守公平贸易的原则,并严格遵循商业道德准则,坚决杜绝任何形式的商业贿赂行为。此外,企业还需强化对经销商的有效管理,并致力于维护与经销商之间的良好关系,坚持共赢多赢的合作理念,以确保双方的共同利益。同时,企业应时刻关注并尊重经销商及消费者的合法权益,坚决避免任何可能侵害其权益的行为发生。

五是在产品的售后服务及废旧品回收的流程中,企业应高度重视售后服务的品质,确保消费者权益得到充分保障,并维持一个高效、畅通的沟通平台,以便及时解决消费者的问题和反馈。此外,企业还应积极倡导并推动以旧换新的政策,有效回收废旧产品,从而促进废旧物资的循环再利用,实现资源的可持续利用。

六是在履行其他社会责任的活动中,企业应秉持积极主动的态度,致力于促进就业增长,确保员工权益得到充分保障,积极维护员工的身心健康,并大力推动员工培训与发展,为员工提供一个有利于个人成长与职业发展的良好平台。

此外,企业还需主动承担起环境保护的责任,通过有效措施补偿生产经营过程中可能对环境产生的负面影响。同时,企业应积极组织或参与各类公益活动与慈善事业,以回馈社会、关爱弱势群体。最后,企业应保持高度的透明度,及时、准确地披露企业社会责任信息,以展现其对社会责任的承诺与实践。

二、企业社会责任的主要风险及规范要求

企业社会责任贯穿于企业经营与管理的每一个环节,既涵盖企业治理的层面,也深入内部机构及业务运作的细微之处。若企业未能积极履行其社会责任,或在社会责任管理方面存在疏漏,则可能招致多种风险,包括但不限于战略层面

的不确定性、经营过程中的挑战以及具体操作层面的失误等。

（一）企业发展战略中的社会责任风险

企业在对社会责任进行战略管理时,若行为不当,可能会诱发一系列战略风险,具体涵盖战略决策风险与战略实施风险两大层面。以战略目标定位为例,若其设定缺乏科学性,即仅聚焦于股东利益最大化,片面追求经济收益,而未能全面考量其他利益相关方的权益,同时忽视社会与环境因素的深远影响,此举或将严重损害企业的社会声誉,并可能引发一系列不利后果。

（二）企业生产经营中的社会责任风险

经营风险是企业生产经营过程中的不确定性因素可能对企业经营目标产生的影响。企业主要生产经营活动中的社会责任风险包括:

第一,在研发过程中,企业未能持续秉持低碳环保与循环经济的核心理念,这一行为与国家明确的产业政策导向存在偏差;同时,研发过程的管理存在疏漏,可能导致产权纠纷的发生;此外,企业对于人才培养的忽视,也可能进一步削弱其创新活力与能力。

第二,在采购过程中,企业不重视原料来源地的生态环境保护,或进行掠夺式开采,可能造成资源枯竭;不注重供应商管理及关系维护,可能侵害供应商权益。

第三,在生产过程中,企业安全生产措施不到位,责任不落实,可能导致企业发生安全事故;对员工健康和环境管理不到位,可能损害员工权益;未坚持清洁生产,能耗超标或废弃物排放超标,可能形成环境责任事故;产品（包括服务）质量低劣,则会损害消费者权益。

第四,在销售过程中,企业不遵循商业道德,进行商业贿赂,使企业声誉受损;不注重经销商管理及关系维护,可能侵害经销商权益;不重视售后服务,可能侵害消费者权益。

除了上述提到的风险外,还需关注其他社会责任风险,这些风险可能源于人力资源政策的不当实施,导致员工积极性受挫,进而影响企业的整体运营效率。此外,忽视公益活动与慈善事业的参与,可能损害企业的社会声誉,削弱其在公众心目中的形象。同时,若企业忽视对社会责任信息的及时、准确披露,与利益相关方的沟通将受到阻碍,进一步加剧潜在的风险。

若对上述生产经营中的社会责任风险控制不力,企业可能面临企业形象严重受损的严重后果,进而可能遭遇巨额赔偿的法律纠纷。长期而言,这将导致企业发展动力不足,缺乏持续的增长后劲。在最不利的情况下,企业甚至可能面临停业或破产的极端风险,这不仅将严重影响企业的可持续发展能力,还可能对社会稳定造成不利影响,甚至在某些情况下,可能引发生态灾难,对自然环境造成不可逆的损害。

(三)企业日常管理和岗位操作中的社会责任风险

操作风险是指由企业内部程序、人员或系统存在的不完善或失效,以及外部事件所引发的潜在损害风险。这些风险包括但不限于商业欺诈、合同违约、违反操作规程、对突发事件的应对不力等。操作风险是一个极其广泛的领域,它几乎覆盖了企业内部的所有部门、岗位及员工。

在企业履行其社会责任并实施相应管理的过程中,随时可能遭遇各类操作风险。例如:管理人员若未能遵循既定规程进行管理,则可能侵犯员工权益;员工若违反作业规范,则可能导致安全生产事故或生态环境灾难的发生;业务人员在诚信方面若存在缺失,则可能欺骗利益相关方;而相关人员若能力不足,则可能导致企业社会责任信息披露得不准确或不恰当。

(四)企业社会责任的规范要求

企业社会责任是企业在经营发展过程中应当履行的社会职责和义务。根据《企业内部控制应用指引第 4 号——社会责任》,企业社会责任的规范要求主要包括以下几个方面:安全生产、产品质量、环境保护、资源节约、促进就业、员工权益保护、遵守商业道德和支持慈善事业。

1.安全生产

企业应当根据国家有关安全生产的规定,建立严格的安全生产管理体系、操作规范和应急预案,并设立安全管理部门和安全监督机构,负责企业安全生产的日常监督管理工作。企业应当重视安全生产投入,提供人力、物力、资金、技术等必要的保障,并贯彻预防为主的原则,通过多种形式增强员工安全意识,重视岗位培训,特别岗位实行资格认证制度。一旦发生生产安全事故,企业应当按照安全生产管理制度妥善处理,及时报告,并追究责任。

2.产品质量

企业应按照国家和行业相关产品质量要求从事生产经营活动,提高产品质量和服务水平,努力为社会提供优质安全健康的产品和服务。企业应当建立严格的产品质量控制和检验制度,规范生产流程,确保产品质量的可靠性。同时,企业应当加强产品的售后服务,对于存在严重质量缺陷的产品,应及时召回或采取其他有效措施,最大限度地降低或消除社会危害。

3.环境保护

企业应当按照国家有关环境保护的规定,建立环境保护制度,认真落实节能减排责任,积极开发和使用节能产品,发展循环经济,降低污染物排放,提高资源综合利用效率。企业应当重视生态保护,加大对环保工作的人力、物力、财力的投入和技术支持,不断改进工艺流程,降低能耗和污染物排放水平,并加强对废气、废水、废渣的综合治理,建立废料回收和循环利用制度。

4.资源节约

企业应当重视资源节约和资源保护,着力开发利用可再生资源,防止对不可再生资源进行掠夺性或毁灭性开发。企业应当关注国家产业结构相关政策,加快高新技术开发和传统产业改造,实现低投入、低消耗、低排放和高效率的发展模式。同时,企业应当建立环境保护和资源节约的监控制度,定期开展监督检查,及时采取措施纠正发现的问题。

5.促进就业

企业应积极促进充分就业,避免在正常经营情况下批量辞退员工,增加社会负担。企业应当与员工签订并履行劳动合同,遵循按劳分配、同工同酬的原则,建立科学的员工薪酬制度和激励机制,确保员工薪酬合理增长。

6.员工权益保护

企业应依法保护员工的合法权益,提供安全健康的工作环境,预防、控制和消除职业危害,并足额缴纳社会保险费,保障员工依法享受社会保险待遇。企业应尊重员工人格,维护员工尊严,杜绝性别、民族、宗教、年龄等各种歧视,并积极开展员工职业教育培训,创造平等发展机会。

7.遵守商业道德

企业在经营活动中应遵守商业道德,公平竞争,不进行虚假宣传,不采用不正当手段获取竞争优势。企业应建立健全内部控制体系,提升风险管理水平,确保企业行为符合法律法规的要求,维护企业声誉。

8.支持慈善事业

企业应积极履行社会公益方面的责任和义务,关心帮助社会弱势群体,支持慈善事业。企业可以通过捐赠资金、物资,提供志愿服务等方式参与社会公益活动,为社会作出积极贡献。

三、企业文化的概念及其影响

(一)企业文化的概念

企业文化是指企业内部员工所共同分享、延续并遵循的一系列持久性的信仰、习俗、传统和实践,这些元素共同构成了企业信念、价值观和行为模式的一致性。简而言之,企业文化是基于企业独特的认知和见解,对于何为正确、何为错误的共识,这种共识在员工内部得到普遍认同和遵守。

从经济学的角度来看,企业文化是一种非实体性的共识,它虽然无法被直接看见或触摸,但其确实存在。企业文化通过其内在的力量,制约着企业内部所有成员的思维方式和行为方式,成为企业管理和员工行动的内在指南。这种指南并非通过明确的契约条款来规定,但却深刻地影响着企业的管理者和员工,确保他们能够在共同的文化背景下协同工作,推动企业的持续发展。

(二)企业文化对企业内部环境的影响

企业内部环境作为企业基本氛围的核心构成部分,是全面影响并约束企业内部控制体系制定与执行的一系列内部因素的统称。若将企业比喻为一片广袤的森林,员工则如同其间茁壮成长的树木,而企业文化则构成了这一生态系统的核心框架。企业文化不仅深刻影响着每一棵树(即员工)的成长轨迹,同时,员工的个人发展及行为模式亦会反向作用于企业的整体发展态势。

企业文化体系展现出鲜明的层次性与内在的逻辑关联,涵盖了从理念、价值观到制度文化、行为文化、物质文化等多个维度,共同构成了企业文化理念的完整架构。这些不同层次的文化因素各自承载着独特的功能与价值,并展现出强大的自我调节、完善与更新能力。

内部环境作为内部控制体系得以存续与发展的基石,其健康状况直接决定了其他控制要素能否充分发挥作用。它不仅深刻影响着员工的思维模式与行为方式,还进一步塑造了全体员工在执行工作任务及责任履行方面的态度、认知与行为模式。

企业文化则是这一内部环境的重要支撑,它由全体员工共同秉持、传承的信仰、习俗、传统及实践所构成,这些共同的信念体系构成了企业的核心特质,并获得了全体成员的广泛认同与遵循。因此,企业内部环境的构建与稳固,正是建立在这样坚实的企业文化基石之上。

(三)企业文化对风险管理的影响

风险管理的核心理念深植于风险管理实践之中。正如美国管理学家彼得·德鲁克(Peter Drucker)所洞察:"管理的精髓在于文化的变迁,其脉络受制于社会的价值观、传统习俗与风尚。"风险文化塑造了人们对风险事件的独特视角,这一风险态度在风险管理活动中,通过风险管理认知、行为及决策等多个维度得以具体展现。因此,企业文化作为企业的精神基石,对风险管理水平的高低具有深远影响。

企业通过构建文化框架与制定规章制度,将风险管理理念融入员工或团队的价值观与协作态度之中,旨在形成统一的风险管理范式,以规避部门间风险策略的分歧与冲突。

企业文化不仅是风险管理活动的催化剂,更是其效能倍增的关键。具体而言,风险管理系统可视为"风险管理企业系统+风险管理功能系统+风险管理信息系统+风险管理制度体系"与风险管理文化的乘积。这一公式凸显了风险管理文化与其他管理机制的协同作用,能够成倍放大风险管理制度在企业各运营环节中的效力,促进风险管理效能的全面提升。

一个完整的企业风险管理文化体系,涵盖了精神层面的危机意识、制度层面的和谐共生、行为层面的攻守兼备,以及物质层面的目标导向,共同构筑起一套全方位、多层次的风险管理文化架构。

至于企业文化如何驱动风险管理活动的深化,一个显著的例证是企业文化与创始人特质紧密关联。狼性创始人往往能孕育出同样具备狼性文化的企业,如任正非与华为;而热爱艺术与设计的创始人,则可能打造出以设计为核心竞争力的企业,如乔布斯与苹果。这些案例生动展示了企业文化如何成为风险管理活动的内在驱动力,引领企业不断前行。

四、企业文化建设的主要风险

近年来,企业并购活动呈现高度活跃态势,而并购双方的企业文化的相互融合程度在极大程度上决定了并购的成功与否。鉴于此,企业在实施并购前,必须高度重视对并购双方企业文化的深入调查研究与全面分析评估。评估的焦点应集中在并购双方在国家文化背景及各自企业文化之间的差异,以及这些差异是否可能促成文化的相互融合等方面。并购完成后,企业应尤为注重文化整合工作,以确保并购的顺利进行及长远成功。

(一)企业文化与企业战略的不相适应风险

企业战略是企业文化的重要组成部分,是企业文化的一种反映,有什么样的企业文化,便会产生什么样的企业战略。企业由战略管理实现使命和达成愿景,企业战略反映着企业宗旨和核心价值观,有着深刻的企业文化烙印。优秀的企业文化往往会指导形成有效的企业战略,并且是实现企业战略的驱动力与重要支柱。

另一方面,企业文化应该服务于企业的战略,企业要创建有利于企业战略实现的优秀企业文化。企业文化在指导企业制定战略的同时,又是调动企业全体员工实施战略的保证,是"软"管理的核心。企业要实现战略目标,必须有优秀的企业文化来导航和支撑,用文化打造企业品牌,用文化树立企业信誉,用文化传播企业形象,用文化提升企业竞争力。

因此,有效的战略和优秀的文化是企业成功的模式和基础。战略变,文化也要跟着变,比如一个公司,原来主要以生产为主,注重的是质量和标准化,现在战略变了,要大力发展技术服务业,需要创新性的文化作为支撑,那么企业的文化就必须要进行调整,企业文化与战略不相适应会为战略的实施带来巨大的风险。

(二)企业领导层文化风险

虽然由企业领导层文化主导着企业的文化,但并不代表企业文化完全等于领导层文化,因为如果没有员工的参与,在实施中就有可能遇到员工抵触或者不合作的情况,那么再完美的企业文化也无法发挥作用,而且非常容易出现宣称的文化与实质的文化不一致的"两层皮"现象。

对于集团公司来讲,经过多年的发展渐渐形成了一种相对稳定的文化,这种文化在企业中影响了以后每一代的认识、思考和感觉模式,从这种意义上来说,成熟的团体通过它的文化也创造了自己的领导者。相对稳定的企业文化往往有一种弊端,即容易成为一定发展时期的"文化僵局",这种僵局将成为企业对内对外适应的强大阻碍,因为企业要发展,所以文化也需要不断进行变革来适应企业战略的调整。企业领导层若能冲破这种阻碍,使得企业文化实现质的飞跃,将是具有革命意义的一步。这对企业家的洞察力、情感态度来说都是严峻考验。

(三)组织架构设计环节中的文化整合风险

在企业实施并购的过程中,若选择吸收合并的方式,势必将面临各参与企业员工融合工作的挑战。为避免文化冲突,企业需在治理结构层面着重强调融合的重要性,同时在内部机构设置层级上,积极贯彻"同舟共济"的理念,力求规避吸收合并方与被吸收合并方员工之间的分隔现象,以促进整体团队的和谐统一。

若企业采取控股合并的并购模式,则应在坚守共性原则的基础上,灵活展现个性化特征。具体而言,企业应通过统一的企业精神、核心理念、价值观念及企业标志,来规范并强化集团文化的统一性,以此增强集团的内部凝聚力与向心力,并塑造集团良好的整体形象。同时,企业也应为子企业提供在集团统一指导框架内培育与创造自身特色文化的空间,以鼓励下属企业展现其独特魅力与个性风采。

(四)在并购交易完成后的文化整合风险

在企业运营过程中,实施深度的文化整合是至关重要的。在此方面,可考虑以下三种整合策略:首先,以并购方的文化为主导进行整合;其次,以并购方文化为核心,同时吸纳被并购方文化中的精髓进行整合;最后,基于并购双方的文化特色,共同构建一种全新的、卓越的企业文化。无论采取何种方式,文化整合的过程往往相对漫长,特别是对于跨境并购而言,其复杂性和挑战性更为显著。

为促进文化融合、缓解文化冲突,企业应积极采取多元化的有效措施。这包括寻求共同的文化价值,尊重并保留各自的独特之处,实现优势互补,从而确保企业文化的有效对接。在此基础上,推动企业文化的整合与再造,是确保企业并购真正取得成功的关键所在。

本章小结

本章主要介绍了企业内部环境的组织架构、发展战略、人力资源、社会责任和企业文化五个方面的内容。组织架构是企业内部环境的核心,建立和完善企业架构有助于防范和化解各种舞弊风险,强化企业内部控制建设。发展战略包括发展战略的概念、制定发展战略、实施发展战略、制定与实施发展战略应关注的主要风险,强调制定有风险控制的发展战略,其价值和意义在于确保企业在追求长期目标和愿景的过程中,有效识别、评估、管理和消除潜在的风险,从而保障企业的稳健发展和可持续竞争力。人力资源包括人力资源的概念、人力资源的特点、人力资源的内部控制目标、人力资源管理的主要风险及改善措施,强调建立激励约束机制对于风险控制具有重要的意义和价值。社会责任和企业文化主要阐述了企业社会责任的概念和内容、企业社会责任的主要风险及其规范要求、企业文化建设的概念及其影响,以及企业文化建设的主要风险。

案例分析

红星企业是一家集农业、工业与商业于一体的中型综合企业,专注于农产品的全方位产业链运营,涵盖生产、加工及销售,于国内农副产品市场享有盛誉,占据显著市场份额。企业创始人张某,十年前创业始于鸭蛋贸易,积累资本后,于2008年创立红星企业,并委任其妹夫随某担任总经理职务。企业以利润优化为核心导向,为进一步提升盈利能力,决定构建自有农产品生产基地,紧密追踪市场动态,灵活调整生产策略,旨在扩大市场份额,提升整体经济效益。

在加工环节,企业高度重视产品外观与质量,致力于生产外观优良的产品。而在销售领域,则着力构建专业营销团队,设立专属销售柜台,并加大宣传力度,积极引导市场消费趋势。

随着企业规模的持续扩张与经济效益的稳步增长,总经理随某在市场调研中发现,消费者在购买时倾向于选择外观更具吸引力的产品,如红心咸鸭蛋。鉴于此,企业决定专注于红心蛋的生产,以期提升销量与价格。董事长张某对此提议给予全力支持。随某通过反复试验,发现于饲料中添加苏丹红可产出符合红心蛋标准的产品。然而,苏丹红实为工业染料,分为1、2、3、4号,均非食品添加剂,且国家明令禁止其用于食品生产。其中,苏丹红4号不仅色泽更为鲜艳,其毒性亦更为强烈,已被国际癌症研究机构列为三类致癌物质。

尽管企业技术人员在试验初期已意识到苏丹红的潜在危害,但董事长张某仍坚持使用,并获得企业决策层的广泛支持,未有任何反对声音。最终,该事件被曝光,引发社会广泛关注。相关部门迅速行动,对红星企业实行全面封杀,要求彻查红心蛋的生产与经营情况,详细登记涉嫌含有苏丹红的红心蛋进货与库存信息,并对所有相关产品进行查封与销毁处理。同时,红星企业被迫停产整顿,相关责任人亦受到法律的严肃处理。

资料来源:红心鸭蛋事件[EB/OL].(2021-05-04)[2024-12-25]. http://www.jimo.gov.cn/zwzt/spaq/aqsj/202111/t20211112_3814285.shtml.

问题:请分析红星企业内部控制环境方面存在的缺陷,并简要说明理由。

思考与练习

1.什么是企业的组织架构?

2.企业组织架构设计与运行的主要风险有哪些?

3.企业如何制定灵活的发展战略规划?

4.企业在生产经营活动中的社会责任风险包括哪些?

5.企业在并购重组的文化整合过程中,需要采用哪些措施来控制风险?

第三章
思考与练习参考答案

第四章　目标设定与风险识别

学习目标

知识目标

1.理解风险的不确定性；

2.熟悉风险偏好的定义；

3.理解风险管理目标；

4.熟悉企业常见的风险类型，掌握风险识别的常用方法。

能力目标

1.能够运用所学知识分析具体情境中的风险不确定性；

2.能够根据个体或企业的实际情况，判断其风险偏好；

3.能够设定并阐述清晰的风险管理目标，确保其与企业战略相一致；

4.能够使用风险识别方法，识别企业面临的各种风险，为风险评估和应对提供可靠依据。

素养目标

1.树立底线思维，强化风险意识；

2.强化责任感，认识到风险管理对于企业和个人的重要性，积极履行风险管理职责；

3.培养团队合作精神，注重跨部门的沟通与协作，共同应对复杂多变的风险挑战。

思维导图

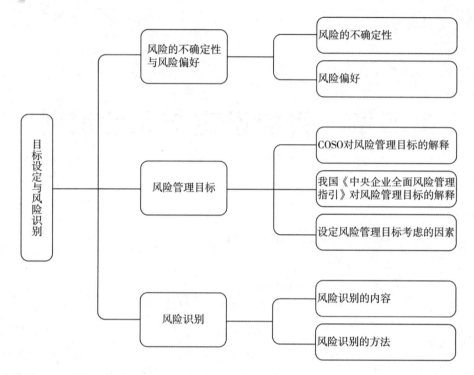

引导案例

浪奇的战略转型与风险识别

广州浪奇是中国华南地区历史最悠久的洗涤用品生产企业之一,也是广东省历史最悠久的日化行业上市公司之一,主要从事"浪奇""高富力""天丽"等品牌的洗涤用品和磺酸、精甘油等化工原料的开发、生产和销售。在高档日化品中,国外品牌占据优势,在中档日化品中,一线优势品牌占据市场主要份额。一方面,在充分竞争的日化市场上,以广州浪奇为代表的区域性企业的生存空间日益狭小;另一方面,日化行业原材料价格的不断走高,也不断侵蚀日化企业的利润。战略升级势在必行。

2013年,广州浪奇启动战略转型。一方面,公司成立广东奇化化工交易中心并推出奇化网,试图通过电商平台整合化工现货交易。另一方面,公司调整结算模式,针对下游客户采用差异化信用周期,对紧缺原料实行预付款锁定货权。2014年奇化网上线后,大宗化工品贸易业务快速扩张,工业(含贸易)收入占比持续攀升。然而,2013—2019年间,公司研发投入年均占比仅2.65%,新增的无形资产均非内部研发形成,创新能力薄弱。同时,品牌影响力逐渐衰退。广州浪奇在战略转型过程中,管理层转向低附加值、高规模的贸易活动,虽营收规模居行业前列,但毛利率长期显著低于同行,暴露出盈利能力不足的隐患。

战略转型带来的是企业管理和经营活动类型的改变,相伴而来的则是经营活动产生的风险。

第一,贸易业务风险。广州浪奇战略转型后,贸易业务成为主要风险源。2018年其已出现2.2亿元抵押担保纠纷,主要涉及与非权利方签约、合同要素缺失及异常供货等,但直至2020年才披露该案。整个事件中,广州浪奇的贸易模式存在明显漏洞,如上下游交易流程不合规。此外,广州浪奇长期依赖第三方仓库管理存货,2018—2019年委托存货占比均超79%,虽节省成本却导致管控缺失,为存货失察埋下隐患。第三方仓储普遍存在供应商管理松散、信息对接不畅等问题,加剧了权责分离风险。贸易规模扩张与风控能力失衡,暴露内控机制的失效问题。

第二,经营活动现金流量净额常年为负。2014年广州浪奇搭建奇化网进行战略转型后,经营活动现金流持续为负。公司解释称:销售端为拓展市场对优质客户延长赊账期,采购端因原料紧缺需预付现金锁定货源,双重压力导致现金流失衡。这一现象与战略调整时间高度同步,暴露出扩张策略与资金周转之间的矛盾。

第三,应收和预付账款快速膨胀。广州浪奇因放宽客户信用政策,2013—2019年应收账款复合增长率达27%,占营收比重由15.78%升至27.79%;同时预付账款因锁定紧俏原料持续攀升。双重压力下资金链承压,短期借款规模从2017年6.61亿元激增至2019年23.30亿元,反映了信用扩张与预付政策加剧间的流动性风险。

第四,存货骤增。2013—2017年广州浪奇存货金额稳定,周转效率提升。但2018年存货骤增至13.59亿元,而2017年仅3.5亿元,2019年继续增加至13.77亿元,周转天数也同步拉长至41.75天。一般而言,公司存货的突然大幅增长可能是由于当年公司主营业务扩张,但广州浪奇2018年营收未显著增长。从2017年起,广州浪奇的贸易收入占比就超90%,低周转属性的贸易业务规模扩张,成为库存激增的主因,暴露出业务结构失衡对资产效率的负面冲击。

通过以上分析可以清晰看出广州浪奇战略转型引发的风险传导路径,由战略转型引发的风险通过经营环节最终在财务报表中得以体现。

资料来源:郭慧,吴佳晴.公司战略转型与重大错报风险识别:基于广州浪奇存货失踪案引发的思考[J].财会通讯,2023(8):112-118.

内部控制的建立和实施不仅要明确目标,更要始终贯彻风险导向,风险是影响企业目标实现的不确定性因素。通过贯彻风险导向,企业可以更加主动地识别潜在风险,并采取相应的控制措施来降低风险的发生概率和影响程度。

第一节　风险的不确定性与风险偏好

一、风险的不确定性

风险的不确定性指的是某种事件发生的不确定状态,这种状态既包括事件是否会发生的不确定,也包括事件发生的时间、地点、过程和结果的不确定。

风险事件是否会发生是不确定的。这种不确定性源于多种因素,包括自然因素、人为因素、技术因素等。这些因素相互作用,导致风险事件的发生成为一种随机现象,无法被准确预测。例如,智能手机市场中,新技术的迅速迭代可能导致某家企业原本领先的产品突然失去竞争优势,尽管企业可以通过市场调研和战略规划来优化产品定位,但竞争对手的策略变化、新技术的出现或消费者偏好的突然转变都可能导致市场竞争格局的意外变化。

即使我们知道某种风险事件可能会发生,但我们通常无法确定它何时会发生。例如,一个制造企业可能依赖全球供应商来提供原材料或组件,尽管企业可能意识到供应链中断的风险(如自然灾害、政治动荡或运输延误),但很难准确预测这些事件何时会发生,因此,企业需要建立灵活的供应链管理策略以应对突发状况。再如,企业可能意识到关键员工的离职会对业务产生影响,但很难预测员工何时会选择离开,为了降低这种风险,企业需要建立良好的激励机制和职业发展路径,以保留关键人才。

风险事件一旦发生,其影响范围和程度也是不确定的。这种不确定性可能源于事件的复杂性、涉及因素的多样性以及信息传播的不完全性。例如,一次严重的自然灾害可能会对当地经济、社会和环境产生深远影响,但具体影响的程度和范围却难以在事前被准确预测。再如,一旦产品出现质量问题,企业需要进行召回,但召回事件对企业品牌、销售额和市场份额的具体影响却是难以预测的。

风险事件的结果也是不确定的,这主要体现在损失程度的不确定性上。同一类风险事件,在不同的情境下可能会导致不同程度的损失。此外,风险事件的结果还可能受到应对措施、资源调配、社会支持等多种因素的影响。例如,企业在进行对外投资时,往往难以准确预测投资项目的最终收益,市场环境的变化、政策调整或技术进步等都可能影响投资项目的盈利能力。

企业在一个变化的、多样的、复杂的环境中从事经营活动,随时面临各种不确定性。为了降低风险的不确定性,企业需要深入了解风险的来源和影响,并采取相应的措施进行风险评估、风险控制和风险转移。这些措施可以帮助企业更好地预测和应对风险事件，减少其带来的潜在损失。然而，由于风险的不确定性是固有的，因此企业无法完全消除它，只能通过科学的方法和管理策略来尽可能降低其影响。

案例 4-1

盈利困境中的妙可蓝多陷入"反式脂肪酸"争议

2024 年 5 月 9 日，妙可蓝多宣布王一博为代言人，借助流量明星拉动业绩的意图很明显，这一新的代言合作一早就出现在微博热搜。但在同一时间，"妙可蓝多含有反式脂肪酸"的相关词条登上微博热搜，引发网友争议。争议点在于，妙可蓝多奶酪制品的配料表中，含有一项名为"食用油脂制品"的成分，而"食用油脂制品"实际就是反式脂肪酸的另一种叫法。对此，界面新闻联系了妙可蓝多官方但暂未获得回应。有网友在社交平台上发出了妙可蓝多客服的回复，称妙可蓝多的奶酪产品中没有反式脂肪酸。截至 5 月 9 日收盘，妙可蓝多收于 14.45 元/股，较 84.50 元的最高点下跌 82.90%，总市值约 74.20 亿元。

成分争议之外，妙可蓝多正在经历奶酪行业增速放缓的考验。在妙可蓝多的业务布局中，奶酪业务是重点。妙可蓝多此前发布的 2023 年财报显示：2023 年营收约为 40 亿元，同比下降 16%；归母净利润 6344 万元，同比大跌 53%。这是妙可蓝多上市后首次营收、利润双降，引发市场关注。更值得关注的是，扣非净利润仅为 717 万元，同比暴跌近 90%。对于 2023 年度净利润大比例下滑的情况，妙可蓝多给出三方面的原因：2023 年行业增速放缓、奶酪主要原材料成本较上年同期上升，以及公司锁汇收益减少、利息净支出较上年同期增加等。

奶酪赛道从过热到迅速冷却的趋势还在持续。贝恩公司与凯度消费者指数发布的《2023 年中国购物者报告，系列二》显示，2023 年前三季度，奶酪品类整体销售下滑了 18%；而 2022 年为同期增长 26%。高级乳业分析师宋亮向界面新闻给出了自己的分析：奶酪棒并不算是刚性需求，作为儿童零食，奶酪棒的可替代性很强；加之受此前奶酪棒的高毛利诱惑，多家企业纷纷涉足导致市场严重供过于求，在市场需求减弱时，各家企业的奶酪业务都承受巨大压力。

妙可蓝多 CEO 柴琇在 2024 年中国企业家商界木兰年会上曾表示，"去年我们的财务报表不好，我也很难过，我们股票从 84 块钱跌到今天不到 13 块钱，几十亿身价没有了"。她说："在这个过程中，我也在反思，特别是去年业绩，就是因为供应链问题，成本上涨了过亿。"柴琇透露，妙可蓝多已经在奶源供应链上找到不完全依赖进口的办法，其也在打造妙可蓝多的企业品牌护城河，且不止于此，她说："希望随着企业规模扩大,我们的成本优势也能打造出来,成为另一道企业护城河。"

事实上,伴随市场衰退而来的还有竞争环境的进一步激烈。奶酪品牌"百吉福"在国内的主体公司邦士(天津)食品有限公司最近还获得了私募股权"凯辉基金"的增资,这一举动意味着,双方今后的合作将会瞄准奶酪消费升级的趋势,开发更多本土化产品。此外,行业当中的即食奶酪玩家推出的新品已不局限于儿童奶酪品类,由"莫斯利安之父"郭本恒创立的酪神世家针对女性消费群体推出了"五维素颜奶酪",百吉福定位成人芝士甜品推出"一小芝"和"一杯芝士"。贝勒中国旗下品牌凯芮同样定位年轻女性群体,其推出的"Kiri甜心小酪"在奶酪零食赛道引发了同行的跟风和模仿。

资料来源:盈利困境中的妙可蓝多陷入"反式脂肪酸"争议[EB/OL].(2024-05-09)[2024-10-17]. https://finance.sina.com.cn/jjxw/2024-05-09/doc-inaurtsi2814081.shtml.

二、风险偏好

面对风险的不确定性,不同风险偏好的个体或企业会作出不同的决策。风险偏好是个人或企业对风险所采取的态度,是对目标实现过程中风险出现概率及可能出现损失的权衡。它反映了个人或企业对风险的容忍度和对潜在收益的追求程度。

风险偏好可能受到多种因素的影响,包括个人的性格、经济环境、财富来源、年龄、家庭结构、收入和保障情况以及投资经验等。这些因素会综合影响一个人对风险的认知和接受程度,从而形成不同的风险偏好。

根据对风险的态度,风险偏好可以分为三种类型。一是风险回避。风险回避者倾向于避免风险,选择相对安全的投资或决策方案。他们更喜欢稳定的收益,对潜在的损失保持警惕。当预期收益率相同时,他们会选择持有风险较小的资产。二是风险追求。风险追求者主动寻求风险,以期获取更高的收益。他们愿意承担更大的风险来换取可能的更高回报。当预期收益相同时,他们会选择风险较大的资产。三是风险中立。风险中立者对风险无特别的偏好,他们主要关注预期的收益水平,而不太关心风险的大小。在选择资产时,他们主要看重预期收益,而不太受风险水平的影响。

风险容忍度,是指在企业或个人在目标实现过程中对差异的可接受程度。它是在风险偏好的基础上进一步量化的指标,具体衡量了投资者对风险的态度和承受能力。一个较高的风险容忍度意味着企业或个人更愿意承担风险,以追求更高的回报或实现更大的目标。相反,较低的风险容忍度则表明对风险的厌恶,更倾向于稳健和保守的策略。

风险容忍度受到多种因素的影响,包括但不限于企业的经营环境、经营规范、资本结构以及个人的性格、经济状况和投资目标等。这些因素共同作用于风险容忍度的确定，从而影响企业或个人的风险决策。在企业管理中，内部审计人员会结合企业的内外环境，识别并评估各种风险，然后根据企业的风险容忍度来制定相应的风险应对措施，这有助于确保企业在追求目标的过程中，能够有效地控制和管理风险。

第二节　风险管理目标

一、COSO 对风险管理目标的解释

(一)2004 年《企业风险管理——整合框架》

2004 年，COSO 发布的《企业风险管理——整合框架》(即《ERM 框架》)将风险定义为"是一个事项将会发生并给目标实现带来负面影响的可能性"，风险管理是一个过程，它由一个主体的董事会、管理层和其他人员实施，应用于战略制定并贯穿于企业之中，旨在识别可能会影响主体的潜在事项，管理风险以使其在该主体的风险容量之内，并为主体目标的实现提供合理保证。《ERM 框架》将风险管理目标分为战略目标、经营目标、报告目标、合规目标四类。

战略目标是企业在特定时期内，为实现其愿景和使命而设定的具体的、可衡量的目标。这些目标通常与企业的长期发展规划相契合，是指导企业决策和行动的重要方向。在制定战略目标时，企业通常会考虑市场环境、竞争态势、内部资源和能力等因素。这些目标不仅指导企业的日常运营决策，还是评估企业绩效和进行持续改进的重要依据。在《ERM 框架》中，战略目标通常被分解为更具体的经营目标和财务目标，比如市场份额的增长、收入或利润的提升、产品创新的推进、客户满意度的提高等。这种层次性的目标分解有助于企业更精确地识别和管理与各个层面目标相关的风险，从而更有效地实现整体战略目标。

经营目标主要关注的是企业资源利用的效率与效果。具体来说，经营目标旨在：确保企业资源得到合理配置和有效利用；业务流程得到优化，减少浪费；提升企业的整体运营效率和盈利能力。

报告目标包括企业内部与外部报告，并且涉及财务与非财务信息。早期COSO 的内部控制整合框架认为报告目标主要关注编制公开财务报表的可靠性，驱动力主要来自企业面临的外部监管要求。《ERM 框架》则在报告对象和报

告内容两个维度上进行了扩展。在报告对象上,既要面向外部投资者、债权人和监管部门,确保报告符合有关监管要求,又要面向董事会和经理层,满足企业经营管理决策的需要。在报告内容上,除了包括传统的财务报告,还涵盖了市场调查报告、资产使用报告、人力资源分析报告、内控评价报告等非财务报告。

合规目标关注的是企业遵守相关法律和法规的情况,企业内部控制必须确保企业的所有活动都符合适用的法律法规要求。

案例 4-2

同济堂信息披露违法违规遭处罚

2022 年 4 月,中国证监会公布了一份针对同济堂、张美华、李青、魏军桥的行政处罚决定书。这是对一起上市公司系统性造假行为的惩罚。2016—2019 年,同济堂健康产业股份有限公司通过子公司虚构销售及采购业务、虚增销售及管理费用、伪造银行回单等方式,累计虚增收入 211.21 亿元、利润 28.16 亿元。同济堂时任董事长张美华,同济堂时任副董事长、总经理李青,同济堂时任董事、副总经理、财务总监魏军桥是涉案信息披露违法行为的主要策划者、企业实施者,系直接负责的主管人员。因而处罚结果为:对同济堂公司责令改正,给予警告,并处以 300 万元罚款;对张美华、李青夫妇给予警告,并合并处以 500 万元罚款,其中作为直接负责的主管人员罚款 300 万元,作为实际控制人的罚款 200 万元;对魏军桥给予警告,并处以 100 万元罚款。这起事件表明,上市公司财务造假严重破坏资本市场信息披露秩序,侵蚀市场诚信基础,监管部门必将予以严厉打击。

资料来源:中国证券监督管理委员会.中国证监会行政处罚决定书(同济堂、张美华、李青、魏军桥)[EB/OL].(2022-04-01)[2024-10-17]. http://www.csrc.gov.cn/csrc/c101928/c2343861/content.shtml.

(二)2017 年《企业风险管理——整合战略与绩效》

2017 年 COSO 发布的《企业风险管理——整合战略与绩效》是对 2004 年《ERM 框架》的更新。第一,从名称的变化可以看出,此次更新注重的是风险管理战略和业绩的整合。第二,此次更新重新定义了风险,认为风险是"事项发生并影响战略和业务目标之实现的可能性"。2004 年框架只强调了风险的负面影响,而新框架的改动则兼顾了正面和负面的影响。第三,此次更新认为风险管理是"企业在创造、保存、实现价值的过程中赖以进行风险管理的,与战略制定和实施相结合的文化、能力和实践"。2004 年框架处处强调风险,2017 年框架则化风险于无形。此外,相较于 2004 年《ERM 框架》,2017 年的框架更加注重战略与目标设定的灵活性和适应性，鼓励企业根据内外部环境的变化，及时调整战略和目标，以确保企业能够持续稳健地发展。

二、我国《中央企业全面风险管理指引》对风险管理目标的解释

《中央企业全面风险管理指引》（以下简称为《指引》）由国务院国有资产监督管理委员会于 2006 年 6 月发布。该指引借鉴了发达国家有关企业风险管理的法律法规、国外先进的大公司在风险管理方面的通行做法，以及国内有关内控机制建设方面的规定，旨在指导中央企业开展全面风险管理工作，提高企业管理水平，增强企业竞争力，并促进企业稳步发展。

《指引》指出：风险是指未来的不确定性对企业实现其经营目标的影响；全面风险管理是指企业围绕总体经营目标，通过在企业管理的各个环节和经营过程中执行风险管理的基本流程，培育良好的风险管理文化，建立健全全面风险管理体系，包括风险管理策略、风险理财措施、风险管理的企业职能体系、风险管理信息系统和内部控制系统，从而为实现风险管理的总体目标提供合理保证的过程和方法。

从定义来看，全面风险管理的范畴大于内部控制，内部控制系统的建立是企业全面风险管理工作开展的重要基础，而全面风险管理工作的开展又促进企业内部控制系统不断完善，最终实现企业经营管理水平和风险防范能力的提高。这一点同《ERM框架》不谋而合。

《指引》指出，企业开展全面风险管理要努力实现以下风险管理总体目标：一是确保将风险控制在与总体目标相适应并可承受的范围内；二是确保内外部，尤其是企业与股东之间实现真实、可靠的信息沟通，包括编制和提供真实、可靠的财务报告；三是确保遵守有关法律法规；四是确保企业有关规章制度和为实现经营目标而采取重大措施的贯彻执行，保障经营管理的有效性，提高经营活动的效率和效果，降低实现经营目标的不确定性；五是确保企业建立针对各项重大风险发生后的危机处理计划，保护企业不因灾害性风险或人为失误而遭受重大损失。

三、设定风险管理目标考虑的因素

（一）战略目标与经营目标

不管是《ERM框架》还是《指引》，都强调战略目标的重要性。战略目标的制定首先需要明确企业的愿景和使命，它是企业愿景与使命的具体化，是企业的总

目标、总任务和总要求,是一种长期目标,涉及对企业未来发展方向的规划和定位。战略目标的内容可能包括盈利目标、产品目标、市场目标、竞争目标、技术改进目标、人力资源目标、社会责任目标等。比如,某公司的愿景是成为全球领先的科技创新企业,为了实现这一愿景,公司制定了技术创新(在未来五年内,投入研发资金占年收入的 10%,以推动核心技术的突破和创新)、市场拓展(三年内,将产品覆盖至全球主要市场,提高国际市场份额至 20%)、人才培养和引进(在两年内,建立一套完善的人才培养体系,同时引进 100 名以上高端技术人才)、品牌建设(五年内,将公司品牌打造为全球知名科技品牌)四个具体的战略目标。

战略目标具有宏观性、全局性、长期性、可分解性、可接受性等特点,战略目标的细化、分解与落实就是经营目标。战略目标要分解到不同业务单位、事业部或经营单位,使每个业务单位及其职能部门都有自己的经营目标,生产经营和管理活动的效率、效果是企业经营目标实现的根本。比如,上文提到的"三年内,将产品覆盖至全球主要市场,提高国际市场份额至 20%",可以将其分解成五个经营目标,一是制定年度销售目标,二是渠道建设与合作伙伴开发,三是产品本地化与市场推广,四是售后服务与客户关系管理,五是风险评估与应对。通过这样的分解,经营目标不仅具体可行,而且与战略目标紧密相连,有助于企业有计划、有步骤地实现国际市场拓展和份额提升的目标。

(二)管理层偏好与风险容忍度

《指引》指出,风险管理需确保将风险控制在与总体目标相适应并可承受的范围内。因此,在制定风险管理目标时,需要考虑风险偏好和风险容忍度。当管理层的风险偏好与风险容忍度相结合时,它们共同为战略目标的设定提供指导。

风险偏好体现了企业在风险与回报之间的权衡选择。有的企业可能更倾向于追求高风险高回报的策略,而有的企业则可能偏好稳健的低风险策略。风险容忍度是指企业对特定风险可接受的最高水平。一旦风险超过这个水平,就可能对企业造成不可接受的损失。企业在制定战略目标的过程中应选择与其风险容忍度相一致的战略,并据以指导资源配置。同时,确定经营目标的风险容忍度,可以进行经营分析和业绩考评。

假设一家初创科技公司设定了一个战略目标:在未来三年内,通过推出创新产品,实现市场份额的大幅增长。如果管理层的风险偏好较高,他们可能愿意投资更多的资源在研发上,以追求技术的突破和产品的创新,即使这意味着可能面临技术研发失败或市场不接受的风险。如果管理层的风险偏好较低,他们可能更倾向于在现有技术基础上进行渐进式改进,以减少潜在的技术和市场风险。

对于资金储备充足的企业,其对失败的容忍度可能更高,因此可能愿意承受更大的财务风险来追求更高的市场增长。对于资金紧张的企业,其风险容忍度可能较低,需要在研发投入和市场推广之间找到更为谨慎的平衡点。将风险偏好和风险容忍度结合起来考虑,这家初创科技公司可能会作出如下决策:如果管理层具有高风险偏好和较高的风险容忍度,他们可能会决定投入大量资源进行技术革新,以期望通过独特的产品功能占领市场,即使这意味着可能面临较大的初期投入和风险;如果管理层的风险偏好和风险容忍度都较低,他们可能会选择在现有产品的基础上进行改进,通过逐步迭代和稳健的市场推广策略来实现市场份额的增长。

(三)目标应具有可操作性

目标的可操作性是指这些目标应该具体、明确,并且能够在实际操作中得以实施和衡量。

风险管理目标需要具体描述所要达到的状态或结果。例如,减少事故发生率、降低财务风险等,这样的具体目标能够为风险管理活动提供明确的指导。为了便于评估风险管理的效果,目标应该是可衡量的,可以通过设定具体的指标或标准来衡量目标的达成情况,如设定事故率降低的百分比、财务损失减少的金额等。风险管理目标需要在考虑企业实际情况的基础上制定,确保目标是通过努力可以实现的。过高的目标可能导致挫败感,而过低的目标则缺乏挑战性。目标应与企业的整体战略和业务目标紧密相关。这样,在实现风险管理目标的同时,也能促进企业整体目标的实现。为风险管理目标设定明确的时间限制,有助于增强目标的紧迫感和可操作性。例如,设定在一年内将某类风险降低一定比例。此外,制定风险管理目标时,需要考虑企业所拥有的资源,包括人力、物力、财力等,确保目标的实现在资源上是可行的。

风险管理是一个持续的过程,因此目标也应该是动态调整的。在实施过程中,需要不断收集反馈,根据实际情况调整目标,以保持其可操作性。

(四)利益相关者的需求

在风险管理目标的设定中考虑利益相关者的需求是很重要的,这有助于确保风险管理的全面性和有效性。利益相关者包括股东、债权人、员工、客户、供应商等,他们的需求和期望对企业风险管理的成功实施有显著影响。

股东是企业的所有者,他们期望通过投资获得回报,即股价上涨和股息收入。股东对风险管理的需求主要集中在企业长期稳健的运营和增长,以及避免重大财务风险和经营风险上。如果企业能够有效地管理风险,保护股东利益,那么股东将会更加信任管理层,这有利于企业的稳定发展。

债权人包括银行贷款机构、债券持有人等,他们为企业提供资金并期望按时收回本金和利息。债权人对风险管理的期望是确保企业的偿债能力,避免违约风险。企业需要通过有效的风险管理来维护良好的信用评级,从而降低融资成本,并确保债务能够按时偿还。

员工期望获得稳定的工作环境和合理的薪酬待遇,以及良好的职业发展机会。从风险管理角度来看,员工关心的是企业运营的稳定性和安全性,因为这直接关系到他们的工作保障和福利待遇。有效的风险管理能够减少企业面临的不确定性,为员工提供更加稳定的工作环境。

客户期望获得高质量的产品或服务,并且希望企业能够持续稳定地提供这些产品或服务。风险管理对客户的影响主要体现在产品或服务的质量和交付的可靠性上。如果企业能够管理好供应链风险、运营风险等,就能更可靠地满足客户需求,从而维护和提升客户满意度。

供应商期望与企业建立长期稳定的合作关系,并确保货款能够按时支付。从风险管理角度,供应商关注的是企业的支付能力和持续经营能力。企业通过有效的风险管理来保障自身经营的稳定性,也间接保障了供应商的利益。

因此,风险管理的目标不仅仅是降低风险,还包括保护和增加利益相关者的利益。利益相关者可能因企业的风险而遭受损失,因此他们期望企业通过有效的风险管理来减少这种可能性。在制定风险管理目标时,企业应识别并评估各利益相关者的需求和期望,有助于企业更全面地识别和管理风险。这不仅能保护利益相关者的利益,还能提升企业的整体风险管理水平,促进企业的可持续发展。

(五)内部控制

COSO 的《ERM 框架》和《指引》都认为内部控制是风险管理的一部分,内部控制与风险管理的目标都包括经营目标、合规性目标、报告目标,这意味着两者的目的是一致的,都是为了确保企业的稳健运营和风险控制。在制定风险管理目标时,应将内部控制作为实现这些目标的重要手段。因此,在制定风险管理目标时,必须考虑内部控制的现状和能力。一是内部控制系统可以为企业提供准确、及时的基础数据和信息,这是制定风险管理目标的重要依据。通过对这些数据的分析,企业可以更加精确地识别、评估和控制风险。二是在制定风险管理目标时,考虑内部控制的实际情况和能力,可以确保目标的可行性和有效性。如果内部控制体系健全且运行良好,那么企业可以更加有信心地设定更高的风险管理目标。

(六)危机管理和应对计划

《指引》指出,全面风险管理的目标之一是要确保企业建立针对各项重大风险发生后的危机处理计划,以保护企业不因灾害性风险或人为失误而遭受重大损失。

这个目标主要强调了危机管理和应对计划的重要性。第一,企业应提前识别和评估可能面临的重大风险,包括自然灾害、人为错误、供应链中断等,并制定相应的危机处理计划。这种前瞻性的策略有助于企业在风险事件发生时迅速、有效地响应。第二,通过建立完善的危机处理机制,企业可以在风险事件发生时,迅速启动应急计划,从而使潜在的财务、运营和声誉损失最小化。第三,危机处理计划通常包括业务连续性计划,确保在不利事件发生时,企业的关键业务能够继续运行,减少业务中断的可能性。第四,通过制定和执行危机处理计划,企业可以增强其应对未来不确定性和挑战的能力,提高企业的适应性和韧性。此外,在某些行业,如金融、医疗等,制定和执行危机处理计划可能还是法律或监管要求的一部分,以满足特定的合规标准。

案例 4-3

插旗菜业公关危机

2022 年 3 月 15 日,央视 3·15 晚会“第六炮”指向食品安全违法违规行为,点名湖南插旗菜业有限公司(以下简称插旗菜业)。湖南插旗菜业有限公司是集蔬菜原料栽培、收购、腌制及蔬菜产品研发、加工、销售为一体的大型民营企业。在事件发生前,插旗菜业还曾被认定为农业产业化国家重点龙头企业。

央视 3·15 晚会曝光了插旗菜业存在多项问题。(1)食品安全:插旗菜业被曝出使用“土坑酸菜”作为老坛酸菜包的原料。这些酸菜在制作过程中存在严重的卫生问题,如工人们穿着拖鞋或光脚踩在酸菜上,甚至有人抽烟并将烟头扔在酸菜上。此外,这些酸菜在收购时并未进行卫生指标检测。(2)虚假宣传:插旗菜业宣称其老坛酸菜是采用传统老坛工艺、足时发酵而成,但实际上,他们使用的酸菜是从外面收购的“土坑酸菜”,而非自家腌制。(3)双重标准:插旗菜业使用标准化腌制池腌制的酸菜主要用于出口产品中,而给国内消费者的老坛酸菜包则使用“土坑酸菜”。

3 月 16 日,插旗菜业董事长在接受央视采访时公开道歉:“我错了,深感惭愧,向广大消费者道歉。今后接受检查,整改到位。”据红网相关报道,湖南省市场监管局在央视 3 月 15 日晚曝光相关情况后立即采取了紧急行动。他们前往插旗菜业等涉事企业进行执法督查,对企业的原料、半成品和成品进行查封,并责令停产。此外,还根据法律规定对企业进行立案调查。经调查取证,插旗菜业及其企业责任人共被罚款548万余元,法人严钦武、监事谢政熙出质了公司全部股权。

据中国经济网报道,插旗菜业所在的湖南省华容县,素有"中国芥菜之乡"的美誉,已经在酸菜产业方面奋斗了30年。近年来,华容县以三家省级农业龙头企业和13家市级农业龙头企业为引领,依托以芥菜为主的蔬菜种植、加工、销售全产业链,年产值达50多亿元,已将芥菜产业打造成为强农富农的支柱产业。该事件发生后,华容县的芥菜产业顷刻颠覆。同时,老坛酸菜行业遭受了致命打击。许多超市、商家都下架了老坛酸菜商品。

经过接近半年的整改,插旗菜业重新恢复了生产经营。但是,公司的生意一落千丈,订单出现断崖式下滑,一半以上的产能都处于闲置状态,员工也由四五百人减少到两三百人。事件发生后的一年内,插旗菜业一直没有主动面对媒体,对上门采访也予以婉拒。

近年来,随着消费者对食品安全的要求越来越高,人们对于食品行业的信任度也在不断下降。而作为食品行业中的一个重要组成部分,插旗菜业面临着越来越严峻的危机公关挑战。但是,此案例中插旗菜业的危机公关并未妥善处理。

资料来源:起底"3·15"晚会曝光的插旗菜业:创始人被称"芥菜大王"芥菜做酸菜包收益涨10倍[EB/OL].(2022-03-17)[2024-10-17]. http://finance.ce.cn/stock/gsgdbd/202203/17/t20220317_37409362.shtml.

第三节 风险识别

《指引》指出风险管理基本流程主要包括以下工作:一是收集风险管理初始信息;二是进行风险评估;三是制定风险管理策略;四是提出和实施风险管理解决方案;五是风险管理的监督与改进。

根据此指引,企业应对收集的风险管理初始信息和企业各项业务管理及其重要业务流程进行风险评估。风险评估包括风险识别、风险分析、风险评价三个步骤。其中,风险识别是指查找企业各业务单元、各项重要经营活动及其重要业务流程中有无风险,有哪些风险。下文主要介绍风险识别,风险分析和评价将在后续章节介绍。

一、风险识别的内容

《指引》认为企业风险一般分为战略风险、财务风险、市场风险、运营风险、法律风险等,也可以以能否为企业带来盈利等方面为标志,将风险分为纯粹风险(只有带来损失这一种可能性)和机会风险(带来损失和盈利的可能性并存)。

(一)战略风险

战略风险关注的是企业战略决策和自身规划不当所带来的风险,这些风险可能导致企业未能实现长期目标或战略失败。战略风险具体包括宏观经济风险、国际化经营风险、政策风险、改革与业务转型风险、科技创新风险、集团管控风险等其他战略风险。

在战略风险方面,企业应广泛收集国内外企业由于战略风险失控而蒙受损失的案例,并至少收集与本企业相关的以下重要信息:

一是国内外宏观经济政策以及经济运行情况、本行业状况、国家产业政策;

二是科技进步、技术创新的有关内容;

三是市场对本企业产品或服务的需求;

四是与企业战略合作伙伴的关系,未来寻求战略合作伙伴的可能性;

五是本企业主要客户、供应商及竞争对手的有关情况;

六是与主要竞争对手相比,本企业的实力与差距;

七是本企业发展战略和规划、投融资计划、年度经营目标、经营战略,以及编制这些战略、规划、计划、目标的有关依据;

八是本企业对外投融资流程中曾发生或易发生错误的业务流程或环节。

案例 4-4

沦落的暴风

暴风集团股份有限公司(以下简称暴风集团)创立于2007年,从创立至退市经历了三个阶段。

集中网络视频阶段(2007—2014年):主要产品是能够支持各种不同视频格式的暴风影音,对用户来说实用性非常高,因此当时暴风影音在用户和活跃度上是业界的佼佼者,凭借着行业领先的用户数量和活跃程度,暴风集团成为网络视频行业最大的竞争对手。

多元化经营阶段(2015—2017年):布局各个业务板块,快速扩张,2015年实施"全球 DT 大娱乐战略布局",依托暴风影音视频播放平台,构建"平台＋内容＋数据"的大娱乐生态;2016 年,暴风集团将其战略提升到 N421,以 4 个屏幕[PC(个人电脑)、手机、VR(虚拟现实)、TV(电视)]为核心,建立两个内容更新平台(电影、体育),用 DT(一种数据处理技术)的技术和设施打通平台与服务。

问题爆发阶段(2018—2020 年):战略布局未能达到预期,2018 年巨亏 10.9 亿元,各种负面新闻层出不穷;2019 年 9 月,时任实际控制人、董事长兼总经理的冯鑫因涉嫌行贿罪和职务侵占罪被批捕;2020 年未能及时披露 2019 年年报,2020 年 11 月 10 日正式退市。

暴风集团的扩张危机与实控人冯鑫的过度自信密切相关。2015 年上市后,冯鑫持股约 21%,兼任集团董事长与总经理,他对大娱乐战略盲目乐观,利用首发募资及银行贷款快速扩张,通过设立子公司、收购企业完善业务版图。然而,其高估自身管理能力及项目收益,导致多元化投资严重亏损。资金充裕叠加过度自信催生非理性扩张,最终导致新业务收益远低预期,暴露出战略激进性与风险管控的失衡。

暴风集团因冯鑫过度自信陷入战略危机。其追逐互联网风口,未充分评估风险便激进收购,如对稻草熊、甘普等标的收购失败后仍通过自建子公司扩张,但因资源不足致新业务亏损。尤为典型的是收购体育媒体版权经纪公司——MPS & Silva(简称 MPS),但该收购案最终以 MPS 破产而宣告失败,暴风集团直接产生 4800 万元坏账及 1.4 亿元减值,并引发巨额赔偿。至 2018 年,暴风集团激进扩张恶果显现,净资产收益率暴跌至 −197.11%,远低于行业水平。冯鑫决策失误不仅暴露风险管控缺失,更凸显战略扩张与资源匹配的深度失衡。

暴风集团多元化经营需要的大量投入并没有换来与之匹配的盈利,不仅损失了上市前积累的用户流量和行业地位,而且营业利润一路下滑,这种糟糕的局面导致暴风集团的流动资金缩水,资本市场看不到暴风集团的"造血"能力,导致公司的再融资能力降低,这引发了暴风集团财务问题的多米诺骨牌效应。

资料来源:贺勇,尹思,张峻康.高管过度自信、过度投资与企业价值:基于暴风集团的案例[J].财会通讯,2024(6):94-103.

(二)财务风险

财务风险关注的是企业财务管理方面可能遇到的风险,这些风险可能影响企业的财务稳定和盈利能力。财务风险包括金融业务与衍生品交易风险、债务风险、现金流风险等其他财务风险。

在财务风险方面,企业应广泛收集国内外企业因财务风险失控而遭遇危机的案例,并至少收集本企业的以下重要信息(其中有行业平均指标或先进指标的,也应尽可能收集):

一是负债、或有负债、负债率、偿债能力；

二是现金流、应收账款及其占销售收入的比重，以及资金周转率；

三是产品存货及其占销售成本的比重，应付账款及其占购货额的比重；

四是制造成本和管理费用、财务费用、营业费用；

五是盈利能力；

六是成本核算、资金结算和现金管理业务中曾发生或易发生错误的业务流程或环节；

七是与本企业相关的行业会计政策、会计估算、与国际会计制度的差异与调节（如退休金、递延税项等）等信息。

案例 4-5

上市 21 年后，又一"千亿房企"摘牌，阳光城告别 A 股

2023 年 5 月 15 日至 2023 年 6 月 9 日期间，阳光城集团股份有限公司（以下简称阳光城）的股票在深圳证券交易所交易系统连续二十个交易日的每日收盘价均低于 1 元。根据《股票上市规则》（2023 年修订）的相关规定，公司股票触及终止上市情形。2023 年 8 月 4 日，阳光城收到深圳证券交易所下发的《关于阳光城集团股份有限公司股票终止上市的决定》。8 月 16 日，阳光城被深交所正式摘牌。

公开信息显示，阳光城集团股份有限公司创立于 1995 年。2002 年，阳光城通过一系列资本运作收购上市公司石狮新发，阳光城也由此借壳上市。早期的阳光城只是一家名不见经传的区域房企，2006 年，其销售规模还未超过 2 亿，但到了 2018 年，阳光城销售额就达到了 1600 亿元，首次迈入千亿房企阵营，2020 年时更是达到 2180 亿元销售额，还一度喊出 3500 亿的销售目标。其间，2017 年《财富》世界 500 强企业排行榜出炉，阳光城集团母公司阳光金控凭借 2016 年度 236.57 亿美元的营收首次跻身《财富》世界 500 强之列，排名榜单第 459 位。14 年时间，阳光城迎来了属于它的"黄金时刻"，年销售额从 2 亿元飞跃至 2180 亿元，增加了 1000 多倍。

然而，疯狂扩张虽然为阳光城带来了千亿业绩规模，但也埋下了巨大的隐患。首先暴露出来的是，业绩的连续下滑。2021—2022 年，阳光城连续两年亏损，累计亏损额 195.05 亿元。财报显示，2021 年其总营收约 425 亿元，同比下降 48%，净利亏损超 69 亿元；2022 年其营收同比下降 6.13%，降至 399 亿元，净利亏损超 125 亿元。

然而，真正压死骆驼的最后一根稻草是巨额的债务危机。阳光城 2023 年一

季度财报显示,截至3月末,阳光城总资产2988亿元,总负债2744亿元。一年内到期的非流动负债为573亿元,但现金及现金等价物余额仅48亿元。截至5月12日,阳光城披露的《关于公司债务情况的公告》显示,其已到期未支付的债务(包含金融机构借款、合作方款项、公开市场相关产品等)本金还有647.32亿元,逾期金额高于2022年年末的金额。此外,《金融投资报》记者从企查查平台获悉,阳光城集团股份有限公司关联多条失信被执行、限制高消费信息,目前被执行总金额高达约76.23亿元。

资料来源:上市21年后,又一"千亿房企"摘牌,阳光城告别A股[EB/OL].(2023-08-18)
[2024-10-17].https://finance.sina.com.cn/wm/2023-08-18/doc-imzhrnhx7164456.shtml.

(三)市场风险

市场风险包括市场变化和市场竞争风险、客户信用风险等。在市场风险方面,企业应广泛收集国内外企业因忽视市场风险、缺乏应对措施而蒙受损失的案例,并至少收集与本企业相关的以下重要信息:

一是产品或服务的价格及供需变化;

二是能源、原材料、配件等物资供应的充足性、稳定性和价格变化;

三是主要客户、主要供应商的信用情况;

四是税收政策和利率、汇率、股票价格指数的变化;

五是潜在竞争者、竞争者及其主要产品、替代品情况。

案例 4-6

安达科技上市首年业绩即"变脸"

磷酸铁锂生产商安达科技登陆北交所首年即遇上锂电行业"降温",2023年实现营业收入48.87亿元,同比减少25.48%,净利润亏损6.6亿元,上年同期盈利为8.11亿元。对于亏损原因,公司解释称,2023年,受主要原材料碳酸锂价格大幅波动、下游需求放缓等行业因素影响,公司产品销售价格下降、开工率不稳定,综合导致产能利用率下降,毛利率大幅下滑。

安达科技2023年3月公开发行股份募集资金6.5亿元并在北交所上市,它是一家磷酸铁锂电池正极材料(磷酸铁锂)及其前驱体(磷酸铁)的制造企业。过去几年,乘着新能源市场的东风,以及背靠比亚迪、中创新航、宁德时代和派能科技等大客户,该公司业绩快速起势,2021年顺利扭亏并实现净利润2.31亿元,2022年净利润继续大涨超250%,达到8.11亿元。

然而好景不长，随着前期资本蜂拥布局并大规模扩产，2023年以来一度炙手可热的锂电行业逐渐"退烧"，整个锂电产业链出现产能过剩情况。受此影响最为明显的便是上游原材料环节，曾被称作"白色石油"的碳酸锂价格在2023年出现崩盘，从2022年顶峰的60万元/吨跌至2024年年初的不到10万元/吨。

由于磷酸铁锂价格随碳酸锂价格的波动而波动，安达科技自然也受到冲击。根据安达科技募集资金投资计划，该公司拟将去年募集来的资金全部用于6万吨/年的磷酸铁锂建设项目。内卷加剧下，新增产能能否顺利消化值得关注。

资料来源：上市首年业绩即"变脸"，安达科技、裕太微等7家公司需警惕[EB/OL].(2024-04-24)[2024-10-17]. https://finance.sina.com.cn/jjxw/2024-04-24/doc-inasxeay7965068.shtml.

(四)运营风险

运营风险是企业在日常业务活动中遇到的风险，这类风险源于内部流程、人员、系统或外部事件失败。相对于财务风险和战略风险，运营风险更偏重企业操作层面的问题。这种风险的存在可能会导致企业产生效率降低、成本增加、声誉损害、法律诉讼等后果。运营风险包括经营效益风险、投资风险、采购与供应链管理风险、工程项目管理风险及安全生产、质量、环保、稳定风险等其他运营风险。

在运营风险方面，企业应至少收集与本企业、本行业相关的以下信息：

一是产品结构、新产品研发；

二是新市场开发的市场营销策略，包括产品或服务定价与销售渠道、市场营销环境状况等；

三是企业效能、管理现状及企业文化，高、中层管理人员和重要业务流程中专业人员的知识结构、专业经验等；

四是在期货等衍生产品业务中曾发生或易发生失误的流程和环节；

五是在质量、安全、环保、信息安全等管理中曾发生或易发生失误的业务流程或环节；

六是因企业内、外部人员的道德风险致使企业遭受损失或业务控制系统失灵的情况；

七是给企业造成损失的自然灾害，以及除上述有关情形之外的其他纯粹风险；

八是对现有业务流程和信息系统操作运行情况的监管、运行评价及持续改进的能力；

九是企业风险管理的现状和能力。

(五)法律风险

法律风险是指因企业内外部的具体行为不规范,发生与企业所期望达到的目标相违背的法律上的不利后果的可能性。法律风险包括合规风险、合同风险、知识产权风险、诉讼风险等。

在法律风险方面,企业应广泛收集国内外企业因忽视法律法规风险、缺乏应对措施而蒙受损失的案例,并至少收集与本企业相关的以下信息:

一是国内外与本企业相关的政治、法律环境;

二是影响企业的最新法律法规和政策;

三是员工道德操守的遵从性;

四是本企业签订的重大协议和有关贸易合同;

五是本企业发生重大法律纠纷案件的情况;

六是企业和竞争对手的知识产权情况。

案例 4-7

通报!中天合创被罚

中天合创能源有限责任公司(以下简称中天合创)成立于 2007 年 10 月,是集煤炭、化工和电力生产为一体的大型煤炭深加工企业,由中国中煤能源股份有限公司、中国石化长城能源化工有限公司、申能股份有限公司、内蒙古满世煤炭集团股份四家股东单位投资建设。中天合创负责中天合创鄂尔多斯煤炭深加工示范项目的建设、运营与管理。下设煤炭分公司和化工分公司,分别负责煤炭深加工项目的煤炭部分和煤化工部分的建设、运营与管理。

2023 年 7 月 27 日,鄂尔多斯市应急管理局公示了对中天合创的行政处罚,对中天合创能源有限责任公司作出分别罚款人民币 19000 元、9000 元的行政处罚(分别对应下面的处罚事由一、二),依据《安全生产违法行为行政处罚办法》第五十三条的规定,合并作出罚款人民币 28000 元的行政处罚。

处罚事由:(1)截至 2023 年 7 月 19 日,公司部分安全阀检验到期后未按规定进行定期检验;(2)消防水泵房柴油储油间油箱通向室外的通气管未按规定设置带有阻火器的呼吸阀。

处罚依据:中天合创违反了《中华人民共和国安全生产法》第三十六条第二款、《中华人民共和国安全生产法》第三十六条第一款的规定,按照《中华人民共和国安全生产法》第九十九条第(三)项、《中华人民共和国安全生产法》第九十九条第(二)项的规定进行处罚。

资料来源:鄂尔多斯市应急管理局.关于中天合创能源有限责任公司行政处罚的情况〔EB/OL〕.(2023-07-27)〔2024-10-17〕. http://yjglj. ordos. gov. cn/ywgzx/gdnr/202307/t20230727_3454397.html.

(六)自然风险和政治风险

除了上述风险以外,企业常见的风险还有自然风险和政治风险。

自然风险,如地震、洪水、飓风等,对企业经营管理有着显著的影响。自然灾害可能导致生产设备损坏、生产线中断,进而影响产品的交付和供应链的稳定性。例如:地震可能会破坏厂房和设备,导致生产暂停;洪水可能会影响物流和运输,造成供应链延迟。自然灾害还可能造成企业员工受伤甚至死亡,这不仅影响企业的正常运营,还可能使企业承担人员伤亡赔偿和社会责任压力。

政治风险主要是指由政治因素导致的不确定性和潜在危害,这些因素可能包括政权更迭、政策变化、政治不稳定、战争冲突等。政治风险具有突发性和难以预测性等特点。政治风险可能导致投资环境的不稳定,增加企业投资决策的难度。例如,政府政策的变化可能影响投资的回报评估,甚至导致市场准入的条件发生改变,如外资企业可能面临更严格的审查或限制。政治风险还可能影响企业的供应链稳定性和合作伙伴关系。例如,贸易政策的调整可能导致原材料成本上升或供应链中断,进而影响产品的生产和销售。

二、风险识别的方法

风险识别过程可能包含多种技术及支持性工具的使用,针对不同情况不能依靠单一的方法或工具,因此,企业应当合理采用定性与定量相结合的方法识别风险。下面介绍几种常用的风险识别方法。

(一)财务报表分析法

财务报表分析法的基本原理是通过分析企业的资产负债表、利润表和现金流量表等财务报表,了解企业的资产、负债、所有者权益、收入、费用和利润等财务状况和经营成果。通过对这些报表项目的增减变化、结构比例和相互关系的分析,可以评估企业的偿债能力、运营效率和盈利能力,从而发现企业可能存在的风险和问题。

1.财务报表分析法的类型

财务报表分析法包括趋势分析法、比率分析法、结构分析法、因素分析法等。趋势分析法通过观察财务报表中各项目随时间的变化趋势,判断企业的发展动态和前景。例如,对比连续几年的收入、利润和现金流数据,可以分析企业的成长性和稳定性。

比率分析法通过计算财务报表中各项目的比率,如流动比率、速动比率、资产负债率等,评估企业的偿债能力、运营效率和盈利能力,这些比率有助于发现企业的优势和劣势,以及可能存在的风险点。

结构分析法通过分析财务报表中各项目的构成比例,如资产结构、负债结构、利润结构等,了解企业的财务状况和经营特点,有助于发现企业的不合理结构和潜在问题。

因素分析法是利用统计指数体系分析现象总变动中各个因素影响程度的一种统计分析方法。它通过将分析指标分解为各个可以计量的因素,根据各个因素之间的依存关系,顺次用各因素的比较值(通常即实际值)替代基准值,从而测定各因素对分析指标的影响。杜邦财务分析体系是利用因素分析法的一个经典案例。它将权益净利率分解为销售净利率、资产周转率和权益乘数三个因素,通过分析这三个因素的变化,可以深入了解企业的财务状况和经营成果。因素分析法可以帮助财务分析师识别出影响企业财务绩效的关键因素,如盈利能力、资产效率等。通过因素分析,可以确定每个关键因素对整体财务绩效的权重,从而帮助管理者确定改进的重点和方向。

2.财务报表分析法的优缺点

财务报表分析法在风险管理中具有广泛的应用价值,可以帮助投资者、债权人和管理者作出更明智的决策。财务报表提供了企业全面的财务数据,使得分析师能够全面评估企业的财务状况和经营成果。同时,财务报表按照公认的会计准则编制,具有一定的标准性和可比性,便于不同企业之间的横向比较以及同一企业不同时期的纵向比较。此外,财务报表分析主要依赖于数字和比率,这种量化的分析方法能够提供相对客观的评价标准,有助于发现企业财务状况的规律和趋势。通过对财务报表中历史数据的分析,可以预测企业未来的财务状况和经营趋势,为企业的战略规划和决策提供有价值的参考。

然而,该方法也存在一定的局限性。首先,财务报表分析依赖于历史数据,可能无法及时反映市场变化和企业内部的最新情况。其次,财务报表可能受到管理层的操控和粉饰,导致分析结果失真。此外,财务报表分析通常只能反映企业整体的财务状况,而无法深入到具体的业务流程和细节,因此可能无法发现某些潜在的问题或机会。因此,在使用财务报表分析法时,需要结合其他信息和方法进行综合判断。

(二)因果图分析法

因果图又称鱼骨图、树枝图(如图 4-1),因果图分析法是一种逐步深入研究寻找影响产品质量的因素的方法。因果图分析法由日本东京大学教授石川馨于1953年首次提出。石川馨教授和他的助手在研究活动中,用因果图分析法分析影响产品质量的因素,获得了很大的成功,该方法被世界许多国家的风险管理部门采纳。

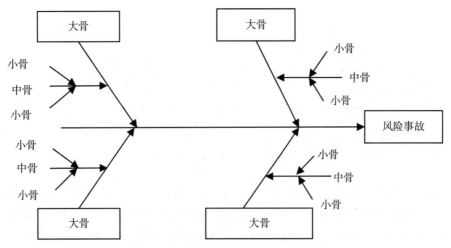

图 4-1　因果图分析法的逻辑结构

1.因果图的绘制步骤

第一,根据风险管理目标确定风险事故;

第二,将风险事故绘制在图纸的右侧,从左至右画一个箭头,作为风险因素分析的主骨,将影响结果的主要原因作为大骨,即风险识别的第一层次原因;

第三,列出影响大骨的原因,将其作为中骨,作为风险分析的第二层次原因;用小骨表示影响中骨的原因,作为风险分析的第三层次原因,如此类推;

第四,根据影响风险事故的重要程度,将对风险事故产生显著影响的重要因素标示出来,有助于识别导致风险事故的主要原因;

第五,记录相关信息。

例如,某公司正在开发一款新的手机游戏,并计划在接下来的六个月内发布。然而,在开发过程中,项目团队担心可能会遇到一些风险,导致项目延期。团队系统地识别和分析了这些风险,绘制了因果图,见图 4-2。

2.因果图分析法的优缺点

因果图分析法广泛应用于各个领域,包括但不限于质量管理、风险管理、项目管理。因果图分析法能够系统地识别和分析问题的各种原因,避免遗漏或忽视某些重要因素。通过图表的形式展示问题的因果关系,使得分析过程更加直观和易于理解。该方法考虑了问题的多个方面和层次,能够更全面地揭示问题的本质和原因。

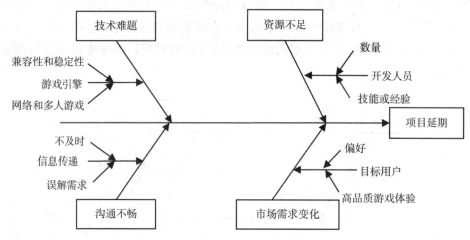

图 4-2 游戏项目延期的因果图

因果图的有效性高度依赖于软件需求规格说明书的完整性和准确性,如果规格说明不清晰或不完整,构建准确的因果图将更具挑战性。而且,绘制和分析因果图需要一定的时间和经验,对于初学者或时间紧迫的项目可能不是最优选择。在实际应用中,需要权衡其优缺点,根据具体情况选择是否采用因果图分析法。

(三)现场调查法

现场调查法是指深入到生产与流通环节的现场,通过实地观察、询问、检查等手段,获取第一手资料和信息,以识别和评估潜在风险的方法。这种方法具有直接性、真实性和快捷反馈的特点。

1.现场调查法的实施步骤

(1)准备阶段。在实施现场调查之前,需要进行充分的准备工作。这包括明确调查目的、制定调查计划、确定调查时间和地点、准备必要的调查工具和资料等。同时,还需要与被调查对象进行充分沟通,确保其理解并配合调查工作。

(2)实施阶段。在现场调查过程中,调查人员需要深入现场,通过实地观察、询问相关人员、检查设备设施等方式,全面了解被调查对象的生产经营情况、安全管理状况、风险控制措施等。同时,还需要关注现场环境、操作流程、人员配备等方面的细节,以便准确识别和评估潜在风险。

(3)分析阶段。完成现场调查后,调查人员需要对收集到的资料和信息进行整理和分析。这包括统计和分析数据、识别潜在风险因素、评估风险的大小和可能性等。通过深入分析,可以找出被调查对象在风险管理方面存在的问题和不足,为后续的改进措施提供依据。

(4)报告阶段。调查人员需要根据分析结果编写详细的调查报告。报告应包含调查的基本情况、发现的问题及原因分析、风险评估结果以及改进建议等内容。通过报告的形式,将调查结果反馈给被调查对象和相关管理部门,以便及时采取措施改进风险管理水平。

2.现场调查法的优缺点

采用现场调查法可以直接获得第一手资料和信息,确保信息的真实性和可靠性。同时,通过与基层人员的沟通和交流,可以加深风险管理人员对实际情况的了解和认识。此外,采用现场调查法还容易发现潜在风险,有助于将风险控制在萌芽阶段。

但是,进行现场调查需要花费大量的人力和物力资源,过于频繁的调查活动也可能会影响被调查对象的正常生产经营活动。同时,现场调查对调查人员的专业素质和技能要求较高,需要具备敏锐的观察力和丰富的实践经验。

在实施现场调查法时,需要注意以下几点:首先,要确保调查的客观性和公正性,避免主观偏见对调查结果的影响;其次,要尊重被调查对象的隐私和权益,不得泄露其商业秘密和个人信息;最后,要合理安排调查时间和地点,确保调查活动顺利进行。

(四)风险清单分析法

《管理会计应用指引第 702 号——风险清单》将风险清单定义为企业根据自身战略、业务特点和风险管理要求,以表单形式进行风险识别、风险分析、风险应对措施、风险报告和沟通等管理活动的工具方法。风险清单适用于各类企业及企业内部各个层级和各类型风险的管理。企业应用风险清单工具方法的主要目标,是使企业从整体上了解自身风险概况和存在的重大风险,明晰各相关部门的风险管理责任,规范风险管理流程,并为企业构建风险预警和风险考评机制奠定基础。

一般按企业整体和部门两个层级编制风险清单。整体风险清单的编制一般按照构建风险清单基本框架、识别风险、分析风险、制定重大风险应对措施等程序进行;部门风险清单的编制可根据企业整体风险清单,梳理出与本部门相关的重大风险,依照上述流程进行。中小企业编制风险清单,也可不区分企业整体和部门。

1.风险清单基本框架

风险清单基本框架(见表 4-1)一般包括风险识别、风险分析、风险应对三部分。其中,风险识别部分主要包括风险类别、风险描述、关键风险指标等要素。企业在构建风险清单基本框架时,可根据管理需要,对风险识别、风险分析、风险应对中的要素进行调整。

表 4-1　企业整体风险清单

风险识别								风险分析						风险应对
风险类别						风险描述	关键风险指标	可能产生的后果	关键影响因素	风险责任主体	风险发生的可能性	风险后果严重程度	风险重要性等级	风险应对措施
一级风险		二级风险		……										
编号	名称	编号	名称	编号	名称									
1	战略风险	1.1												
		1.2												
		……												
2	运营风险	2.1												
		2.2												
		……												
3	财务风险	3.1												
		3.2												
		……												
……	……													

2.注意事项

使用风险清单分析法应注意以下四点：

第一，风险管理部门应从全局角度识别可能影响风险管理目标实现的因素和事项，建立风险信息库，在各相关部门的配合下共同识别风险。风险识别过程应遵循全面系统梳理、全员参与、动态调整的原则，对识别出的风险进行详细描述，明确关键风险指标等。

第二，风险管理部门应对识别出的风险进行归类、编号，根据风险性质、风险指标是否可以量化等进行归类，并以此为基础填制风险清单基本框架中风险类别、风险描述、关键风险指标等要素。

第三，风险管理部门应根据已填列的风险识别部分的内容，在与相关部门沟通后，分析各类风险可能产生的后果，确定引起该后果的关键影响因素及责任主体，并填制风险清单基本框架中可能产生的后果、关键影响因素、风险责任主体等要素。

第四，各责任主体可基于风险偏好和风险应对能力，逐项分析风险清单中各类风险发生的可能性和后果严重程度，确定风险重要性等级，并填制风险清单基本框架中风险发生的可能性、风险后果严重程度、风险重要性等级等要素。

3.风险清单分析法的优缺点

风险清单能够直观反映企业风险情况,易于操作,能够适应不同类型企业、不同层次风险、不同风险管理水平的风险管理工作。但是,风险清单所列举的风险往往难以穷尽,且风险重要性等级的确定可能因评价的主观性而产生偏差。

(五)其他风险识别方法

除了上述列举的风险识别方法以外,还有德尔菲法、头脑风暴法、流程图分析法、事件树分析法等,这些方法也适用于风险分析,因此放在下一章进行讲解。在实际工作中,企业应当根据自身经营活动的特点、内外部环境变化以及经营管理的需要来选择风险识别方法或进行方法组合,不论采用什么方法,只要能把风险识别出来即可。

本章小结

本章首先阐述了风险的不确定性,强调了风险事件发生的概率及其后果难以精确预测的特性,这是理解风险管理的前提。风险偏好是个体或企业在面对风险时的态度与倾向,它直接影响了风险管理策略的制定,而明确风险管理目标又是风险管理的关键一环,它指导着整个风险管理流程的方向,确保所有努力都聚焦于保护资产、提升价值或实现特定战略目标上。

在此基础上,风险识别是风险管理流程的起点,本章介绍了企业在经营过程中常见的内外部风险,包括但不限于战略风险、经营风险、财务风险、市场风险、法律风险等。企业在风险识别过程中,可以采用多种技术及支撑性工具,如财务报表分析法、因果图分析法、现场调查法、风险清单分析法等。风险识别为后续的风险评估与应对奠定了基础。

本章能帮助读者理解风险管理目标的重要性,熟悉风险识别的内容,掌握并能熟练运用风险识别方法,为后续的风险评估奠定基础。

案例分析

长江财险陷入困局,该如何突围

2024年4月,长江财产保险股份有限公司(以下简称长江财险)披露年报显示,2023年亏损1.48亿元。这已是长江财险连续第8年亏损,其中有6个年度的亏损额超过 1 亿元，累计亏损额超过 12 亿元，这相当于公司成立时的首期注册资本金已亏损一空。

长江财险公司总部设在武汉，由 6 家央企和省企于 2011 年出资 12 亿元设立，是湖北省首家全国性法人财产保险公司。这家地方保险公司 2011 年成立时的股东，包括国家能源投资集团、武钢集团（2016 年，武钢与宝钢合并）、中国电力工程顾问集团、湖北能源集团和湖北联投集团等大型国企。"股东实力强大，股东单位积累了大量的管理经验、技术、人才、资金和客户资源，为保险业界关注、瞩目和羡慕。"在 2011 年公司第一届董事会第一次会议上，时任长江财险董事长李亚华表示，希望 2013 年达到盈亏平衡点，2015 年实现累计盈利。

长江财险成立后的前几年曾实现小幅盈利，但自 2016 年起就连续亏损。部分"实力股东"从 2019 年起纷纷转让股份。中国电力工程顾问集团和武钢集团先后公开将所持长江财险的股份转让给湖北省属国有企业湖北交投集团和湖北联投集团。湖北联投集团由此成为最大股东。截至 2020 年底，长江财险净资产仅剩 5.96 亿元，注册资本金已亏损过半。2021 年 12 月，湖北联投集团和湖北交投集团分别向长江财险增资 2.1 亿元、4 亿元。"输血"6.1 亿元并未让长江财险"止亏"，3 年后净资产又一次降至 6 亿元以下。

长江财险为何陷入持续亏损？"没有深耕公司总部所在的湖北，缺乏特色产品，又在全国铺大摊子，成效并不明显。"一位不愿具名的保险业证券研究员表示，长江财险采取的是广撒网策略，在全国多地设立业务机构，但普遍产出不高，甚至成本大于收益。

保险部门数据显示，长江财险 2023 年度在湖北的保费收入为 3.93 亿元，占湖北市场份额仅约 0.7%，2022 年度约为 0.5%。"这根本看不出是一家湖北本地的保险公司。"多位保险业内人士评价说。公开信息显示，除了总部所在地湖北，长江财险还在北京、河北、山东、江苏、四川等省市设有 30 多家分支机构。虽然身处农业大省湖北，但长江财险的农业保险业务少之又少。长江财险总经理刘楚斌透露，2023 年，湖北省农险保费总额近 50 亿元，而长江财险只拿到 2605 万元。

相比之下，2023 年长江财险保费收入最大的险种是机动车辆保险，收入为 4.59 亿元，在当年 9.54 亿元保费总收入中占比约为 48%。而车险是财险竞争最激烈的市场之一。"在该领域，人保、平安、太保等三家行业巨头占据绝对优势，市场份额接近 70%。"湖北省保险协会一位负责人表示，地方财险企业想"分一杯羹"实在太难，但为了做大自身规模体量，又不愿放弃车险业务，只好开展"自杀式营销"换取市场。

"公司成立时战略方向没有想清楚。"刘楚斌接受记者采访时坦承，长江财险初期主要是做股东方面的业务，最高峰时有近 3 亿元的保费收入来自股东，后来部分股东退出后，只能转向车险业务，可是"车险业务做得越多，亏得越多"。

此外,长江财险持续亏损的背后也有内控不严、管理不善等问题。据国家金融监督管理总局湖北监管局官网公布的信息,2016年至2019年,长江财险黄石中心支公司销售总监王某私刻公章诈骗27人,共计857万元,暴露出机构存在个别高管资质不合规、员工行为排查缺位等严重漏洞。此后该公司内控问题仍未改善,2020年以来,武汉分公司、湖北分公司及江汉中心支公司因编制虚假资料等违规行为三次被罚,累计罚款52万元,凸显其管理失序的持续性风险。长江财险除内控问题外,公司管理层动荡频繁,中层干部流动率居高不下。内部员工反映,人事频繁更迭导致政策缺乏连续性,经营决策执行受阻。

长江财险作为经营困难的中小保险公司的典型,于2024年1月启动新一轮增资,湖北省属国企湖北宏泰集团及长江产业投资集团联合注资9.89亿元,增资后宏泰集团成为第一大股东。当前增资能否破解困局,仍有赖于企业后续战略执行与内部能力的提升。

资料来源:徐海波,覃秘.8年亏损12亿长江财险陷入困局如何突围[N].经济参考报,2024-05-14.

问题:结合上述资料,运用所学知识,分析长江财险存在的主要风险。

思考与练习

一、判断题

1.风险偏好是个人或企业对风险所采取的态度,是对目标实现过程中风险出现概率及可能出现损失的权衡。(　　)

2.公司经营目标是最高层次的目标。(　　)

3.企业风险管理是一个多方向的、反复的过程。(　　)

4.风险评估包括风险识别、风险分析、风险评价、风险应对。(　　)

5.财务报表分析法是风险识别最有效的方法。(　　)

6.因果图分析法能够系统地识别和分析产生问题的各种原因,避免遗漏或忽视某些重要因素,因此因果图分析法是风险识别的最优选择。(　　)

7.现场调查法容易发现潜在风险,有助于将风险控制在萌芽阶段。(　　)

8.风险清单分析法适用于各类企业及企业内部各个层级和各类型风险的管理,能够直观、完整反映企业风险情况,易于操作。(　　)

二、单选题

1.风险识别、风险评估和风险应对的前提是( )。

A.目标设定　　　B.风险偏好　　　C.内部环境　　　D.信息沟通

2.企业的风险管理在实现目标时,首先应该从企业( )出发。

A.经营目标　　　B.报告目标　　　C.战略目标　　　D.合规性目标

3.设定战略目标必须建立在内外部环境的深入分析基础之上,下列各项中不属于宏观环境的是( )。

A.产业周期　　　B.法律法规　　　C.技术　　　D.技术变化

4.产品质量风险属于哪一类企业风险( )。

A.战略风险　　　B.财务风险　　　C.市场风险　　　D.运营风险

E.法律风险

5.下列关于《ERM框架》风险管理目标,说法错误的是( )。

A.将风险管理目标分为战略目标、经营目标、报告目标、合规目标四类

B.战略目标是企业在特定时期内,为实现其愿景和使命而设定的具体的、可衡量的目标

C.经营目标主要关注的是企业资源利用的效率与效果

D.报告目标主要关注编制公开财务报表的可靠性

E.合规目标关注的是企业遵守相关法律和法规的情况

6.下列不属于企业在识别战略风险时应考虑的因素的是( )。

A.国内外宏观经济政策以及经济运行情况、本行业状况、国家产业政策

B.市场对本企业产品或服务的需求

C.本企业主要客户、供应商及竞争对手的有关情况

D.新市场开发的市场营销策略,包括产品或服务定价与销售渠道、市场营销环境状况等

三、多选题

1.下列关于风险的不确定性,说法正确的有( )。

A.风险是否发生的不确定性

B.风险发生时间的不确定性

C.风险发生结果的不确定性

D.由于风险的不确定性是固有的,因此企业无法完全消除它,只能通过科学的方法和管理策略来尽可能降低其影响

2.《中央企业全面风险管理指引》将企业风险分为(　　　)。

A.战略风险　　　B.财务风险　　　C.市场风险　　　　D.运营风险

E.法律风险

3.风险管理的目标包括(　　)。

A.战略目标　　　B.经营目标　　　C.报告目标　　　　D.合规目标

E.战术目标

4.下列关于风险的不确定性,说法正确的有(　　)。

A.风险事件是否会发生是不确定的

B.即使我们知道某种风险事件可能会发生,但我们通常无法确定它何时会发生

C.风险事件一旦发生,虽然其结果是确定的,但其影响范围和程度是不确定的

D.风险的不确定性是固有的,企业无法完全消除它

5.《中央企业全面风险管理指引》指出,企业开展全面风险管理要努力实现以下风险管理总体目标,以(　　)。

A.确保将风险控制在与总体目标相适应并可承受的范围内

B.确保内外部,尤其是企业与股东之间实现真实、可靠的信息沟通,包括编制和提供真实、可靠的财务报告

C.确保遵守有关法律法规

D.确保企业有关规章制度和为实现经营目标而采取重大措施的贯彻执行,保障经营管理的有效性,提高经营活动的效率和效果,降低经营目标实现过程中的不确定性

E.确保企业建立针对各项重大风险发生后的危机处理计划,保证企业不因灾害性风险或人为失误而遭受重大损失

6.设定企业风险管理目标时,应考虑以下因素(　　)。

A.企业的战略目标

B.管理层风险偏好和风险容忍度

C.利益相关者的需求

D.内部控制

7.在市场风险方面,企业应广泛收集国内外企业因忽视市场风险、缺乏应对措施而蒙受损失的案例,并至少收集与本企业相关的以下重要信息(　　)。

A.产品或服务的价格及供需变化

B.能源、原材料、配件等物资供应的充足性、稳定性和价格变化

C.产品结构、新产品研发

D.新市场开发的市场营销策略,包括产品或服务定价与销售渠道、市场营销环境状况等

四、简答题

1.简要介绍企业的风险管理流程。

2.常见的企业风险有哪些？

3.风险识别常用的方法有哪些？

第四章
思考与练习参考答案

第五章　风险分析与风险应对

学习目标

知识目标

1. 理解风险分析的概念和内容；
2. 了解风险分析的流程；
3. 熟悉各种风险分析方法的基本步骤、应用评价与适用范围；
4. 熟悉各种风险应对策略的基本原理和主要形式。

能力目标

1. 能够应用主要的风险分析方法来分析风险；
2. 能够使用风险矩阵对风险分析结果进行描述，并学会绘制风险坐标图；
3. 能够判断风险应对策略的类型，并针对具体风险选择合适的风险应对策略。

素养目标

1. 坚定实事求是的信念，学会透过现象看本质、从零乱的现象中发现事物的内在联系；
2. 树立风险应对的战略思维，高瞻远瞩、统揽全局；
3. 提升系统思维能力，学会运用系统观、整体观、协同观选择与评价风险应对策略；
4. 重视辩证思维，学会用全面、联系和发展的眼光看待问题、解决问题。

思维导图

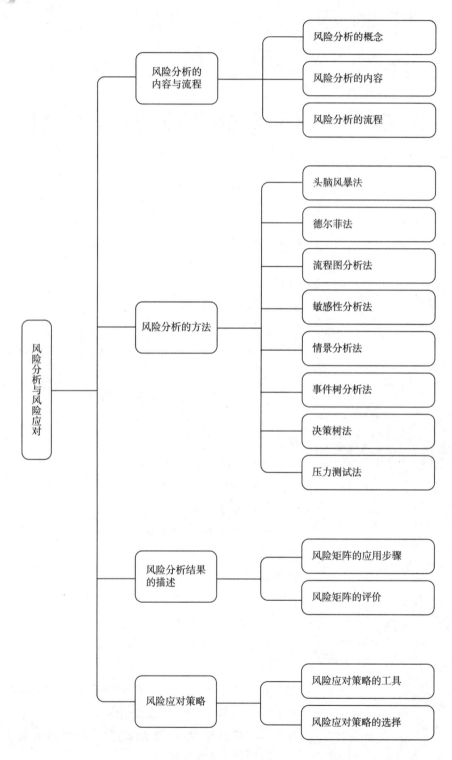

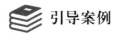 **引导案例**

新冠疫情通过进口冷链食品的输入风险

国外疫情暴发,跨境运输中冷链食品及外包装易成为病毒载体,进口冷链食品存在传播新冠病毒的风险。尤其在低温条件下,新冠病毒存活时间长,若食品在进入冷链前已被污染,病毒可在运输过程中一直存在。当冷冻货物被接触时,病毒可能通过冰层转变为水层,吸附到接触物体表面,进而令人通过口腔、鼻腔和眼睛黏膜感染病毒。多地进口冷链食品或其外包装核酸检测呈阳性,涉及产品从海产品到畜禽肉类。

针对这种情况,2020年11月12日,国务院联防联控机制召开加强冬季疫情防控和深入开展爱国卫生运动新闻发布会。会上,海关总署进出口食品安全局局长毕克新介绍,为了有效防范新冠疫情通过进口冷链食品输入的风险,全国海关将进一步加大进口冷链食品的检疫力度。

一是进一步强化源头管控。海关总署进一步加强与出口国家主管部门的沟通和磋商,要求其按照联合国粮农组织(FAO)和世界卫生组织(WHO)发布的监管指南,督促本国输华食品企业落实FAO、WHO食品企业指南,严防输华食品及其包装在生产、加工、储存和运输过程中各个环节受到新冠病毒的污染。海关总署还将国家卫生健康委制定的《冷链食品生产经营新冠病毒防控技术指南》和《冷链食品生产经营过程新冠病毒防控消毒技术指南》通报出口国主管部门。要求输华食品生产企业按照指南要求,落实各项防控措施,为督促和保障上述措施落实到位,海关总署通过远程视频检查系统,对出口国家的主管部门和出口食品生产企业进行远程的视频检查、抽查。到目前,海关总署已经与有冷链食品输华贸易的全部109个国家的主管部门进行了沟通和磋商,一共召开了视频会议和磋商180多次,中方的建议和要求也得到了这些主管部门的积极广泛响应。海关总署已累计抽查50个国家140家进口冷链食品生产企业,对查出问题的22家企业采取了暂停或者撤销其注册资格等措施。

二是暂停出现员工聚集性感染企业的产品输华。海关总署密切跟踪境外冷链食品生产企业疫情防控情况,及时采取有效防范措施,截至11日24时,对发生员工感染新冠病毒的20个国家99家生产企业采取了暂停其产品进口的措施,其中82家企业是在出现疫情后自主暂停了对华出口。

三是加强进口冷链食品新冠病毒风险监测。对进口冷链食品实施新冠病毒核酸抽样检测,重点加大对进口海鲜等冷链食品的抽样检测,到11日24时,全国海关共抽样检测样本873475个,其中检出核酸阳性结果13个,其他的873462个样本均为阴性。

四是检出阳性后实施紧急预防性措施。针对海关和各地在进口冷链食品或其包装上检出新冠病毒核酸阳性的情况,海关总署对检出阳性的境外食品生产企业实施暂停其进口申报 1 周～4 周的紧急预防性措施。到 11 日 24 时,海关总署已经对 8 家境外食品生产企业、6 艘渔船实施了紧急预防性措施。

下一步,海关总署将坚决贯彻落实习近平总书记重要指示批示精神,在继续做好源头管控和风险监测等相关工作的基础上,严格落实国务院联防联控机制综合组 11 月 8 日印发的《进口冷链食品预防性全面消毒工作方案》,切实做好进口冷链食品口岸环节预防性消毒工作,加强与相关部门合作,严防新冠疫情通过进口冷链食品输入的风险。

资料来源:如何防范新冠肺炎疫情通过进口冷链食品的输入风险? 海关总署回应[EB/OL].(2020-11-12)[2024-10-19].https://m.jiemian.com/article/5260892_qq.html.

第一节　风险分析的内容与流程

一、风险分析的概念

风险分析是在风险识别的基础上,结合企业的特定条件,对识别出的风险因素,运用定量或定性方法进一步分析风险发生的可能性和对企业目标实现的影响程度,并对风险的状况进行综合评价,为制定合理的风险应对策略提供依据。因此,风险分析是风险应对的基础,风险分析结果恰当与否,直接影响企业风险应对措施的选用和风险管理的执行效果。所以,明确风险分析的内容、设定合适的风险分析流程、选择适当的风险分析方法就显得尤为重要。

二、风险分析的内容

(一)风险因素分析

内外部因素都会影响企业目标的实现,风险管理者在进行风险分析的时候可以从战略风险、财务风险、市场风险、运营风险和法律风险等因素展开分析。

1.战略风险因素

战略风险是指企业在战略的制定和实施上出现错误,或因未能随环境的改

变作出适当的调整,而导致经济上的损失。战略风险分析具体可从以下两个方面展开:

一是从战略风险可能导致的结果来看,有整体性损失和战略目标无法实现两种结果。整体性损失包括经济利益损失和非经济利益损失,非经济利益损失指竞争优势减弱、综合排名降低、战略实施能力削弱等。实际上整体性损失等同于战略目标无法实现,并且能够比较具体地反映战略风险的影响结果。

二是从战略风险产生的原因来看,战略风险来源于外部环境、战略管理行为和战略成功必要条件。外部环境可指宏观经济和产业环境,也可指未预料的外部事件。战略管理行为是指战略性决策行为、战略管理活动中的战略行为或一系列未预料的内部事件。战略成功必要条件是指企业资源、能力等。这些都是可能引起战略风险的原因。

2.财务风险因素

财务风险是指融资安排、会计核算与管理以及会计或财务报告失误而对企业造成的损失。财务风险的具体分析应从筹资风险、投资风险和收益分配风险三个方面展开:

筹资风险分析主要关注的是筹资过程中资金的供需市场、宏观经济环境的变化或筹资来源结构、币种结构、期限结构等因素给企业财务成果带来的不确定性。此外,对筹资方式、筹资时机、筹资数量、选择各种具体的筹资工具的风险进行分析也是同等重要的。

投资风险分析主要关注的是企业在投资活动中各种难以预计的因素或控制因素给企业财务成果带来的不确定性,致使投资收益率达不到预期目标而产生的风险。通常,投资项目是决定企业收益和风险的首要因素,不同的投资项目往往具有不同的风险,包括对内投资项目风险和对外投资项目风险,它们对企业价值和企业风险的影响程度不同。

收益分配风险分析则关注的是企业在分配实现的净利润时,存在分配给投资者或留在企业内部这两种此消彼长的方式,这种分配的选择和权衡可能会对企业未来的经营活动产生一定的不利影响。

3.市场风险因素

市场风险是指因市场等外界条件变化而使企业产生经济损失的风险,包括产品市场风险、金融市场风险等。

产品市场风险是指因市场变化、产品滞销而跌价或不能及时卖出产品的风险。主要产品或服务的价格出人意料地上升或下跌,可能使业务面临风险,排除人为因素,价格的变化与供需变化直接相关。另外,从供应者角度来看,产品或服务及供需关系的变化可能会使企业的采购成本发生变化,相应地,企业的生产成本、营业收入也都会发生变化。

金融市场风险包括利率风险、外汇风险、股票与债券市场风险,以及期货、期权与衍生工具风险等。金融市场风险关注的是在资金的融通和货币的再投资过程中,在各种事先无法预料的不确定因素的影响下,资金经营者的实际收益所面临的不确定性。在现行的市场经济中,任何一个企业都会面临商品价格、利率、汇率等方面的风险,这些因素的变化都可能会给企业带来损失或收益。金融风险具有双重结果,既可能导致经济损失,也可能带来额外利益,它的内涵比普通风险要丰富。

4.运营风险因素

运营风险是指由企业内部流程和信息系统、人为因素或外部事件而给企业造成的经济损失。运营风险分析关注的是在企业运营过程中,由外部环境的复杂性和变动性以及主体对环境的认知能力和适应能力的有限性,而导致的运营失败或使运营活动达不到预期目标的可能性及其损失。应特别注意的是,运营风险并不是指某种特定的风险,而是包含一系列具体的风险,包括流程风险、人为风险、信息系统风险、事件风险和业务风险。

5.法律风险因素

法律风险是指企业因违反法律、法规或规定,或侵害其他利益相关者的权益,而遭受经济或声誉损失的风险。法律风险分析应关注合规性风险和监管风险。交易对方不具备法律法规赋予的交易权利,违反国家有关法规进行市场操纵、内幕交易,有不符合监管规定的行为等,都会导致法律风险。由于各国的法律法规不同,对不同类型金融机构的监管要求不同,因此面对不同交易对手所承担的法律风险存在较大差异。

(二)风险发生的可能性分析

可能性分析是指假定企业不采取任何措施来影响经营管理过程,将会发生风险的概率。确定损失概率是风险分析的一个重要方面,它通常是通过收集实际情况和进行专业判断来完成的。概率计算的科学方法是使用数理统计原理,以数值为依据,根据现象特征,采用二项分布、泊松分布等数学模型进行科学地测算。

风险发生的可能性分析遵循"大数法则",即如果有足够的事例可供观察,则这些未知与不可测力量将趋于平衡的自然倾向,在个别情况中存在的不确定性,将在大数中消失。风险发生的可能性分析结果的定性描述一般有"几乎确定的""很可能的""可能的""不太可能的""很少的"等几种情况。风险发生的可能性的排序和基本标准如表5-1所示。

表 5-1 风险可能性的排序及其标准

级别	对可能性的描述	发生可能性	基本标准	概率
1	几乎确定的	极高	在多数情况下发生	>95%
2	很可能的	高	在多数情况下很可能发生	(50%,95%]
3	可能的	中等	在某些时候能够发生	(10%,50%]
4	不太可能的	低	在某些时候不太可能发生	(5%,10%]
5	很少的	极低	在例外情况下才可能发生	(0%,5%]

(三)风险发生的影响程度分析

影响程度分析主要是指对目标实现的负面影响程度的分析,即对风险事故可能造成的损失值的分析。风险管理人员应根据企业自身的特点,采用不同的方法来衡量损失程度。根据风险可能产生的影响,一般可定性地将风险性质划分为"不重要的""次要的""中等的""主要的""灾难性的"等几个级别,如表 5-2所示。

表 5-2 风险可能产生的影响程度及其标准

级别	对重要性的描述	影响程度	基本标准
1	不重要的	轻微	没有伤害,很小的损失
2	次要的	较轻	轻微伤害,较小的损失
3	中等的	一般	中等伤害,中度的损失
4	主要的	较重	较大伤害,较重的损失
5	灾难性的	非常严重	极大伤害,严重的损失

风险发生的影响程度是针对既定目标而言的,因此对于不同的目标,企业应采取不同的衡量标准。

(四)风险之间的关系分析

除了对各单项风险分别进行分析以外,还要考虑单项风险的总体效果,所以风险分析还应包括风险之间的关系分析,以便发现各风险之间的自然对冲、风险事件发生的正负相关性等组合效应,从风险策略上对风险进行统一集中管理。另外,企业有必要从某一风险单位整体的角度,分析多种风险可能造成的损失总和以及发生风险事故的概率。风险分析应注意下列事项:

1.关注事件之间的关联性

如果潜在事件之间没有关联,企业对它们的风险分析应分别进行。但是要注意的是,有时尽管单个事件的影响可能很轻微,但事件组合的影响可能更大。

所以,风险评估不仅要分析单一事件的可能性和影响程度,还要关注事件之间的关系,考虑整个企业层面的组合风险,特别是各业务单元均未超过容忍度,但凑在一起超出整体风险容量的情况。当然,如果一个业务单元超过容忍度,但因与其他单元的抵消效应可以将风险降低到可以承受的范围,那也是可以接受的。

2.关注事件潜在影响的范围和层级

企业进行风险分析时应关注事件潜在影响的范围和层级,如果风险可能影响多个业务单元或多个管理层级,企业可以将它们归入共同的风险类别中,首先分单元逐个考虑分析,然后从整体范围把它们放在一起加以考虑。

3.既要关注预期事件,又要关注非预期事件

企业在分析风险时,既要考虑预期事件发生的可能性及影响,也要考虑非预期事件发生的可能性及影响。许多事件是常规性的和重复性的,并且已经在管理层的计划和经营预算中提到,而其他的事件则是非预期的。

三、风险分析的流程

风险分析流程是指识别风险分析过程中所有必要的活动,确定这些活动的顺序和相互关系,准确地描述,形成书面文件并加以实施和监控的过程。风险分析的基本流程包括以下几项工作:①确定风险分析的参与人员和时间;②收集风险分析的有关信息;③选择风险分析的技术和方法;④综合分析实施;⑤撰写风险分析报告。

1.确定风险分析的参与人员和时间

根据所分析的风险范围不同,对参与人员的专业技能要求也不同,所以要注意参与人员的适当性。除了风险管理委员会和风险管理职能部门之外,企业各职能部门和各业务单位人员也应参与进来,就各自部门可能涉及的风险问题进行分析、讨论。董事会就全面风险管理的有效性对股东(大)会负责,因此必要的时候,董事会也需要参与进来。

风险分析的时间范围应与企业相关战略和目标的时间范围一致,时间范围越大,风险发生的可能性就越大,对风险分析的要求也就越高,并且不同时间段内风险发生的可能性是不同的。

2.收集风险分析的有关信息

风险分析流程的第二步就是要广泛地、持续不断地收集与风险因素相关的内外部信息,除了收集本企业的历史损失资料和近期损失资料外,还应注意收集同行业的损失资料及外界所公布的有关的损失统计资料,并注意国际性动态资料。这些数据和资料可以从过去的类似风险管理项目的经验总结或记录中及相

关研究或试验中取得,也可以在风险识别实施过程中取得,还可以从市场、社会发展的历史资料中取得。应该把收集信息的职责分工落实到各有关职能部门和业务单位,所收集的资料要客观真实、准确完整、具有较好的统计性。企业还要对收集的信息进行必要的整理,包括筛选、提炼、对比、分类、组合,使之条理化、系统化,从而成为能够反映事物总体特征的综合资料,以某种易读易懂的形式呈现给使用资料的人,以便他们进行风险分析。

3.选择风险分析的技术和方法

依据风险的复杂程度和重要性,选择适当的分析技术和方法。风险分析的技术与方法很多,既有定性分析,也有定量分析,或者也可以根据实际需要将二者结合起来使用。

定性分析往往带有较强的主观性,需要凭借分析者的经验和直觉,或者是以行业标准和惯例为风险各要素的大小或高低程度定性分级,虽然看起来比较容易,但实际上要求分析者具备较丰富的经验和较强的能力,否则会因操作者经验和直觉的偏差而使分析结果失准。常用的定性分析方法有问卷调查、集体讨论、专家咨询、人员访谈、风险矩阵等。

定量分析是对构成风险的各个要素和潜在损失的水平赋予数值或货币金额,当度量风险的所有要素都被赋值,风险分析和评估过程的结果得以量化。定量分析比较客观,但对数据的要求较高,同时还需借助数学工具和计算机程序,其操作难度较大。常见的定量分析方法有敏感性分析、情景分析、关键风险指标法、风险价值法、压力测试法等。

4.综合分析实施

风险分析可以由企业的风险管理部门负责,组织有关职能部门和业务单位实施,也可以聘请专门的风险管理咨询公司来协助实施。

如果由风险管理部门负责实施,那么由于其对企业内部运作和情况都有很好的了解,便于更直接地管理和控制,且其对敏感性信息的保密程度也较高。但是可能准备包括人员的安排与培训等事项的时间会很长,同时该部门往往不易掌握最新的风险管理方法和工具,对风险管理实施方法的需求波动也容易缺乏弹性处理。

如果由专门的风险管理咨询公司负责实施,就能够更快地开展工作,也有强大的后台支撑,包括风险管理方法、技术和专业人员等。同时也能灵活地配置人员和技术组合,更容易控制风险管理的成本。但也有可能导致管理层降低风险管理监控责任感,并且外部机构了解企业的运营和流程也需要一些时间。

5.撰写风险分析报告

风险分析的结论要以正式的文本形式进行报告,表明风险发生的可能性和对目标的影响程度,并对风险的重要性评定等级,绘制出风险地图。根据风险与收益相平衡的原则以及各风险在风险坐标图上的位置,初步确定对各项风险进行管理的优先顺序和策略,制定风险的应对方案。风险管理者应从整体出发,弄清多个风险事件之间的因果关系,考虑不同风险之间相互转化的条件,试图将威胁转变为机会。

第二节 风险分析的方法

一、头脑风暴法

(一)头脑风暴法的概述

头脑风暴法又称智力激励法、BS(brain storming)法、自由思考法,是指刺激并鼓励一群知识渊博、熟悉风险情况的人员畅所欲言,开展集体讨论的方法。头脑风暴法又可分为直接头脑风暴法(通常简称为"头脑风暴法")和质疑头脑风暴法(也称"反头脑风暴法")。前者是专家群体决策,尽可能激发创造性,产生尽可能多设想的方法,后者则是对前者提出的设想、方案逐一质疑,分析其现实可行性的方法。将头脑风暴法应用于风险识别,就是由指定的主持人提出与风险有关的问题,然后要求小组成员依次在第一时间给出对问题的看法。之后由风险管理小组对集体讨论后识别的所有风险进行复核,并且认定核心风险。

(二)头脑风暴法的步骤

第一,会前准备。参与人、主持人和课题任务小组落实要讨论识别的风险主题。

第二,针对风险主题展开探讨。由主持人公布会议主题并介绍与风险主题相关的情况。与会人突破思维惯性,大胆进行联想。主持人控制好时间,所有人力争在有限的时间内获得尽可能多的创意性设想。

第三,对风险主题探讨意见进行分类与整理。

(三)头脑风暴法的评价

头脑风暴法能让主要的利益相关者参与其中,有助于进行全面沟通,激发想象力,有助于发现新的风险和全新的解决方案,速度较快并易于开展。但它也存在一些局限性:①参与者可能缺乏必要的技术及知识,无法提出有效的建议;②

由于头脑风暴法相对松散,因此较难保证过程的全面性;③可能会出现特殊的小组状况,导致某些有重要观点的人保持沉默而其他人成为讨论的主角;④实施成本较高,要求参与者有较好的素质。以上这些因素会影响头脑风暴法实施的效果。

(四)头脑风暴法的适用范围

头脑风暴法适用于需要充分发挥专家意见的情况,在风险识别阶段有助于决策者进行定性分析。

二、德尔菲法

(一)德尔菲法的概述

德尔菲法又名专家意见法,是在一组专家中取得可靠共识的程序,其基本特征是专家单独、匿名表达各自的观点,同时随着过程的进展,他们有机会了解其他专家的观点。德尔菲法采用背对背的通信方式征询专家小组成员的意见,专家之间不得互相讨论,不发生横向联系,只能与调查人员进行联系。通过反复填写问卷,搜集各方意见的方式,最后形成专家之间的共识。

(二)德尔菲法的步骤

第一,按照课题所需要的知识范围确定专家,组成专家小组;

第二,向所有专家提出所要预测的问题及有关要求,并附上有关这个问题的所有背景材料;

第三,各个专家根据他们所收到的材料,提出自己的预测意见,并说明自己是怎样利用这些材料给出预测的;

第四,将各位专家第一次判断的意见汇总,列成图表,进行对比,再分发给各位专家,让专家比较自己同他人的不同意见,修改自己的意见和判断,也可以把各位专家的意见加以整理,或请身份更高的其他专家加以评论,然后把这些意见再分送给各位专家,以便他们参考后修改自己的意见;

第五,将所有专家的修改意见收集起来汇总,再次分发给各位专家,以便做第二次修改;

第六,对专家的意见进行综合处理。

逐轮收集意见并为专家反馈信息是德尔菲法的主要环节,收集意见和信息反馈一般要经过三四轮。在向专家进行反馈的时候,只给出各种意见,但并不说出发表各种意见的专家的具体姓名。这一过程重复进行,直到每一个专家不再改变自己的意见为止。同时,以上 6 个步骤并非一定都发生,如果在第四步专家意见就已经达成一致,则不需要第五步和第六步。

(三)德尔菲法的评价

采用德尔菲法,专家不必一次性聚集在某个地方,比较方便。同时由于观点是匿名的,因此专家更有可能表达出那些不受欢迎的看法。而且所有观点有相同的权重,这样能够避免重要人物占主导地位,因此这种方法具有广泛的代表性。这种方法的局限性主要体现在:①权威人士的意见有可能影响他人的意见;②有些专家碍于情面,不愿意发表与其他人不同的意见;③有些专家出于自尊心而不愿意修改自己原来不全面的意见;④逐轮修改过程比较复杂,花费时间较长。

(四)德尔菲法的适用范围

德尔菲法适用于需要专家出具一致性意见,进而对风险进行定性分析时。

(五)德尔菲法的案例

一家学校的校长正在考虑将饮食服务外包给外部的服务供应商,也就是说,私人企业将接管现有的饮食服务员工及厨师,并承担为学生提供饮食的责任。在评价该项目的风险因素时,学校委托一家专业公司进行调查。该调查公司选择了 30 位相关领域的专家,针对以下几个风险因素编制了 20 个问题,反复征询专家意见,达成对该项目风险的共识。

第一,承包商的财务结构可能不稳定;

第二,承包商在为学生提供高品质、健康食物方面可能有不良记录,以及承包商的卫生标准可能未达标;

第三,学校无法控制绩效(如承包商能否采纳学校行政组的指导或意见);

第四,食品卫生情况与学生生病或感染传染病之间的关联性或因果关系;

第五,公众尤其是家长对饮食外包的敌对情绪。

三、流程图分析法

(一)流程图分析法的概述

流程图分析法是对流程的每一阶段、每一环节逐一进行调查分析,从中发现潜在风险,找出导致风险发生的因素,分析风险产生后可能造成的损失以及对整个组织可能造成的不利影响的方法。流程图使用一些标准符号代表某些类型的动作,能够直观地描述一个工作过程的具体步骤。流程图分析法将一项特定的生产或经营活动按步骤或阶段顺序以若干个模块形式组成一个流程图系列,在每个模块中都标示出各种潜在的风险因素或风险事件,从而给决策者一个清晰的总体印象。在企业风险分析过程中,运用流程图绘制企业的经营管理业务流程,可以将对企业各种活动有影响的关键点清晰地表现出来,结合企业中这些关键点的实际情况和相关历史资料,就能够明确企业的风险状况。

(二)流程图分析法的步骤

第一,根据企业实际绘制业务流程图;
第二,识别流程图上各业务节点的风险因素,并予以重点关注;
第三,针对风险及产生原因,提出监控和预防的方法。

(三)流程图分析法的评价

流程图分析法是风险分析中最常用的方法之一,其主要优点是清晰明了,易于操作,且组织规模越大,流程越复杂,流程图分析法就越能体现出优越性。通过业务流程分析,可以更好地发现风险点,从而为防范风险提供支持。它的局限性主要在于该方法的使用效果依赖于专业人员的水平。

(四)流程图分析法的适用范围

流程图分析法适用于需对企业生产或经营中的风险及其成因进行定性分析时。

(五)流程图分析法的案例

财务费用报销流程中各环节及其风险审核点,如表5-3所示。

表 5-3　财务费用报销流程中的风险分析

流程图	风险审核点	权责部门
报销单据整理粘贴	报销人员根据企业费用报销制度要求,整理好需要报销的发票或单据,并粘贴整齐,根据报销内容填写"费用报销单"	报销人员
填写"费用报销单"	报销单填写时,要求不得涂改,不得用铅笔或红色的笔填写,并需附上相关的报销发票或单据。若属于出差的费用报销,必须附上经过批准签字的"差旅费报销单"。采购物品报销需附上总经理签字确认的"采购申请表"	报销人员
部门领导审核	"费用报销单"及相关单据准备完成后,报销人员提交给部门领导审核签字,部门领导须对以下方面进行审核: 1)费用产生开支的原因及真实性; 2)费用的标准性及合理性; 3)费用的控制等。 若发现费用报销不符合要求,立即退还给相关报销人员使其重新整理提报	相关部门领导
财务部确认	部门领导审核签字后,报销人员将报销单据提交给财务部,由财务部的会计人员进行报销费用的确认,主要内容包括: 1)产生的费用是否符合报销标准; 2)财务是否能及时安排此费用; 若发现报销单据不符合要求,则立即退还给相关人员使其重新整理提报	财务部主管
财务负责人审查	财务部的会计人员审核签字后,报销人员将报销单据提交给财务部负责人,由财务负责人进行报销费用的审查,主要内容包括: 1)单据或票据是否符合财务规范要求; 2)财务人员是否合理按照报销标准审核; 若发现报销单据不符合要求,则立即退还给相关人员使其重新整理提报	财务部负责人
副总经理(总经理助理)批准	财务部负责人审核签字后,报销人员将报销单据提交给副总经理(总经理助理),由副总经理(总经理助理)进行最后核查,主要内容包括: 1)部门领导审核保持公正; 2)财务部审核保持严谨性。 若副总经理(总经理助理)发现报销单据不符合要求,立即退还给相关人员使其重新整理提报	副总经理(总经理助理)
董事长(总经理)批准	副总经理(总经理助理)对审核通过的报销单签字后,最后由报销人员呈交董事长(总经理),由董事长(总经理)进行批准签字,签字后报销人员方可去财务部领款	董事长(总经理)

四、敏感性分析法

(一)敏感性分析法的概述

敏感性分析是针对潜在的风险性,即研究项目的各种不确定因素变化至一定幅度时,计算其主要经济指标变化率及敏感程度的一种方法。敏感性分析是在确定性分析的基础上,进一步分析不确定性因素对项目最终效果指标的影响及影响程度。敏感性因素一般可选择主要参数(如销售收入、经营成本、生产能力、初始投资、寿命期、建设期、达产期等)进行分析。若某参数的小幅度变化能导致效果指标的较大变化,则称此参数为敏感性因素,反之则称其为非敏感性因素。该分析从改变可能影响分析结果的不同因素的数值入手,估计结果对这些变量的变动的敏感程度。

敏感性分析可以分为单因素敏感性分析和多因素敏感性分析。单因素敏感性分析是指每次只变动一个因素而其他因素保持不变时所做的敏感性分析;多因素敏感性分析是指假定其他因素不变时,分析两种或两种以上不确定性因素同时变化对目标的影响程度所做的敏感性分析。

敏感性分析可以帮助寻找出影响最大、最敏感的主要变量因素,进一步分析、预测或估算其影响程度,找出产生不确定性的根源,便于采取相应有效措施;通过计算主要变量因素的变化引起项目评价指标变动的范围,使决策者全面了解项目方案可能出现的效益变动情况,以减少和避免不利因素的影响;通过可能出现的最有利与最不利的效益变动范围的分析,为决策者预测可能出现的风险程度,并对原方案采取某些控制措施或寻找可替代方案,为最后确定可行方案提供可靠的决策依据。敏感性分析最常用的显示方式是龙卷风图。龙卷风图有助于比较具有较高不确定性的变量与相对稳定的变量之间的相对重要程度,它因其显示形式像龙卷风一样而得名。

(二)敏感性分析法的步骤

第一,选定不确定因素,并设定这些因素的变动范围;

第二,确定分析指标;

第三,进行敏感性分析;

第四,绘制敏感性分析图;

第五,确定变化的临界点。

目标值对风险因素的敏感程度通过敏感系数来表示,敏感系数的计算公式如下:

某因素敏感系数＝目标值变动百分比÷因素值变动百分比

相关判别标准:只要有较小幅度变动就会引起目标较大幅度变动的,属于敏感性因素;虽有较大幅度变动但对目标影响不大的,属于弱敏感性因素。敏感系数的绝对值越大,该因素就越敏感。

(三)敏感性分析法的评价

敏感性分析法简单易行,分析结果易于理解,能够为决策者清晰地呈现有价值的参考信息,为风险分析指明方向,帮助企业制定紧急预案。但其也存在一定的局限性:①所需要的分析数据经常缺乏,无法提供可靠的参数变化;②分析时需借助公式计算,没有考虑各种不确定因素在未来发生变动的概率,无法给出各参数的变化情况,因此其分析结果可能和实际相反;③通常采用固定其他变量、改变某一变量(或多个变量)的方法,这往往与实际情况相脱离。

(四)敏感性分析法的适用范围

敏感性分析是经济决策中常用的一种不确定性分析方法,适用性广泛,适用于要对项目不确定性对结果产生的影响进行定量分析的情况,可以用于短期营运决策、长期投资决策等相关风险的分析,也可以用于一般经营分析。

(五)敏感性分析法的案例

例如,某企业打算在 A 市兴建一座大桥,但这个项目的不确定性因素有很多,如项目总投资、银行贷款利率、过桥费收入均不确定。这些因素变化的可能性较大。例如:工程设计变更、不可抗力、材料价格上涨,导致项目所需的投资增加;银行贷款利率也会在一定范围内变化,因而会较大地影响本工程贷款金额;能否取得优惠贷款,这对资金成本影响很大,进而对工程经济指标也产生影响;根据 A 市物价局的规定,本大桥开始收费后每三年需要重新报批收费标准,并且过桥车辆数量也会发生增减变化,这些都会导致过桥费收入的变化。这项新建项目总投资、银行贷款利率、过桥费收入都不是投资方所能控制的,因此敏感性分析将这三个因素作为分析对象,分析每一个因素的变化对本大桥内部收益率的影响。

又如,某商业银行对利率或汇率变动的敏感性测试如表 5-4 所示。

表 5-4　某商业银行的利率或汇率变动敏感性测试表

币种	利率或汇率变动	对税前利润的影响/万元		对所有者权益的影响/万元	
		2022 年度	2023 年度	2022-12-31	2023-12-31
美元	−1%	580	−125	65	−87
港币	−1%	890	1100	108	578

续表

币种	利率或汇率变动	对税前利润的影响/万元		对所有者权益的影响/万元	
		2022 年度	2023 年度	2022-12-31	2023-12-31
人民币	上升 100 个基点	−5108	−8212	−4321	−5612
	下降 100 个基点	5108	8212	4321	5612
美元	上升 100 个基点	−81	−126	−45	−55
	下降 100 个基点	81	126	45	55
港币	上升 100 个基点	−1020	−1231	−560	−658
	下降 100 个基点	1020	1231	560	658

在本例中,利率或汇率的变动会引起该商业银行税前利润和所有者权益发生相应的变动。

五、情景分析法

(一)情景分析法的概述

情景分析法是指通过假设、预测、模拟等手段生成未来情景,并分析其对目标产生影响的方法,可用来预计威胁和机遇可能发生的方式,以及如何将威胁和机遇用于各类长期及短期风险。情景分析法包括历史情景重演法、预期法、因素分解法、随机模拟法等具体方法。与敏感性分析法对单一因素进行分析不同,情景分析法是一种多因素分析方法,结合设定的各种可能情景的发生概率,研究多种因素同时作用时可能产生的影响。在周期较短且数据充分的情况下,可以从现有情景中推断出可能出现的情景。对于周期较长且数据不充分的情况,情景分析的有效性更依赖于合乎情理的想象力。在识别和分析那些反映诸如最佳情景、最差情景及期望情景等多种情景时,可用来识别在特定环境下可能发生的事件并分析潜在的后果及每种情景的可能性。如果积极后果和消极后果的分布存在比较大的差异,情景分析就会有很大用途。

情景可以人为设定,也可以从对市场风险要素历史数据变动的统计分析中得到,或通过运行描述在特定情况下市场风险要素变动的随机过程得到。例如,银行可以分析利率、汇率同时发生变化时对其市场风险水平可能产生的影响,也可以分析历史上出现政治、经济事件或金融危机以及一些假设事件时,其市场风险状况可能发生的变化。情景分析需要分析的变化可能包括:外部情况的变化(如技术变化);不久将要作出的决定,而这些决定可能会产生各种不同的后果;

利益相关者的需求以及需求可能的变化方式;宏观环境的变化(如监管及人口统计等)。有些变化是必然的,而有些是不确定的。有时,某种变化可能归因于另一个风险带来的结果。例如,气候变化的风险正在造成与食物链有关的消费需求发生变化。局部及宏观因素或趋势可以按重要性和不确定性进行列举并排序。应特别关注那些最重要、最不确定的因素。可以绘制出关键因素或趋势的图形,以显示哪些情景是可以进行开发的区域。

(二)情景分析法的步骤

第一,根据决策目标和决策需求确定决策事项;

第二,对决策事项的影响因素进行全面分析,并确定主要影响因素;

第三,根据决策事项设定不同的情景;

第四,在情景设定的基础上,建立影响因素与决策目标之间的逻辑关系,对不同情景下决策事项的总体发展状况进行分析,或对不同情景下决策事项可能产生的经济后果进行测算,制定出各种情景下的对策和实施方案;

第五,梳理总结决策事项、影响因素、情景设定、情景分析结果,以及应对措施等。

(三)情景分析法的评价

情景分析的主要优点是注重情景发展的多种可能性,对于未来变化不大的情况能够给出比较精确的模拟结果,降低决策失误对企业造成的影响,对决策事项的可参考性较强。但也存在以下局限性:①在存在较大不确定性的情况下,有些情景可能不够现实;②在运用情景分析时,主要的难点在于数据的有效性以及分析师和决策者开发现实情境的能力,这些难点对结果的分析具有修正作用;③情景分析作为一种决策辅助工具,其缺点是所用情景可能缺乏充分的依据,数据具有随机性,因而可能无法发现那些偏离实际的结果。

(四)情景分析法的适用范围

通过模拟不确定性情景,对企业面临的风险进行定性和定量分析。情景分析法一般适用于企业的投融资决策,也可用于战略目标制定、风险评估等。在风险管理领域中,情景分析适用于对可变因素较多的项目进行风险分析,它在假设关键因素有可能产生影响的基础上,构造出多种情景,提出多种未来的可能结果,以便采取适当的措施,防患于未然。

(五)情景分析法的案例

表5-5是一家企业在评估一项投资项目的风险时所进行的情景分析。

表 5-5　某投资项目未来情景分析

情景类型		最佳情景	基准情景	最差情景
影响因素	市场需求	不断提升	不变	下降
	经济增长	增长 5%～10%	增长<5%	负增长
发生概率		20%	45%	35%
结果		投资项目可在 5 年内达到收支平衡	投资项目可在 10～15 年达到收支平衡	不确定

在本例中,影响该投资项目的因素包括市场需求和经济增长,分别在最佳情景、基准情景和最差情景下测算其可能产生的不同结果。

六、事件树分析法

(一)事件树分析法的概述

事件树是一种表示初始事件发生之后互斥性后果的图解技术,可以用于定性分析,也可用于定量分析。

(二)事件树分析法的步骤

第一,事件树首先要挑选初始事件。初始事件可能是粉尘爆炸这样的事故或是停电这样的事项。

第二,按顺序列出那些旨在缓解结果的现有功能或系统。用一条线来表示每个功能或系统正常(用"是"表示)或失效(用"否"表示)。

第三,在每条线上标注一定的失效概率,同时通过专家判断或故障树分析的方法来估算这种条件概率。这样,初始事件的不同途径就得以建成。

注意,事件树的可能性是一种有条件的可能性。例如,启动洒水功能的可能性并不是正常状况下测试得到的可能性,而是爆炸引起火灾状况下启动该功能的可能性。事件树的每条路径代表着该路径内各种事项发生的可能性。鉴于各种事项都是独立的,结果的概率用单个条件概率与初始事项频率的乘积来表示。

(三)事件树分析法的评价

事件树以清晰的图形显示了经过分析的初始事项之后的潜在情景,以及缓解系统或功能成败产生的影响,它能说明时机、依赖性以及故障树模型中很烦琐的多米诺效应,生动地体现事件的顺序,而故障树模型是不可能表现出这些的。但它同时也存在以下局限性,具体包括:①为了将事件树分析法作为综合评估的组成部分,一切潜在的初始事项都要进行识别,这可能需要使用其他分析方法

（如危害及可操作研究法），但总有可能错过一些重要的初始事项；②事件树只分析了某个系统的成功及故障状况，很难将延迟成功或恢复事项纳入其中；③任何路径都取决于以前分支点处发生的事项，因此，要分析各可能路径上众多的从属因素。然而，人们可能会忽视某些从属因素，如常见组件、应用系统以及操作员等，如果不认真处理这些从属因素，就会导致风险评估过于乐观。

（四）事件树分析法的适用范围

事件树分析法适用于对故障发生以后，各种减轻事件严重性的功能或系统的影响下对多种可能后果进行定性和定量分析。

（五）事件树分析法的案例

如图 5-1 所示，初始事件为突发爆炸，分析在发生火灾、洒水系统工作、火警出动等不确定性事件下产生各种后果的概率。爆炸发生（频率为 10^{-2}，即 100 年发生一次）以后，发生火灾的概率为 0.8，不发生火灾的概率为 0.2；发生火灾后，洒水系统工作的概率为 0.99，不工作的概率为 0.01；在洒水系统工作的情况下，火警激活的概率为 0.999，不激活的概率为 0.001。因此，爆炸发生以后发生火灾，洒水系统工作、火警激活将发生有报警的可控火灾这一结果，其发生概率为 $10^{-2} \times 0.8 \times 0.99 \times 0.999 \approx 7.9 \times 10^{-3}$（计算结果保留一位小数）。

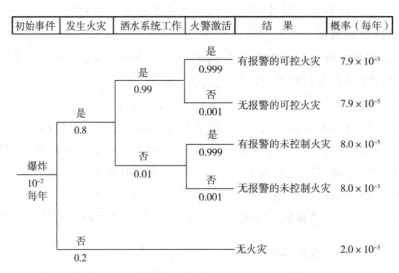

图 5-1 火灾事件树分析

注：各结果发生概率四舍五入保留一位小数。

图 5-1 显示了当分支完全独立时对简单事件树的简单计算。事件树具有散开的树形结构，可用于初始事件后建模、计算和排列（从风险观点）不同事故的情

景。用事件树分析法进行定性分析,有利于群体对初始事件之后可能出现的情景及依次发生的事项进行汇总,同时就各种处理方法、解决障碍及各种控制手段对结果的影响程度提出各种看法。而定量分析时,这一方法更有利于分析控制措施的可接受性,主要用于多项安全措施失效的模式下。

七、决策树法

(一)决策树法的概述

决策树是把某一风险决策问题的各种风险事项与供选择的方案,可能出现的状态、概率及其后果等一系列因素,按它们之间的相互关系用树形图表示出来,然后按网络决策的原则和程序进行选优和决策的方法。类似于事件树,决策树开始于初始事件或最初决策,同时基于可能发生的事项及可能作出的决策,它需要对不同路径和结果进行建模。

决策树开始于最初决策,例如继续项目 A,而不是项目 B。随着两种假定项目的继续,不同的事项会发生,同时需要作出不同的可预见性决定,并用树形格式表示。事项发生的可能性能够与路径最终结果的成本或用途一起进行估算。有关最佳决策路径的信息是富有逻辑性的,考虑各条路径上的条件概率和结果值可以计算出最高的期望值。决策树显示采取不同选择的风险逻辑分析,同时给出每一个可能路径的预期值计算结果。

(二)决策树法的步骤

第一,绘制树状图,根据已知条件排列出各个方案和每一个方案的各种自然状态;

第二,将各状态概率及损益值标于概率枝上;

第三,计算各个方案期望值并将其标于该方案对应的状态节点上;

第四,进行剪枝,比较各个方案的期望值与风险度量指标,并标于方案枝上,将期望值小的劣等方案剪掉,所剩的最后方案为最佳方案。

(三)决策树法的评价

决策树法能为决策问题的细节提供一种清楚的图解说明,并能够通过计算得到一种情形的最优路径。但是大的决策树可能过于复杂,不容易与其他人交流。同时为了能够用树形图表示,可能会产生过于简化环境的倾向。

(四)决策树法的适用范围

决策树适用于对不确定性投资方案期望收益的定量分析,可用于项目风险管理和其他环境,它能帮助人们在不确定的情况下选择最佳的行动步骤。

(五)决策树法的案例

决策树中的方块代表决策节点,从它引出的分枝叫方案分枝。每条分枝代表一个方案,分枝数就是可能的方案数。圆圈代表方案的节点,从它引出概率分枝,每条概率分枝上标明了状态及其发生的概率。概率分枝数反映了该方案面对的可能状态数。根据右端的损益值和概率枝的概率,计算出期望值的大小,确定方案的期望结果,然后根据不同方案的期望结果作出选择。计算完毕后,开始对决策树进行剪枝,在每个决策节点删除了最高期望值以外的其他所有分枝,最后一步步推进到第一个决策节点,这时就找到了问题的最佳方案。方案的舍弃叫作修枝,被舍弃的方案用"//"的记号来表示,最后的决策点留下一条树枝,即为最优方案。

A1、A2 两方案投资分别为 450 万元和 240 万元,经营年限为 5 年,销路好的概率为 0.8,销路差的概率为 0.2。A1 方案销路好、销路差的年损益值分别为 300 万元和 −60 万元,相应地,A2 方案分别为 120 万元和 30 万元。据此绘制决策树,如图 5-2 所示。

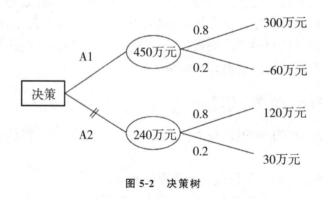

图 5-2　决策树

A1 的净收益＝[300×0.8＋(−60)×0.2]×5−450＝690(万元)
A2 的净收益＝(120×0.8＋30×0.2)×5−240＝270(万元)
选择:因为 A1 方案的净收益大于 A2 方案,所以选择 A1 方案。
剪枝:在 A2 方案上画上"//",表明舍弃。

八、压力测试法

(一)压力测试法的概述

压力测试是系统性能测试的一种,通常是持续不断地给被测系统增加压力,直到将被测系统被压垮为止，用来测试系统所能承受的最大压力。压力测试在风险分析中通常被用于衡量潜在最大损失，测算在遇到假定的小概率事件等极端不利情况下可能发生的最大损失，分析这些极端不利情况下的负面影响，进而对脆弱性作出评估和判断，并采取相应的控制措施。

运用压力测试需要假设可能会发生哪些极端情景，具体是指在非正常情况下，发生概率很小，而一旦发生，后果十分严重的事情，如经济增长骤减、失业率快速上升到极端水平、房地产价格暴跌等。假设极端情景时，不仅要考虑本企业或与本企业类似的其他企业出现过的历史教训，还要考虑历史上不曾出现，但将来可能会出现的事情。

(二)压力测试法的步骤

第一，确定风险因素，设计压力情景，选择假设条件，确定测试程序。

第二，定期进行测试，分析测试结果，通过压力测试确定潜在风险点和脆弱环节，并分析对目标可能造成的损失。

第三，采取应急手段和其他相关改进措施，进一步修改和完善风险管理模型或内部控制流程。

(三)压力测试法的评价

压力测试法不同于情景分析法，情景分析法关注一个常规的变化，而压力测试法则集中关注单个事项或活动在极端情况下的变化产生的直接影响，一般被用作概率度量方法的补充，用来分析与概率技术一起使用的分布假设没有充分捕捉到的低可能性、高影响力的事件的结果。但它只专注于极端不利的事件，而不能捕捉不那么极端但更可能发生的不利事件的影响。

(四)压力测试法的适用范围

压力测试法适用于日常管理中广泛应用各类风险计量模型的银行，它能够帮助商业银行充分了解潜在风险因素与银行财务状况之间的关系，深入分析银行抵御风险的能力，形成供董事会和高级管理层讨论并决定实施的应对措施，预防极端事件可能对银行带来的冲击。

(五)压力测试法的案例

例如，甲企业与乙企业签订了一份长期的销售合同。由于乙企业是甲企业的长期业务合作伙伴，信誉良好，正常情况下不会发生违约风险，因此，甲企业采用常规的风险管理策略和内部控制流程对该信用风险进行管理。采用压力测试法，假设乙企业将来发生极端情景(如财产毁于地震、火灾、被盗)，从而被迫违约,对甲企业造成了重大损失。经评估,甲企业认为常规的风险管理策略和内部控制流程在极端情景下将完全失效,并将使自身遭受重大损失。为此,经慎重分析,甲企业决定采用购买保险或相关衍生产品、开发多个交易伙伴等措施,防范该风险事件的发生。

又如,某商业银行针对个人住房类贷款违约率进行压力测试。该压力测试采用自上而下的压力传导方法,选取影响个人住房类贷款(含个人住房贷款和个人商用房贷款)违约率的两个关键指标,未偿贷款与房屋价值比率、客户收入偿付比率,建立计量模型,分析房价、利率变动对个人住房类贷款违约率的影响。构造的压力测试情景是基于房价、利率、收入变动分析和组合分析。房价变动情景是下降 15%(轻度)、下降 20%(中度)、下降 25%(重度),利率变动情景是加息3 次(轻度)、6 次(中度)、8 次(重度)(分别上升 0.81 个百分点、1.62 个百分点和 2.16 个百分点),城镇居民收入增长假设预计达到 13%。压力测试结果如表 5-6所示:单纯从房价变动情况看,房价的轻度、中度和重度下降分别使个人住房类贷款违约率上升 0.5、0.9 和 1.7;加入利率变动因素后,对违约率的影响显著加大,以利率重度加息为例,在房价轻度、中度和重度下降时,分别使个人住房类贷款违约率上升 1.7、2.5 和 4.1。由此可见,利率波动对个人住房类贷款违约率的影响比较大。

表 5-6　某商业银行的个人住房类贷款违约率压力测试表

利率	基准房价		房价下降 15%(轻度)		房价下降 20%(中度)		房价下降 25%(重度)	
	违约率	上升	违约率	上升	违约率	上升	违约率	上升
基准	1.1	—	1.3	0.5	1.7	0.9	2.4	1.7
上升 0.81 个百分点	1.1	0.3	1.4	0.6	1.8	1.0	2.5	1.7
上升 1.62 个百分点	1.5	0.7	1.8	1.0	2.4	1.6	2.6	2.7
上升 2.16 个百分点	2.0	1.2	2.5	1.7	3.3	2.5	2.8	4.1

第三节　风险分析结果的描述

风险分析的结果可以通过风险矩阵来描述。风险矩阵是指按照风险发生的可能性和风险发生后果的严重程度,将风险绘制在矩阵图中,展示风险及其重要性等级的风险管理工具方法。风险矩阵的基本原理是根据企业风险偏好,判断并度量风险发生的可能性和后果严重程度,计算风险值,并以此作为主要依据在矩阵中描绘出风险重要性等级。企业应用风险矩阵,应明确应用主体(企业整体、下属企业或部门),确定所要识别的风险,定义风险发生可能性和后果严重程度的标准,以及定义风险重要性等级及其表示形式。企业一般通过绘制风险坐标图来应用风险矩阵工具方法。

一、风险矩阵的应用步骤

(一)确定风险发生的可能性及评估标准

企业可根据风险管理精度的需要,确定定性或定量标准来描述风险发生的可能性。风险发生可能性的定性、定量评估标准及其对应关系如表 5-7 所示。

表 5-7 风险发生的可能性及评估标准

定量/定性方法		评估标准	具体指标				
定量方法	定量方法一	评分	1	2	3	4	5
	定量方法二	一定时期发生的概率	0~10%	10%~30%	30%~70%	70%~90%	90%~100%
定性方法		文字描述一	极低	低	中等	高	极高
		文字描述二	一般情况下不会发生	极少情况下才发生	某些情况下发生	较多情况下发生	常常会发生
		文字描述三	未来10年内发生的次数可能少于1次	未来5~10年内可能发生1次	未来2~5年内可能发生1次	未来1年内可能发生1次	未来1年内至少发生1次

(二)确定风险发生的影响程度及评估标准

企业可根据风险管理精度的需要,确定定性或定量标准来描述风险发生的影响程度。风险发生影响程度的定性、定量评估标准及其对应关系如表 5-8 所示。

表 5-8 风险发生的影响程度及评估标准

定量/定性方法		评估标准	具体指标				
定量方法	定量方法一	评分	1	2	3	4	5
	定量方法二	企业财务损失占税前利润的百分比	0～1％	1％～5％	5％～10％	10％～20％	20％
定性方法		文字描述一	极轻微的	轻微的	中等的	重大的	灾难性的
		文字描述二	极低	低	中等	高	极高
	文字描述三	企业日常运行	不受影响	轻度影响（造成轻微的人身伤害，情况立刻受到控制）	中度影响（造成一定的人身伤害，需要医疗救援，情况需要外部支持才能得到控制）	严重影响（企业失去一些业务能力，造成严重人身伤害，情况失控，但无致命影响）	重大影响（重大业务失误，造成重大人身伤亡，情况失控，给企业带来致命影响）
		财务损失	较少的财务损失	轻微的财务损失	中等的财务损失	重大的财务损失	极大的财务损失
		企业声誉	负面消息仅在企业内部流传，企业声誉没有受损	负面消息在当地局部流传，对企业声誉造成轻微损害	负面消息在某区域流传，对企业声誉造成中等损害	负面消息在全国各地流传，对企业声誉造成重大损害	负面消息流传世界各地，政府或监管机构进行调查，引起公众关注，对企业声誉造成无法弥补的损害
		安全	短暂影响职工或公民的健康	严重影响一位职工或公民的健康	严重影响多位职工或公民的健康	导致一位职工或公民死亡	导致多位职工或公民死亡

续表

定量/定性方法	评估标准	具体指标				
定性方法	文字描述三	营运	对营运影响微弱；时间、人力或成本不超出预算1%	对营运影响轻微；受到监管者责难；时间、人力或成本超出预算1%～5%	减慢营业运作；受到法规惩罚或被罚款等；时间、人力或成本方面预算5%～10%	无法达到部分营运目标或关键业绩指标；受到监管者的限制；在时间、人力或成本方面超出预算10%～20%	无法达到所有的营运目标或关键业绩指标；违规操作使业务中止；在时间、人力或成本方面超出预算20%
		环境	对环境或社会造成短暂的影响，可不采取行动	对环境或社会造成一定的影响；应通知政府有关部门	对环境造成中等影响，需一定时间才能恢复；出现个别投诉事件；应执行一定程度的补救措施	造成重大环境损害，需要相当长的时间来恢复；大规模的公众投诉；应执行重大的补救措施	无法弥补的灾难性环境损害；激起公众的愤怒；潜在的大规模的公众法律投诉

(三)确定风险重要性等级

在确定风险重要性等级时,应综合考虑风险发生的可能性和影响程度,以及企业的风险偏好,对风险重要性等级进行科学划分。比如,可以将风险按重要性划分为一般风险、重要风险、重大风险等级别,或划分为可忽视的风险、可接受的风险、要关注的风险和重大的风险等级别。评估风险的重要性还应考虑风险一旦发生,产生影响的速度、影响的持续性和持续时间。

如果企业使用定量指标描述风险发生的可能性和影响程度,便可计算出风险值,即两个因素评分的乘积。

风险值＝风险发生的可能性的分值×风险发生的影响程度的分值

将风险值与风险重要性水平相匹配,分为三个等级,如表5-9所示。

表5-9 风险重要性等级标准

风险值	风险等级	应对方法
1～7	一般风险	可接受的,执行现有管理程序,保持现有措施有效,防止风险进一步升级

续表

风险值	风险等级	应对方法
8～14	重要风险	可容忍的,可进一步降低风险,设置可靠的监测报警设施或高质量的管理程序
15～25	重大风险	不可接受的,立即采取防控措施,防范并消除风险

例如,甲企业采用风险值描述风险重要性水平,如表 5-10 所示。

表 5-10　甲企业风险等级分类规则

可能性及分值		影响程度及分值				
		不重要	较小	中等	较大	重大
		1	2	3	4	5
极高	5	一般风险	重要风险	重大风险	重大风险	重大风险
高	4	一般风险	重要风险	重要风险	重大风险	重大风险
中等	3	一般风险	一般风险	重要风险	重要风险	重大风险
较低	2	一般风险	一般风险	一般风险	重要风险	重要风险
低	1	一般风险	一般风险	一般风险	一般风险	一般风险

又如,乙企业采用风险值描述风险重要性水平,如表 5-11 所示。

表 5-11　乙企业风险等级分类规则

后果严重性及分值					发生可能性及分值				
					1	2	3	4	5
分值	人员	财物	环境	声誉	同类作业中未听说过	同类作业中发生过	本单位发生过	本单位每年几次	本作业队每年几次
1	可忽略的	极小	极小	极小	1	2	3	4	5
2	轻微的	小	小	小	2	4	6	8	10
3	严重的	大	大	一定范围	3	6	9	12	15
4	个体死亡	很大	很大	国内	4	8	12	16	20
5	多人死亡	重大	重大	国际	5	10	15	20	25

(四)绘制风险坐标图

风险坐标图是以风险发生的影响程度为横坐标、以风险发生的可能性为纵坐标而绘制的矩阵坐标图。企业应根据确定的风险重要性水平,分别将风险可能性和影响程度在风险坐标图中表示出来,并根据风险与收益相匹配的原则以及各事件在风险坐标图上的位置,进一步确定风险管理的优先顺序,明确风险管理成本的资金预算和控制风险的组织体系、人力资源、应对措施等总体安排。

例如,A 企业对 9 项风险进行了定性评估,风险①发生的可能性为"低",风险发生后对目标的影响程度为"轻微"……风险⑨发生的可能性为"极低",对目标的影响程度为"较重",绘制风险坐标图如图 5-3 所示。

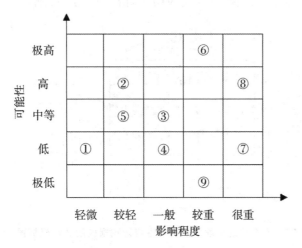

图 5-3　A 企业的风险发生可能性与影响程度的定性坐标图

A 企业根据风险发生的可能性和影响程度,将该图划分为 A、B、C 三个区域,如图 5-4 所示。A 区域是低风险区域,企业决定承担 A 区域中的各项风险且不再增加控制措施;B 区域是中风险区域,企业需要严格控制 B 区域中的各项风险且专门补充制订各项控制措施;C 区域是高风险区域,企业必须确保规避和转移 C 区域中的各项风险且优先安排实施各项防范措施。

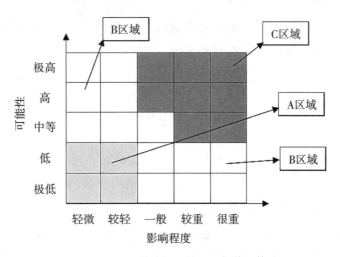

图 5-4　A 企业的风险评估结果与管理策略

又如,B 企业对 7 项风险进行定量评估,其中风险①发生的可能性为 83%,

风险发生后对企业造成的损失为 0.21 亿元；风险②发生的可能性为 40％，风险发生后对企业造成的损失为 0.38 亿元……而风险⑦发生的可能性在 55％～62％，风险发生后对企业造成的损失在 0.75 亿～0.89 亿元，在风险坐标图上用一个区域来表示。根据以上数据绘制风险坐标图，如图 5-5 所示。

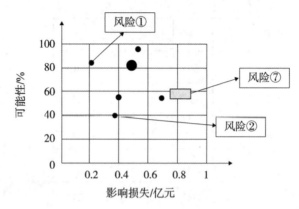

图 5-5　B 企业的风险发生可能性与影响损失的风险坐标图

（五）沟通报告风险信息

企业应将绘制完成的风险坐标图及时传递给企业管理层、各职能部门和业务部门。企业还可以将风险坐标图纳入企业风险管理报告，以切实指导风险预警和应对活动，提高风险管理效果。

（六）持续修订风险坐标图

企业应根据风险管理的需要或管理层的要求，定期或不定期地更新风险坐标图所展示的各类风险及其重要性等级。

案例 5-1

S 企业生产的车用 A 产品在市场上具有良好的声誉，2023 年对该产品设置了净利润增长 20％的目标。通过事项识别和风险评估，发现了 S 企业 A 产品净利润增长 20％所面临的风险情况，见表 5-12。

表 5-12　S 企业 A 产品净利润增长 20％所面临的风险情况

序号	不利事件	风险描述	发生的可能性	影响程度
1	利率变化	增加贷款的资金成本	可能的（中等）	一般
2	汇率波动	美元贷款利率上升	几乎确定的（极高）	一般

续表

序号	不利事件	风险描述	发生的可能性	影响程度
3	需求减少	销量下降	很可能(高)	较重
4	环保投入	监管部门要求进一步 提升环保水平,投入加大	很可能(高)	一般
5	高端产品降价	国外厂商为打开市场, 高端产品降价,影响市场份额	不太可能的(低)	较重
6	非计划停工	生产不稳定,非计划 停工造成损失	可能的(中等)	一般
7	研发	研发投入无成效	可能的(中等)	一般
8	品牌	假冒伪劣产品影响 品牌、销量和价格	几乎确定的(极高)	较重
9	商业活动	投入没有达到预期效果	可能的(中等)	一般

根据上表风险发生的可能性和影响程度,绘制风险坐标图如图 5-6 所示:

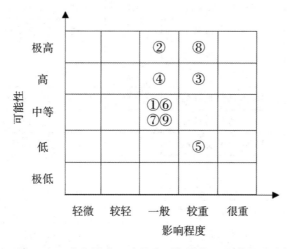

图 5-6　S 企业影响 A 产品净利润增长 20%的风险坐标图

上述风险坐标图表明:第 8 项即品牌方面,由于假冒伪劣产品影响品牌、销量和价格发生的可能性极大,发生后影响程度为较重,一定要优先控制;第 3 项即需求减少,导致销量下降,发生的可能性大,影响程度较重,也应该重点加以控制。

案例 5-2

应用德尔菲法对 N 企业进行风险评估,专家在全面梳理之后,发现 N 企业在筹资环节、投资环节、经营环节、研发环节、采购环节、生产环节、销售环节和其他环节的业务流程中存在 23 种风险。通过采用风险矩阵法对各风险点的发生概率和影响程度进行定量评分,计算出风险值,进而把风险划分为五个等级,即微小风险、较小风险、一般风险、较大风险和重大风险,具体如表 5-13 所示。

表 5-13　N 企业风险评估表

风险类型	业务环节	风险点	影响程度	发生可能性	风险值	风险等级
财务相关风险	筹资环节	1.信用风险	3.5	2.6	9.10	一般风险
		2.利率风险	3.0	2.5	7.50	一般风险
	投资环节	3.投资失败风险	2.5	3.4	8.50	一般风险
		4.政策变动风险	4.0	2.0	8.00	一般风险
		5.并购失败风险	2.0	2.0	4.00	一般风险
	经营环节	6.外汇风险	2.5	4.7	11.75	较大风险
		7.杠杆风险	4.0	2.6	10.40	较大风险
业务相关风险	研发环节	8.研发失败风险	4.6	4.8	22.08	重大风险
		9.知识产权风险	4.7	3.3	15.51	重大风险
	采购环节	10.质量失控风险	4.8	4.8	23.04	重大风险
		11.价格波动风险	3.2	4.5	14.40	重大风险
	生产环节	12.时效责任风险	2.3	2.5	5.75	一般风险
		13.流程品控风险	3.8	2.3	8.74	一般风险
		14.信息制约风险	3.9	4.5	17.55	重大风险
		15.资源浪费风险	3.4	3.5	15.64	较大风险
		16.反馈决策风险	3.2	3.8	15.36	较大风险
		17.工厂意外风险	3.4	2.3	7.82	一般风险
	销售环节	18.社会舆论风险	3.2	3.5	11.20	较大风险
		19.客户议价风险	3.9	3.1	12.09	较大风险
		20.客户集中风险	3.1	3.9	12.09	较大风险
信息相关风险	其他环节	21.技术管理风险	4.2	2.4	14.28	较大风险
		22.人力资源风险	4.2	4.8	20.16	重大风险
		23.信息泄露风险	4.8	4.6	22.08	重大风险

将上述 23 种风险绘制在风险坐标图中,如图 5-7 所示。

其中,重大风险又可以分为以下四类,对其进行重点风险管理:第一类为研发风险,包括(8)研发失败风险和(9)知识产权风险,此类风险可以通过优化研发环节内部控制来减轻;第二类为采购风险,包括(10)质量失控风险和(11)价格波动风险,此类风险可以通过优化采购环节内部控制来减轻;第三类为(22)人力资

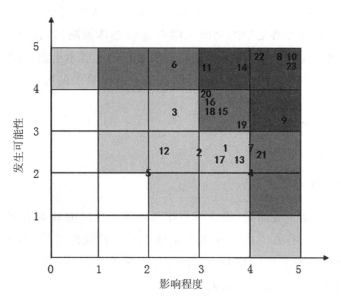

图 5-7 N 企业风险坐标图

源风险,此类风险可以通过优化人力资源内部控制来减轻;第四类为信息风险,包括(14)信息制约风险和(23)信息泄露风险,此类风险可以通过建立信息化平台来减轻。

二、风险矩阵的评价

风险矩阵的主要优点是为企业确定各项风险重要性等级提供了可视化的工具。风险矩阵的主要缺点:一是需要对风险重要性等级、风险发生可能性、后果严重程度等作出主观判断,而这可能影响使用的准确性;二是应用风险矩阵所确定的风险重要性等级是通过相互比较来确定的,因而无法通过对所列示的个别风险重要性等级进行数学运算得到总体风险的重要性等级。风险矩阵适用于表示企业各类风险重要性等级,也适用于各类风险的分析评价和沟通报告。

第四节　风险应对策略

风险应对策略,是指企业根据自身条件和外部环境,围绕企业发展战略,确定风险偏好、风险承受度、风险管理有效性标准,选择风险规避、风险控制、风险转移、风险承担、风险分散、风险转换、风险对冲、风险补偿等适合的风险应对工具的总体策略,并确定风险应对所需人力和财力资源的配置原则。风险应对策略是根据企业经营战略制定的全面风险管理的总体策略,其在整个风险管理体系中起着统领全局的作用,在企业战略管理过程中起着承上启下的作用,制定与企业战略保持一致的风险应对策略能减少企业战略错误的可能性。

一、风险应对策略的工具

(一)风险规避

风险规避是指企业回避、停止或退出蕴含某一风险的商业活动或商业环境,避免成为风险的所有人。风险规避不是指企业盲目地避开风险,而是指在恰当的时候,实施的一种策略性回避。可能采用了风险规避的具体情形包括:

第一,退出某一市场以避免激烈竞争;

第二,拒绝与信用不好的交易对手进行交易;

第三,把某项对工人健康安全风险较高的工作外包给其他公司;

第四,停止生产可能有潜在客户安全隐患的产品;

第五,禁止各业务单位在金融市场进行投机行为;

第六,设置网址访问限制,禁止员工访问某些网站或下载不安全的软件;

第七,禁止在金融市场做投机业务;

第八,停止对一个发生战争的国家开展业务;

第九,放弃可能明显导致亏损的投资项目;

第十,新产品在试制阶段暴露出诸多问题而果断停止试制。

风险规避的方法主要有放弃或终止某项活动的实施、继续执行但改变活动的性质这两种。

风险规避是一种比较消极的风险应对策略,比较适合危害性风险控制。采用风险规避意味着所有应对方案都不能把风险的可能性和影响降到可接受水平,企业对超出整体风险承受能力或具体业务层次上的不可接受风险,应实行风险规避。风险规避的适用情况主要包括以下三种:①损失频率和损失幅度都比较大的特定风险;②频率虽然不大,但后果严重且无法得到补偿的风险;③采用其他风险应对策略的经济成本超过了进行该项活动的预期收益。

采用风险规避措施,需要注意以下几个方面的问题。第一,风险规避可以把风险降低为零,是最彻底的风险管理措施,但是选择放弃某项具有高风险的经营活动的同时,也会丧失伴随风险而来的部分或全部盈利机会。第二,有些风险是无法规避的,比如世界性的经济危机、能源危机、自然灾害等。第三,风险是互相关联的;清除某种风险可能对其他风险造成不利影响;规避一种风险后,有可能另一种新的风险因此而衍生出来,或使现存的其他风险扩大。

(二)风险控制

风险控制是指控制风险事件发生的动因、环境、条件等,以达到减轻风险事件发生时的损失或降低风险事件发生的概率的目的。相对于风险规避,风险控制是一种比较积极主动的应对策略。

影响某一风险的因素通常有很多,风险控制可以通过控制这些因素中的一个或多个来达到目的,但主要是控制风险事件发生的概率和发生后的损失。控制风险事件发生的概率称为"损失预防",属于事前控制,典型的例子如获取最新的政策信息、新产品开发前进行充分的市场调研、室内使用不易燃地毯、山上禁止吸烟、定期对飞机进行检修、增加安保支出防范财产损失、生产车间地面铺上吸油垫和防滑垫等;而控制风险事件发生后的损失称为"损失减少",属于事后控制,典型的例子如在汽车上安装安全气囊、购置消防设施防范火灾、修建水坝防洪、设立质量检查制度防止次品出厂、定期为职工体检等。而有些措施同时具有损失预防和损失减少两种功能,如对员工进行安全与救助的培训,既从人为因素方面减少事故发生的概率,事故发生时,又能使员工凭借一些救助方法有效地降低损失程度。

风险控制的对象一般是可控风险,包括多数运营风险,如质量、安全和环境风险,以及法律风险中的合规性风险,适用于企业不愿放弃也不愿转移,且在企业风险承受能力或风险容忍度之内的风险。

采用风险控制措施,需要注意以下几个方面的问题。第一,在成本与效益的基础上进行选择。任何风险控制措施都是有成本的,而风险管理的目标是令风险成本最小化,某项风险控制的预期收益至少应等于预期成本,如果成本过高,可以考虑是否采用其他方法替代。第二,不能过分相信和依赖风险控制。风险控制要么基于机械或工程,要么基于人,无论是哪一方面,都不是万无一失的,机械可能发生故障,人也可能有道德风险。第三,某些措施一方面能抑制风险因素,另一方面也会带来新的风险因素。

(三)风险转移

风险转移是指企业通过合同将风险转移到第三方,企业对转移后的风险不再拥有所有权。转移风险不会降低其可能的严重程度,只是从一方移除后转移到另一方。常见的风险转移包括购买保险产品、从事套期交易,以及通过技术转让、特许经营、战略联盟、租赁经营和业务外包等方式实现。

按转移方式,风险转移划分为保险转移和非保险转移,而非保险转移又可分为财务型非保险转移和控制型非保险转移。

1.保险转移

保险转移是企业通过与保险公司订立保险合同将风险转移给保险公司的一种风险转移方式。投保企业需缴纳一定的保费,而保险公司将面临风险的企业所缴的保费结合起来,组建保险基金,在事故发生后对投保企业进行补偿。保险转移的优点是合同条款经过严格审核,保证系数大,损失保证相对稳定,适合重大事项的投保。但保险转移也受到合同条款的严格限制,并且必须用在保险机构规定的业务事项,费用相对较高。

2.非保险转移

(1)财务型非保险转移。财务型非保险转移是利用经济手段转移经营风险,其主要形式包括保证、再保证、集合、证券化、股份化等。例如:在投机风险的处理中,通过套期保值、远期合约等方式将损失机会与获利机会进行平衡;利用可转换证券、双汇率债券等金融工具方式,满足投资人、筹资方利益的需要。

(2)控制型非保险转移。控制型非保险转移是指通过契约、合同等将具有风险的财务和法律责任转嫁给他人,从而降低企业承担的风险,其主要形式包括出售、外包、委托、租赁、售后租回、签订免责协议等。例如:企业将其拥有的一栋建筑物出售,其原来面临的火灾风险就转移给了新的所有者;高空作业的工程风险较大,承包商将其外包给专业的工程队,从而将人身意外伤害风险转移出去;医生在手术前与患者家属签订免责协议,由患者及家属承担部分风险。

非保险转移的适用对象广,直接成本低,操作手法灵活多样。但受到受让人能力的限制,无论是操作还是面临损失时,非保险转移的成效都存在一定的不确定性。另外,对合同条文理解的差异,有时会引起经营效率和效果问题。因此,当事人应是以"双赢"为目的的合作关系,对契约相关内容必须充分理解,争取达成共识,同时受让人有能力并愿意承担财务和法律责任。

一般来说,如果风险发生时的影响十分重大,但在当时情况下风险发生的可能性不大,企业就可以将它转移到别处去。进一步来说,当风险不能通过风险控制的策略来降低其发生的可能性、发生频率、损失额,或采用风险控制方法后,企业仍然受到威胁,就要考虑采用风险转移策略了。

(四)风险承担

风险承担也称风险保留、风险自留,是指企业对所面临的风险采取接受的态度,从而承担风险带来的后果。也就是企业明知可能有风险发生,但在权衡了其他风险应对策略之后,出于经济性和可行性的考虑将风险留下,若出现损失,则依靠企业自身的财力去弥补。所以风险承担并不是一种"无为"的风险应对策略,只是在权衡成本效益之后无意采取进一步控制措施而已。企业能够接受该风险水平,就可以不必作出其他反应,而容忍风险的存在。万一风险真的发生了,企业是能够应对的。风险承担的前提是自留风险可能导致的损失比转移风险所需的代价小。

企业选择风险承担策略,应具备足够的资源和财力来承担风险后果,一旦风险发生,应不会使生产经营活动受到很大影响。企业采用风险承担策略的具体方式包括:

(1)以企业自身收入弥补损失。应对发生频率较高且造成损失较小的风险时,企业可以用现有收入补偿该风险造成的损失,即直接将其计入成本或费用。

(2)设立企业风险基金。企业每年提取一定数额的资金,形成风险基金,这样能够增强企业的抗风险能力。

(3)从外部借入资金。企业可以与金融机构达成应急贷款或特别贷款协议,当企业发生重大风险损失时,从金融机构取得贷款。

风险分析的结果对于企业是否采用风险承担影响很大,通常能够明确辨识的风险只占全部风险的少数,对于未能辨识出的风险,企业只能采用风险承担。而对于辨识出的风险,企业也可能由于以下几种原因采用风险承担:①缺乏能力进行主动管理,对这部分风险只能承担;②没有其他备选方案;③从成本效益考虑,这一方案是最适宜的方案。对于企业的重大风险,即影响到企业目标实现的风险,企业一般不应采用风险承担。

（五）风险分散

风险分散是指将企业面临的风险划分为若干较小且价值低的独立单位,分散在不同的空间,以减少企业遭受风险损失的程度。企业可以采取多种经营、多方投资、多方筹资、外汇资产多元化、吸引多方供应商、争取多方客户等策略分散风险。风险分散的目的是降低企业对特定事物或人的依赖程度,减少任何一次损失发生造成的最大可能损失的幅度。

风险分散的具体措施包括分散和多元化。分散是将货币、实物和信息等资产分散开,防止风险事件发生时全部资产均受到影响。例如,分散设立不同种类的原材料仓库。多元化是指企业经营模式中的财务、实物、客户、员工、供应商和组织资产的持有状况实现多元化。例如:企业的不同筹资渠道和方式,有着不同的风险,可以进行多方筹资分散筹资风险;外汇资产多元化可以分散外汇风险。

多元化投资与经营,通常适用于财力雄厚、技术和管理水平较高的大型企业。一方面可以降低投资的机会成本,另一方面可以分散企业的投资风险,达到"不要把鸡蛋放在同一个篮子里"的目的。但是它也不是万能的,如果不切实际地盲目搞多元化投资与经营,涉及过多产品或项目,主业不突出,不仅不能分散风险,反而可能使企业遭受灭顶之灾。

(六)风险转换

风险转换是指企业通过战略调整等手段将面临的风险转换成另一个风险,其手段包括战略调整和衍生产品等。风险转换一般不会直接降低企业总的风险,其简单形式就是在减少某一风险的同时,增加另一风险。例如,通过放松交易客户信用标准,增加了应收账款,但扩大了销售。企业可以通过风险转换在两个或多个风险之间进行调整,以达到最佳效果。例如,企业决定降低目前生产投入增加研发成本,以期获得高质量产品的技术突破进入高附加值领域。企业风险转换涉及企业多方面的运营工作,若运营得当,可以在低成本或者无成本的情况下实现风险转换。

(七)风险对冲

风险对冲是指采取各种手段,引入多个风险因素或承担多个风险,使得这些风险能够互相对冲,也就是使这些风险的影响互相抵消。常见的例子有资产组合使用、多种外币结算的使用和战略上的多种经营等。在金融资产管理中,对冲也包括使用衍生产品,如利用期货进行套期保值。在企业的风险中,有些风险具有自然对冲的性质,应当加以利用。例如,不同行业的经济周期风险对冲。风险对冲必须涉及风险组合,而不是对单一风险;对于单一风险,只能进行风险规避或风险控制。

(八)风险补偿

风险补偿是指企业对风险可能造成的损失采取适当的措施进行补偿,以期降低风险。风险补偿表现在企业主动承担风险,并采取措施以补偿可能的损失。例如,大型的能源公司一般都在常规保险之外设立自己的安全风险准备金,以保证在企业出现较大的安全事故时有足够的资金应对大额损失。

风险补偿的形式有财务补偿、人力补偿、物资补偿等。财务补偿是损失融资,包括企业自身的风险准备金或应急资本等。例如:某企业历史上一直购买灾害保险,但经过数据分析,该企业认为保险公司历年的赔付不足以平衡相应的保险费用支出,而不再续保;为了应对可能发生的灾害性事件,企业与银行签订应急资本协议,规定在灾害发生时,由银行提供资本以保证企业的持续经营。

二、风险应对策略的选择

企业在选择风险应对策略时应注意以下问题:

1.根据风险类型选择风险应对策略

企业在制定风险应对策略时,要根据风险的不同类型选择其适宜的风险应对策。例如:一般认为,对战略风险、财务风险、运营风险、政治风险、法律风险等,可采取风险承担、风险规避、风险转换、风险控制等方法;对能够通过保险、期货、对冲等金融手段进行理财的风险,可以采用风险转移、风险对冲、风险补偿等方法。

2.考虑风险应对策略的效率和效果

企业应综合考虑风险应对的效率效果和经济效益,采取与企业风险管理战略和风险容忍度相协调的风险应对策略和控制措施,确保总体剩余风险在企业的风险可接受水平之内。选择风险应对策略的一个关键环节是企业应根据不同业务特点统一确定风险偏好和风险承受度,即企业愿意承担哪些风险,明确风险的最低限度和不能超过的最高限度,并据此确定风险的预警线及相应采取的对策。对于已经制定和实施的风险应对策略,企业应定期总结和分析已制定的风险应对策略的有效性和合理性,结合实际不断修订和完善。其中,应重点检查依据风险偏好、风险承受度和风险控制预警线实施的结果是否有效,来提出定性或定量的有效性标准。

3.平衡风险与收益的关系

企业在确定风险偏好和风险承受度时,要正确认识和把握风险与收益的平衡,防止和纠正两种错误倾向:一是忽视风险,片面追求收益而不讲条件、范围,认可风险越大、收益越高的观念和做法;二是单纯为规避风险而放弃发展机遇。企业在选择风险应对策略时,也要根据风险与收益相平衡的原则以及各风险在风险坐标图上的位置,进一步确定风险管理的优选顺序,明确风险管理成本的资金预算和控制风险的组织体系、人力资源、应对措施等总体安排。

4.权衡风险应对的成本与效益

资源总是有约束的,企业应注意权衡备选风险应对方案的成本与效益。风险应对的目标并不是要一味地降低或消除风险,事实上绝大多数风险是无法消除的,一味地增加控制,追求风险的无限降低可能不符合成本效益原则,只要使控制后的剩余风险降到可接受水平就可以了。另外,内部控制存在固有的局限性,再好的控制策略也不可能杜绝错弊。企业应充分利用并优化相关制度,强化制度的执行和监督,实现制度化和规范化管理,以降低风险应对成本。

 案例 5-3

C企业为国内大型施工企业,为响应国家"一带一路"倡议,现正考虑承接一项在某国欠发达山区进行大型桥梁工程建设的任务。C企业董事会经研究认为该工程有三大风险:(1)由于地势险峻,容易造成严重的意外伤亡事故;(2)该合同以当地货币结算,而当地货币的汇率近月来大幅波动;(3)由于地质条件复杂,工程可能延误,C企业需为此承担经济责任。

针对C企业上述三项风险各提供一个合适的风险应对策略:(1)对于C企业在施工中容易造成意外伤亡事故的风险,可采用风险转移策略,为其职工购买意外保险,让保险公司代为承担风险;(2)对于C企业面临的汇率风险,可采用风险对冲策略,与银行签订合同进行套期保值以降低风险;(3)对于工程可能延误的经济责任,则采取风险控制策略,运用新技术、新方法,从工程开始进行时,就严格掌控工程进度,以避免误期情形的发生。

案例 5-4

K企业绘制了如图5-8所示的风险坐标图,并将该图划分为A、B、C、D四个区域。企业决定对于落入A区域的风险实施优先控制,通过战略风险管理与决策实施风险规避、风险转移或风险控制策略,确保有效防范此类风险;对于落入B区域的风险,主要依靠流程控制和日常控制活动,必要时增加补充控制措施,确保剩余风险降到可接受水平;对于落入C区域的风险,实施危机管理策略并购买相关保险产品,制订并定期演练灾备计划和应急方案,确保此类事件发生时不影响企业的持续经营;对于落入D区域的风险,一般实施风险承担策略,不再增加额外控制措施,但应确保日常控制和持续监督有效。

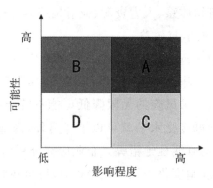

图 5-8　K企业风险坐标图

本章小结

本章主要探讨了风险分析的流程和方法,以及风险应对的具体策略。首先,介绍了风险分析的概念和内容,包括风险因素分析、风险发生的可能性分析、风险发生的影响程度分析和风险之间的关系分析。其次,介绍了风险分析的基本流程,包括确定风险分析的参与人员和时间、收集风险分析的有关信息、选择风险分析的技术和方法、综合分析实施和撰写风险分析报告。接着,详细介绍了风险分析的多种方法,具体包括头脑风暴法、德尔菲法、流程图分析法、敏感性分析法、情景分析法、事件树分析法、决策树法、压力测试法等,以及对风险分析结果的描述,即通过风险矩阵来描述,包括它的应用步骤和应用案例等。最后,介绍了风险应对的具体策略,包括风险规避、风险控制、风险转移、风险承担、风险分散、风险转换、风险对冲、风险补偿等,以及在选择风险应对策略时应注意的问题。

通过本章的学习,读者应能理解风险分析的概念和内容,并对风险分析的流程有一般了解。熟悉各种风险分析方法的基本步骤、应用评价与适用范围,能够应用主要的风险分析方法分析风险,并能够使用风险矩阵对风险分析结果进行描述,学会绘制风险坐标图。熟悉各种风险应对策略的基本原理和主要形式,能够判断风险应对策略的类型,并针对具体风险选择合适的风险应对策略。

案例分析

P企业主营业务为冷链末端制冷和运输制冷设备的研发、生产、销售及技术服务,以及为客户提供制冷设备整体解决方案,主要产品包括商用展示柜、冷藏车制冷机组、客车空调等系列产品,同时经营制冷设备辅件及汽车零部件。2022年2月,P企业向证监会提交招股说明书,拟在深交所创业板上市,该企业有关风险管理情况如下:

(1)通过职能部门风险汇总方法识别出如下风险事项:冷链产业处于发展阶段,相关产业标准尚在完善过程中,对行业的准入并无严格限制,导致大量中小企业进入本行业;此外,传统家电制造企业可凭借其原有的技术与资金优势开展冷链装备制造业务,开发诸如商用展示柜等冷链设备,进一步加剧市场竞争。

为此,企业依托设计、技术、生产和管理等方面的积淀,充分把握行业发展趋势以及客户的个性化需求,快速开发出符合市场需求的高性价比产品,并能根据客户的反馈不断进行优化和升级,以不断提高市场份额。

(2)通过流程图分析法识别出如下风险:为了加强精细化管理,构建了财务共享云,注重业财融合,支持网上报账、预算管理、电子发票、税务管理、资金管理等。业务复杂,流程和环节众多,某一环节发生故障可能导致业务停顿甚至崩溃,对企业造成严重损失。

为此,P企业引进国际一流企业构建财务共享云,确保运营系统安全可靠。

(3)通过头脑风暴识别出如下风险:为了生产出一流产品满足市场需要,P企业引进了先进生产线,生产出适销对路的产品。在生产中,某些技术的运用涉及多项专利,有可能引发知识产权纠纷。

为此,P企业与知识产权持有人签订了专利转让合同,确保生产经营合规合法。

(4)通过财务分析识别出如下风险:企业2019年末、2020年末、2021年末应收账款余额分别为3160万元、6621万元、9721万元,占当期期末总资产的比例分别为20%、31%、30%,目前企业的应收账款余额较大,企业未来若不能有效控制应收账款规模,将会造成应收账款的回收风险。

为此,P企业一方面加大应收账款催收力度,另一方面在期末根据客户的信用状况足额计提坏账准备。

(5)通过行业风险组合清单方法识别出如下风险:企业产品的主要原材料包括钢材、铜、压缩机、型材玻璃门体类、蒸发芯体、制冷机组、皮带、水泵等。如果未来上游主要原材料及零部件价格发生大幅上涨,会影响企业经营业绩的稳定性,企业存在原材料价格波动风险。

为此,P企业与金融机构签订期货合同,买入与原材料现货相同的期货进行套期保值,按照预期实现风险对冲。

(6)通过职能部门风险汇总方法识别出如下风险:随着经营规模的快速扩张,资金紧张制约了企业在冷链行业的进一步布局和发展;受制于资金实力,企业拥有较多已具备产业化可能的技术研发项目,难以快速推进;在全国销售网络及服务渠道建设方面推进相对较为缓慢。为解决资金问题,P企业举借了大量长期浮息借款,由此利率的波动产生了利率风险。

P企业董事会经研究后认为,利率波动范围不大,尚在可承受范围之内,未采取相关措施进行风险控制。

(7)通过SWOT分析方法识别出如下风险:企业未来几年处于高速发展阶段,随着生产规模、研发机构的扩大和产品的进一步丰富,人力资源的培育和引进如果跟不上企业发展的需求,企业经营规模的扩张和业务发展计划可能受到限制,人力资源缺乏可能导致企业发展战略难以实现。

为此,企业根据人力资源总体规划,结合生产经营实际需要,制定年度人力资源需求计划,完善人力资源引进制度,规范工作流程,按照计划、制度和程序组织人力资源引进工作。

(8)通过头脑风暴法识别出如下风险:通过募集资金扩大生产规模,采用某种技术生产的产品利润丰厚,但环境污染过大,可能导致巨额罚款甚至遭到停产处罚。

董事会研究决定,对本年度拟"上马"的所有固定资产投资项目进行严格的节能环保等事前评估,严禁开工建设不符合国家产业政策的项目。

要求:根据上述事项指出相应的风险类型,并分别说明 P 企业采用了何种风险应对策略。

思考与练习

一、单选题

1.企业信息安全管理中发生失误导致的风险属于( )。

A.市场风险　　　B.运营风险　　　C.技术风险　　　D.操作风险

2.甲企业是一家化纤企业,近期准备新建一个生产线项目,考虑到项目实施过程中一些不确定性因素的变化,该企业分别将固定资产投资、经营成本、销售收入这三个因素作为分析对象,分析每一个因素的变化对该项目内部收益率的影响。根据以上信息可以判断,该投资方采取的分析方法是( )。

A.敏感性分析法　B.决策树法　　　C.情景分析法　　　D.事件树分析法

3.下列风险分析方法中,能够对风险进行定量分析的是( )。

A.头脑风暴法　　　　　　B.事件树分析法

C.流程图分析法　　　　　D.风险坐标图

4.甲企业是一家计划向移动互联网领域转型的大型传统媒体企业。为了更好地了解企业转型中存在的风险因素,甲企业聘请了 20 位相关领域的专家,根据甲企业面临的内外部环境,针对六个方面的风险因素,反复征询每个专家的意见,直到每一个专家不再改变自己的意见、达成共识为止。该企业采取的这种风险分析方法是( )。

A.德尔菲法　　　B.情景分析法　　C.因素分析法　　　D.头脑风暴法

5.今年以来,受国内外各种不确定性因素的影响,房地产行业的发展进入了一个新阶段,甲房地产企业从定性和定量的角度,按照很好、较好、一般、较差 4 种不同的假设条件,预测了本企业年度将面临的各种不确定因素,以及由此给企业带来的各种不同结果。甲房地产企业采用的风险分析方法是( )。

A.敏感性分析法　　　　　B.统计推论法

C.情景分析法　　　　　　D.条件预测法

6.甲企业拟新建一个化工项目。经过可行性研究,该项目预计净现值为 420 万元,内部收益率为 13%。甲企业进一步分析初始投资、建设期及寿命期的变动对该项目预计净现值的影响及影响程度。甲企业采取的风险分析方法是(　　)。

　　A.事件树分析法　　　　　　B.敏感性分析法

　　C.决策树法　　　　　　　　D.情景分析法

　　7.为了适应市场需求,甲企业决定投资扩大手机生产规模。市场预测表明:该产品销路好的概率为0.6,销路差的概率为0.4。据此,企业计算出多个备选方案,并根据在产品销路不确定情况下净现值的期望值,选择出最优方案。根据上述信息,甲企业采用的风险分析方法是(　　)。

　　A.流程图分析法　　　　　　B.事件树分析法

　　C.敏感性分析法　　　　　　D.决策树法

　　8.甲企业是一家白酒生产企业。为了进一步提高产品质量,甲企业通过图表形式将白酒生产按顺序划分为多个模块,并对各个模块逐一进行详细调查,识别出每个模块各种潜在的风险因素或风险事件,从而使企业决策者获得清晰直观的印象。根据上述信息,下列各项中,对甲企业采取的风险分析方法描述错误的是(　　)。

　　A.该方法的使用效果依赖于专业人员的水平

　　B.该方法的优点是简单明了,易于操作

　　C.该方法可以对企业生产或经营中的风险及其成因进行定性分析

　　D.该方法适用于组织规模较小、流程较简单的业务风险分析

　　9.在应对风险时,最有效的做法是(　　)。

　　A.应对所有已识别的风险

　　B.应对所有经营的主要风险,即发生可能性较高的风险

　　C.应对所有已识别的发生可能性较高及对企业财务有较大影响的风险

　　D.应对所有已识别的发生可能性较大及其对企业影响较重大的主要风险

　　10.企业对所面临的风险采取接受的态度,从而承担风险带来的后果,其原因不包括(　　)。

　　A.企业能够采取措施以补偿风险造成的损失

　　B.企业未能辨识出风险

　　C.企业缺乏能力进行主动的风险管理

　　D.企业没有其他备选方案

　　11.下列各项中,属于企业一般不应把风险承担作为风险应对策略的情况是(　　)。

　　A.企业管理层及全体员工都未辨识出风险

　　B.企业从成本效益考虑认为选择风险承担是最适宜的方案

　　C.企业缺乏能力对已经辨识出的风险进行有效管理与控制

D.企业面临影响企业目标实现的重大风险

12.甲企业是一家生产遮阳用品的企业。2023年,企业在保留原有业务的同时,进入雨具生产业务。从风险应对策略的角度看,甲企业采取的策略是(　　)。

　　A.风险承担　　　B.风险规避　　　C.风险转换　　　D.风险对冲

13.R国W企业于20××年发行了名为Ploneer的巨灾债券。该债券能够同时为北美飓风、欧洲风暴以及美国加利福尼亚和日本地震提供救灾资金保障。这种具有金融衍生品特性的债券,属于风险应对策略工具中的(　　)。

　　A.风险补偿　　　B.风险转换　　　C.风险转移　　　D.风险对冲

14.M国某地区位于地震频发地带,那里的居民具有较强的防震意识,住房普遍采用木质结构,抗震性能优越。不少家庭加装了地震时会自动关闭煤气的仪器,以防范地震带来的相关灾害。根据上述信息,该地区居民采取的风险应对策略是(　　)。

　　A.风险控制　　　B.风险转移　　　C.风险规避　　　D.风险转换

15.乙企业为一家专营空中物流货运的航空企业,现正为可能开发的中东航线进行风险评估。以下是其所制定的风险坐标图。

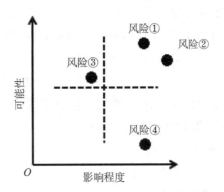

在风险管理的基本原则下,乙企业应将注意力集中应对所面临的风险有(　　)。

　　A.风险①和风险②　　　　　　　B.风险①、风险②和风险③
　　C.风险①、风险②和风险④　　　D.风险①、风险②、风险③和风险④

16.下列各项关于应对风险的策略中,属于风险转移的是(　　)。

A.甲企业是一家稀有资源开发企业。按照国际惯例,甲企业每年向矿区所在地政府预付一定金额的塌陷补偿费

B.乙企业是一家股票上市的商品零售企业。为了筹建更多商场,扩大市场占有率,乙企业要求母企业为其金额为5亿元的中长期贷款提供担保

C.丙企业是一家区域性奶制品生产企业。为了推广高端乳酸菌饮料产品,

丙企业决定按照"买一送一"的政策对乳酸菌饮料新产品和传统水果味酸奶产品进行捆绑销售

D.丁企业是一家规模较小的唱片制作企业。为了保护唱片版权,丁企业与某网络商场签订合作协议,由该网络商场每年支付固定版权费用,商场会员即可无限次下载受到版权保护的丁企业制作的唱片音乐

17.大华企业是一家大型家电企业。2023年年初,企业领导召开会议,集体通过以下决定:①将手中多余资金1.2亿元投资于国家发行的三年期国债、某能源集团发行的三年期重点企业债券,以及业绩优良的公司股票。②预提1000万元准备金用于可能发生的异地员工劳动争议。③在厂区内全面禁止吸烟。④针对企业固定资产加强投保,防止出现意外损失。根据以上信息可以判断,该企业以上决策中属于风险补偿策略的是( )。

A.①　　　　　B.②　　　　　C.③　　　　　D.④

二、多选题

1.甲企业是在上海证券交易所上市的钢铁生产企业。甲企业60%以上的铁矿石从巴西淡水河谷公司进口。甲企业的长期债务中,长期银行借款占80%。下列各项中,属于甲企业在日常经营中面临的市场风险有( )。

A.利率风险　　　　　　　　B.流动性风险

C.商品价格风险　　　　　　D.股票价格风险

2.下列各项中,属于分析企业战略风险应收集的信息的是( )。

A.主要客户、供应商及竞争对手的有关情况

B.市场对企业产品或服务的需求

C.新市场开发时的市场营销策略

D.企业组织效能和管理现状

3.分析企业运营风险,企业应至少收集与该企业、本行业相关的信息,其中包括( )。

A.企业风险管理的现状和能力

B.潜在竞争者、现有竞争者及其主要产品、替代品情况

C.期货等衍生产品业务中曾发生或易发生失误的流程和环节

D.新市场开发、市场营销策略

4.乙企业是一家国内知名的互联网企业。乙企业去年以来推出了多款新的互联网金融产品。为了消除部分客户对其产品风险的质疑,乙企业组织了来自学术界、企业界以及政府相关职能部门的专家,针对相关产品风险召开了研讨会,征询专家对企业产品风险的意见。下列选项中,属于乙企业使用的风险分析

方法优点的有（　　）。

　　A.有助于发现新的风险和全新的解决方案

　　B.速度较快并易于开展

　　C.清晰明了,易于操作

　　D.为决策者提供有价值的参考信息

　　5.东风林场为了加强对火灾风险的防控工作,组织有关人员深入分析了自然或人为因素引发火灾、场内消防系统工作、火警和灭火直升机出动等不确定事件下产生各种后果的频率。下列各项中,属于该林场采用的风险分析方法优点的有（　　）。

　　A.生动地体现事件的顺序

　　B.不会遗漏重要的初始事项

　　C.能够将延迟成功或恢复事件纳入其中

　　D.能说明时机、依赖性和多米诺效应

　　6.甲企业是一家生产高档不锈钢表壳的企业,产品以出口为主,以美元为结算货币。企业管理层召开会议讨论如何管理汇率风险,与会人员提出不少对策。关于这些对策,以下表述正确的是（　　）。

　　A.部门经理刘某提出"风险规避"策略:从国外进口相关的原材料,这样可以用外币支付采购货款,抵消部分人民币升值带来的影响

　　B.业务员李某提出"风险对冲"策略:运用套期保值工具来控制汇率风险

　　C.财务部小王提出"风险转移"策略:企业干脆把目标客户从国外转移到国内,退出国外市场,这样就从根本上消除了汇率风险

　　D.负责出口业务的副总张某提出"风险控制"策略:加强对汇率变动趋势的分析和研究,以减少汇率风险带来的损失

　　7.甲企业是一家P2P(点对点网络借款)企业,企业采取的风控措施主要包括:(1)加强对借款人的信用评估;(2)在手续费中按一定比例提取风险准备金;(3)坚持"小额分散"的原则,即借款的客户分散在不同的地域、行业、年龄和学历,单个借款人最高借款额为15万。根据以上信息判断,甲企业使用的风险应对策略包括（　　）。

　　A.风险对冲　　　　B.风险补偿　　　　C.风险转移　　　　D.风险控制

　　8.甲企业是一家稀有矿产开发企业,在M国拥有一座矿山进行开采。M国政府曾迅速取得对外国资产的控制权并开征税赋,从而确保了政府能获取所有的收益。下列各项甲企业应对风险的策略中,属于风险转移的是（　　）。

　　A.邀请该国政府成为投资企业的共有人

　　B.将该矿山出售

　　C.在全球融资满足当地对资金的需求

D.为资产投保

9.某商品经销商在期货市场上作出与现货市场商品相同或者相近但交易部位相反的买卖行为,以便将现货市场价格波动的风险在期货市场上抵消。下列各项中,对该经销商采用的风险应对策略表述正确的有(　　)。

A.该经销商采用的风险应对策略是风险对冲

B.该经销商采用的风险应对策略主要是为了盈利

C.该经销商采用的风险应对策略回避了价格风险

D.该经销商采用的风险应对策略主要是为了管理财务风险

10.星云公司制造手机所需要的部分零部件由奇象公司提供。星云公司为了防范和应对采购过程中可能出现的风险,与奇象公司签订了严格而规范的合同,其中一项规定是如果由于外界不可抗力因素造成奇象公司不能按时供货并给星云公司带来损失,只要损失额超过一定数量,那么超过的部分由奇象公司予以赔偿。在上述案例中,星云公司采取的风险应对策略有(　　)。

A.风险规避　　　B.风险转移　　　C.风险补偿　　　D.风险承担

11.某集团管理层作出了风险应对措施决策。下列各项中,正确的包括(　　)。

A.与某国内企业联合进行境外投资项目,以控制投资风险

B.在本国及其他国家和地区进行投资,以便缓解和分散集中投资的风险

C.为了获得更加灵活、质量更高的信息技术资源,将集团全部信息技术业务外包

D.基于成本效益考虑,管理层认为不利事件发生的可能性低而且即使发生对企业影响也很小,决定接受风险

三、判断题

1.常用的定性分析方法有头脑风暴法、德尔菲法、情景分析法、风险矩阵等。(　　)

2.流程图分析法的主要优点是清晰明了,易于操作,且组织规模越大,流程越复杂,流程图分析法就越能体现出优越性。(　　)

3.企业一般通过绘制风险坐标图来应用风险矩阵工具方法。(　　)

4.风险评估只要分析单一事件的可能性和影响程度,不需要关注事件之间的联系;只需要考虑预期事件发生的可能性及影响,不要考虑非预期事件。(　　)

5.企业在制定风险应对策略时,要根据风险的不同类型选择其适宜的风险应对策略。(　　)

6.风险应对的目标就是要彻底消除风险,所以企业可以不顾成本效益原则,

一味控制风险,追求风险的无限降低。（　　　）

四、简答题

1.简述风险分析的基本流程。

2.简述敏感性分析法的操作步骤及其优缺点。

3.简述风险矩阵的应用步骤。

4.简述风险规避的适用情况。

5.简述风险控制需要注意的问题。

6.简述选择风险应对策略时应注意的问题。

第五章
思考与练习参考答案

第六章 企业管理系统的内部控制

学习目标

知识目标

1.熟悉企业管理系统内部控制的主要控制活动类型；
2.理解常规控制活动的定义、特点及其在企业管理中的作用和重要性；
3.掌握常见的企业管理系统内部控制活动的基本原理；
4.掌握常见的企业管理系统内部控制在企业实际运营中的应用场景和逻辑基础。

能力目标

1.能够识别企业内部哪些职务存在潜在的利益冲突或舞弊风险，并设计合理的职务分离方案；
2.能够在不同层级、不同业务领域中灵活应用授权审批控制，解决运营中的实际问题；
3.结合具体业务场景，综合运用多种内部控制活动，如会计系统控制、财产保护控制等，提升企业的整体管理水平。

素养目标

1.培养敏锐的风险识别能力，能够及时发现并评估企业经营管理中可能存在的各类风险；
2.强化风险意识，认识到风险管理在企业管理中的核心地位；
3.培养合规理念，深入理解企业合规的重要性，掌握相关法律法规及行业标准，确保企业运营活动合法合规。

📋 **思维导图**

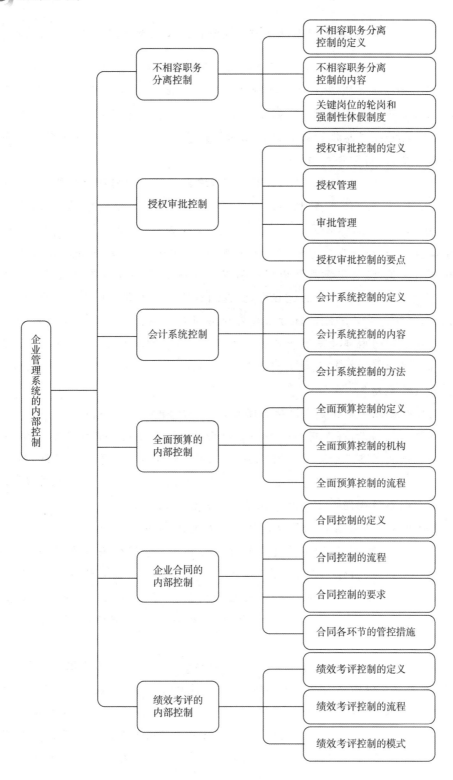

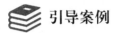 **引导案例**

泽达易盛存在重大违法行为被强制退市

泽达易盛(天津)科技股份有限公司(以下简称泽达易盛)成立于2013年1月15日,2020年6月在上交所科创板成功挂牌上市。其注册地位于天津开发区黄海路276号泰达中小企业园4号楼104号,主要从事食品、药品生产及流通领域的监督服务信息化和农业信息化的软件开发、系统集成及技术服务。实际控制人为林应、刘雪松夫妇。

泽达易盛发布的报告显示,2020年度,该公司发布的内控评价报告为"标准意见"。同时,会计师事务所出具的内部控制审计报告也均为"标准无保留意见"。而在2021年度,该公司发布的内控评价报告表明"公司于内部控制评价报告基准日,存在财务报告内部控制重大缺陷"。同年,会计师事务所出具的内控评价报告意见为"否定意见",内部控制审计报告为"带强调事项段的保留意见"。

会计师事务所在审计的过程中,注意到泽达易盛内部控制存在重大缺陷,长此以往,可能会导致不能及时防止或发现并纠正财务报表出现重大错报的控制缺陷。而有效的内部控制则能够为财务报表及相关信息的真实完整提供合理保证。2022年4月28日,天健会计师事务所对泽达易盛2021年内部控制进行审计并出具否定意见。

1.公司交易性金融资产投后管理存在重大缺陷

在报告期期末,存在交易性金融资产的存在性及公允价值难以确认的情况。泽达易盛购买了鑫沅资产管理有限公司鑫通1号和鑫福3号资管计划,后来资管计划改变用途但并未经董事会审批,并且未按照相关规定进行投后管理,导致该资管计划在报告期期末的存在性及公允价值难以确认。

2.销售及采购业务的内控制度执行存在失效情形

根据2021年年报,泽达易盛及子公司向北京中科路创科技有限公司、金桥网络等5家公司,销售3050台服务器、550套保密数据链储存终端,计入当期营业收入8001万元,期末应收款和其他应收款合计5818万元。根据泽达易盛的数据,1050台服务器对应的应收款中,中科路创与金桥网络分别对应金额为2846万元和2972万元。

而东兴证券的现场检查报告显示,中科路创称采购的交易已取消,服务器未发货,发票也已退回。而金桥网络表示,已经完成了1000个服务器的采购,但是并不知道1050个服务器的采购协议。而且,2021年,泽达易盛披露委托两家公司托管1050台服务器,而托管方接受采访时表示并未实际托管。泽达易盛是科创板的一家上市公司,其科创属性、高客户集中度、董事长曾被警告等问题引发了众多质疑,并被质疑是"拼凑上市"。

3.应收账款余额的存在与可收回性存在风险

浙江观滔智能技术有限公司(以下简称观滔智能)、上海观锦智能科技有限公司(以下简称观锦智能)也在 2021 年收到了泽达易盛的巨额预付款。这两笔预付款的商业实质、可回收性已被年报审计机构出具保留意见,IPO(首次公开发行)保荐人东兴证券则表示无法表示意见。据披露,泽达易盛与观锦智能、观滔智能签署了设备和软件采购合同,合同金额为 4493.75 万元、195 万元。泽达易盛在签约后不久,就预付了采购款 4269 万元、195 万元。

根据泽达易盛股东大会的授权,董事会将对以上财务决策的最终决定权交给董事会,并在董事会闭会期间实施。而泽达易盛的前任董事长,正是林应。大额理财、预付款流向林应的公司(观韬智能和观劲智能),可能是因为资金短缺。泽达易盛 2022 年 6 月 6 日披露,林应所持公司 100 万股已被法院冻结,所持股份总数为 13.73%。之所以会被冻结,正是因为债务纠纷。

泽达易盛内部控制存在的缺陷问题:

1.控制环境薄弱

内控环境是上市公司治理的基础和先决条件,是公司治理的基本要素。没有对董事长进行专门的监管,就容易造成公司在重大事项上所作出的决策可不经过股东大会同意的漏洞。泽达易盛的管理层在组织结构管理上缺乏相互制约,内部审计机构的审计职权不大,很难提出独立的审计监督意见。

2.风险评估不足

专网通信业务拖累经营状况,公司应收账款危机开始出现。泽达易盛于 2015 年与新一代专网通信技术有限公司开始合作。2017 年,合作范围开始扩大到子公司。但在最新披露的 2021 年三季报中,泽达易盛的营运能力指标全面恶化,如应收账款周转天数暴增至 173 天,相比此前增加近 100 天。出现这种现象正是由于泽达易盛的风险评估能力不足。

3.控制活动失效

泽达易盛存在内控失效情况。涉事的公司,由泽达易盛出资设立,并且相互勾结,林应也在其中起到至关重要的作用。泽达易盛投后管理的内控制度存在缺陷,销售中观滔智能和观锦智能的采购业务相关内控运行出现失效的情况。若任由董事长肆意妄为,而董事会未及时履行审议程序,交易的真实性就不能得到验证,虚构交易在内部审批流程能成功通过或不需要审议,那么造假事件将会在公司内部愈演愈烈。

4.信息与沟通不及时

2021 年,泽达易盛及子公司向北京中科路创科技有限公司等 5 家客户销售服务器和保密数据链储存终端,根据泽达易盛目前核查情况和所取得的合同和验收单等相关资料,该交易在物流上存在异常,异常原因有待进一步核查。

该现象表明,泽达易盛在办理业务的过程中信息反馈不及时,并且缺乏沟通,导致在审计报告发布之后才开始核查售后物流异常原因。

5.内部监督效力较弱

上述泽达易盛对投资管理欠缺监管,其中一个原因就是公司在前期股东大会对委托理财金额有明确限制的情况下,超出额度签署合同,时任董事会秘书兼财务总监应岚未勤勉尽责。虽然上述董事和监事均已任期届满,但招股说明书显示,泽达易盛共9个董事席位,仅本次期满离职的,就占到全部席位的一半,且独立董事全部离职。此时距泽达易盛2020年6月上市还不到两年时间。公司高层人心涣散,是多么不堪的内控环境才能导致高管们如此大规模地辞职,这值得深思。

资料来源:李君清.上市公司内控失效案例研究:以泽达易盛为例[J].中国市场,2023(30):89-92.

企业发生风险与内部控制存在缺陷密切相关,而内部控制缺陷的存在在很大程度上又取决于控制措施的设计和执行。控制活动是为应对风险,帮助管理者实现控制目标,确保其指令得以贯彻实施的政策、程序和方法。控制措施一般包括不相容职务分离控制、授权审批控制、会计系统控制、全面预算控制和绩效考评控制等。除上述控制措施以外,合同控制也是一种重要的控制措施。

第一节 不相容职务分离控制

一、不相容职务分离控制的定义

不相容职务是指那些如果由同一人担任,该人可能会因其个人利益而掩盖或篡改业务事实的职务。这些职务之间具有潜在的冲突或风险,因此需要被分离和独立执行。不相容职务分离控制,就是企业在组织结构和业务流程设计中把这些职务分配给两人或两人以上承担的一种内部控制机制,以便相互监督、相互制约。

《企业内部控制基本规范》第二十九条规定:"不相容职务分离控制要求企业全面系统地分析、梳理业务流程中所涉及的不相容职务,实施相应的分离措施,形成各司其职、各负其责、相互制约的工作机制。"这一规定强调了不相容职务分离控制在企业内部控制中的重要性。不相容职务分离控制的核心目的是防止因职务重叠或交叉而导致的舞弊和错误,通过明确划分不同职务的职责和权限,形成相互监督和制约的机制,确保企业内部各项业务的合规性和效率性。

在实际操作中,企业需要仔细分析业务流程,识别出哪些是不相容职务,并采取相应的分离措施。这些不相容职务包括但不限于经济业务的授权者、执行者、记录者以及监督者等角色,他们的职责需要被严格区分,以确保权力的分散和制衡,防止单一个体或部门在业务处理过程中拥有过大的权力,从而减少错误、舞弊和权力滥用的风险。例如,财务与会计、出纳与记账、审批与执行等职务应相互分离,以确保财务活动的透明度和准确性。通过实施不相容职务分离控制,企业可以降低内部风险,提高内部控制水平,从而保障企业的稳健运营和持续发展。

二、不相容职务分离控制的内容

在设计、建立内部控制制度时,企业首先应明确哪些岗位和职务是不相容的,比如财务人员不应兼任采购管理等职务。其次,要明确规定各个机构和岗位的职责权限,确保不相容岗位和职务之间能够相互监督、相互制约,以形成有效的制衡机制。这种制衡机制不仅有助于保证企业内部各项业务的合规性和效率性,还能提升企业的整体治理水平,增强企业的市场竞争力。

企业在内部机构设置时应体现不相容职务相分离的原则,特别是在涉及重大或高风险的业务处理程序时,必须考虑实行各层级、各部门、各岗位之间的分离和牵制。常见的不相容职务主要包括以下几类(如图6-1所示):①授权批准与业务执行,这是指决策职能与执行职能的分离。授权批准人员负责决策和批准某项业务,而业务执行人员则负责具体执行该业务。两者必须相互独立,以确保决策的公正性和业务执行的准确性。②业务执行与会计记录,这涉及执行职能与记录职能的分离。业务执行人员处理具体的经济业务,而会计记录人员则负责记录这些业务。如果这两项职能由同一人担任,可能会导致记录失真或产生舞弊行为。③会计记录与财产保管,这是记录职能与保管职能的分离。会计记录人员负责记录财产的变化,而财产保管人员则负责财产的实物管理。这种分离可以确保财产数据的准确性和安全性。④业务执行与财产保管,业务执行人员处理企业的经济业务,如果同时担任财产保管工作,可能会利用熟悉财产保管的职务之便实施贪污或盗窃,损害企业的财产安全。⑤业务执行与审核监督,业务执行负责按照既定流程和标准完成具体工作,而审核监督则负责对业务执行过程和结果进行核查、评估,确保合规性和准确性。如果这两个职务由同一人或同一团队担任,那么内部控制的制衡机制就会失效,潜在的风险和问题就无法被及时发现和纠正。此外,还有一些其他的不相容职务,如审计与被审计岗位、财务与业务操作职务、审批与执行职务等。这些职务之间的分离有助于确保内部控制的有效性,防止舞弊和错误的发生。

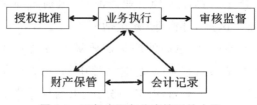

图 6-1　不相容职务分离控制的内容

需要注意的是,不同企业的业务模式和规模可能有所不同,因此不相容职务的具体内容和形式也可能会有所差异。企业在实施不相容职务分离控制时,应根据自身的实际情况进行具体分析和设计。

三、关键岗位的轮岗和强制性休假制度

关键岗位的轮岗和强制性休假制度是企业内部控制和风险管理的重要组成部分。通过定期或不定期的岗位调换和强制休假,确保关键岗位人员能够保持清醒的头脑和敏锐的洞察力,及时发现并应对潜在的风险和挑战,为企业的持续、健康发展提供有力的保障。

(一)轮岗制度

如果员工在某个岗位上工作了较长时间,就会逐渐适应制度,制度对其的威慑力会不断减弱,容易引发员工的舞弊行为。轮岗制度是企业或组织为提高工作效率、培养员工综合能力、防止利益固化和风险积累而设立的一种重要制度。具体来说,轮岗制度涉及以下内容:

1.轮岗的对象与范围

通常涉及关键岗位和特定层级的人员,如高层管理人员、中层干部、关键技术人员等。根据岗位特点和业务需求,确定轮岗的具体范围和对象。

2.轮岗的周期与频率

根据岗位性质、风险程度以及员工个人发展情况,设定轮岗的周期和频率。例如,某些高风险岗位可能需要更短的轮岗周期,而一些技术性或专业性较强的岗位的轮岗周期则可能相对较长。

3.轮岗的程序与安排

制定详细的轮岗计划和程序,包括岗位交接、培训、评估等环节。确保轮岗过程有序进行,减少对业务的影响。

4.轮岗期间的职责与要求

明确轮岗员工在轮岗期间的职责和任务,确保工作的连续性和稳定性。对轮岗员工提出具体的工作要求,如遵守规章制度、积极学习新知识等。

5.轮岗的考核与激励

对轮岗员工进行考核,评估其在新岗位上的表现和业绩。根据考核结果,给予相应的激励和奖励,激发员工的积极性和创造力。

此外,轮岗制度还需要注意以下几点:①公平公正。轮岗制度应确保公平公正,避免出现因个人关系或偏见导致的不合理轮岗。②充分沟通。在轮岗过程中,应与员工进行充分沟通,解释轮岗的目的和意义,减少员工的疑虑和不安。③保障业务连续性。在轮岗过程中,应确保业务的连续性和稳定性,避免因轮岗导致工作中断或失误。

轮岗制度是一个复杂而重要的系统工程,需要企业根据自身情况和需求进行具体设计和实施。通过科学合理的轮岗制度,可以激发员工的潜力,提高组织的整体效能,为企业的发展注入新的活力。

(二)强制性休假制度

根据《企业内部控制具体规范》的要求,企业在对关键员工进行管理时可以采用强制性休假制度。有舞弊行为的员工在岗时会想尽一切办法尽可能地掩盖自己的劣行而使其不容易被发现,员工离岗时间较长有助于企业识别其舞弊行为。

强制性休假制度是根据风险控制工作需要,在不事先征求本人意见和不提前告知本人的情况下,临时强制要求关键岗位人员在规定期限内休假并暂停行使职权,同时对其进行离岗审计的一种制度安排。这一制度的目的在于确保关键岗位人员在长时间工作后能够得到充分的休息,防止因疲劳或压力过大导致的决策失误或风险增加。同时,通过离岗审计,可以及时发现并纠正可能存在的问题,保障企业的稳健运营。

第二节　授权审批控制

一、授权审批控制的定义

授权审批控制是指组织内部为确保各项业务活动合法合规、风险可控,而设置的一系列审批程序和权限分配机制,这要求各级管理人员和工作人员在履行其职责时,必须按照既定的权限范围和审批流程进行操作,确保各项决策和行动都有明确的责任归属和审批依据。授权审批控制的基础是将不同职责的工作分配给不同的部门或个人,以避免出现利益冲突和权力集中。例如,财务部门和采购部门需要分别负责账务处理和采购业务,以降低舞弊和滥用职权的风险。这种控制方式是实施内部控制的重要基础,对于规范企业内部的管理流程、确保经济活动的合规性和有效性至关重要。

根据《企业内部控制基本规范》第三十条规定,授权审批控制要求企业根据常规授权和特别授权的规定,明确各岗位办理业务和事项的权限范围、审批程序和相应责任。企业各级管理人员应当在授权范围内行使职权和承担责任。企业对于重大的业务和事项,应当实行集体决策审批或者联签制度,任何个人不得单独进行决策或者擅自改变集体决策意见。

这一规定要求企业根据常规和特别授权的规定,为各岗位设定明确的权限范围,规定审批程序,并明确相应的责任,有助于确保企业的业务活动在合规的范围内进行,防止越权操作或违规行为的发生。在实施授权审批控制时,企业需要根据自身的业务性质、组织结构和管理需要,合理设定各岗位的权限范围,明确审批程序和相应责任,确保业务活动在规定的权限范围内进行,并得到适当的审批和监督。实际上授权审批控制包括授权管理和审批管理两个方面。

二、授权管理

(一)授权管理的内容

授权管理是一种组织内部的管理机制,旨在通过明确各级管理者和员工的职责、权限和责任,实现权力的合理分配和有效监督。授权管理强调权力与责任的统一,即被授权者在享有权力的同时,也必须承担相应的责任。在授权管理的实践中,组织需要根据自身的实际情况和业务需求,制定科学合理的授权策略和流程,明确各级管理者和员工的职责、权限和责任,确保授权的合理性和有效性。同时,组织还需要建立相应的授权记录和监测机制,对授权的使用情况进行跟踪和管理,及时发现和解决问题,保障组织的稳健发展。

(二)授权的类型

授权管理包括常规授权和特别授权两种类型。

1.常规授权

常规授权是指企业在日常经营管理活动中按照既定的职责和程序进行的授

权。常规授权的有效时间较长,被授权人可长期行使该权力以便充分发挥才能,并保持相关制度的稳定性。常见的常规授权包括采购与付款管理权限、生产管理权限、销售与收款管理权限、财务管理权限、投资管理权限、薪酬与人事管理权限、资产管理权限、法律事务管理权限等。企业可以根据常规授权编制权限指引,并通过适当形式予以公布,以提高权限的透明度,加强对权限行使的监督和管理。

常规授权有助于企业实现权力的合理分配和有效监督,确保员工在履行职责时有足够的权限来执行相关任务,同时也避免了权力滥用和误用的风险。在设定常规授权时,企业需要在合理范围内进行授权,确保权力与责任的对等,以促进企业的稳健发展。

2.特别授权

特别授权是指企业在特殊情况、特定条件下进行的授权。特别授权是一种临时性的、应急性的授权,通常是暂时有效的。它通常涉及特定的经济业务处理的具体条件及有关人员,由管理层通过对某些特殊经济业务逐个审批来进行授权控制。特别授权需严格控制,对于重大业务和重要事项,企业应实行集体决策或联签制度,来降低个人决策的风险,确保决策的科学性和合理性,也有助于防止个别人员滥用职权或谋取私利。

(三)授权的方式

口头授权和书面授权是授权管理的两种主要方式,它们各有其定义和适用情况。

1.口头授权

口头授权是指领导者仅通过口头交代对被领导者所做的工作进行授权,可通过工作面谈、上下级工作会议或者电话会议等形式进行。

口头授权通常适用于那些任务相对较轻、不需要长时间执行或者需要迅速作出决策的情况。由于其形式简单且直接,口头授权能够快速传递指令和权力,有助于在紧急情况下快速作出反应。此外,口头授权也适用于那些不宜公开或者需要保密的任务。

然而,口头授权也存在一定的风险。由于没有书面记录,口头授权的内容可能难以准确传达和记忆,容易导致误解和混淆。此外,口头授权也缺乏明确的权责界限和约束机制,容易引发权力滥用和误用的问题。

2.书面授权

书面授权是指管理者通过授权书、授权协议、工作说明书、工作分配表等文字形式,明确规定被领导者的目标任务、工作职责范围、工作权力大小等。

书面授权通常适用于那些任务较重、需要长时间执行或者涉及重要决策的情况。由于书面授权具有明确的权责界限和约束机制,能够确保被授权者明确自己的职责和权力范围,减少误解和混淆。此外,书面授权还能够为管理者提供明确的记录和证据,有助于在出现问题时进行追责和问责。

在选择授权方式时,企业应根据具体任务和情况综合考虑,确保授权的合理性和有效性。同时,无论选择哪种授权方式,都应建立相应的监督和管理机制,确保授权的合规性和合法性。

三、审批管理

(一)审批管理的内容

审批管理是指在企业内部控制体系下,为了确保经济业务和事项的真实性、合规性、合理性和有关资料的完整性,而对提出申请的事项进行审查、批准或驳回的行为的管理过程。审批管理作为内部控制的一个重要组成部分,通过对企业内部各种经济业务和事项的审核与批准,有助于确保企业的经营活动符合法律法规、规章制度和内部政策的要求,防止和减少错误和舞弊的发生,保障企业资产的安全和完整。审批管理通常包括明确的审批流程、权限划分和责任界定,以确保各级管理人员按照相关规定进行审批,有效控制各项业务的开展。

(二)审批管理的原则

1.审批要有界限,不得越权审批

在审批过程中,审批人员必须严格遵循其被授予的权限范围,不得超越自己的权限进行审批。越权审批通常表现为下级行使上级的权力,如资金的调度权按规定属于总会计师,但总经理直接通知出纳将资金借给其他企业就属于越权审批行为。

2.审批要有依据,不得随意审批

审批必须基于明确的标准和依据,不得随意进行,以确保决策的合理性、公正性和有效性。审批控制的目的是保证企业的所有行为有利于经营效果和效率的提高,最终实现控制目标。因此,即便审批人有一定的审批权限,也不能随意批准,而应该依据企业的有关预算、计划或者决议进行审批。

3.审批要有程序,不得越级报批

审批程序规定了从申请、审查、批准到执行的整个流程,每个审批环节都要有明确的职责和权限,才能确保审批活动在规定的框架内进行。不得越级报批是要求员工在申请审批时,必须按照规定的层级和流程进行,不得跳过中间环节直接向更高层级的领导申请审批。这样可以确保每个层级的领导和相关部门都能够充分了解情况、进行审查和评估,并承担相应的责任。该原则确保了审批过程的规范性、透明度和可追溯性,对于维护企业运营的秩序和效率至关重要。

四、授权审批控制的要点

第一,完善治理结构,明确常规授权和特别授权的具体业务内容。企业应当根据组织结构和业务流程,明确各级管理层和业务部门的授权层级,确保每个层级都了解自己的权力和责任范围。对于日常性的、重复性的业务活动,应明确常规授权的范围和限制,如采购、销售、人事任免等。对于非日常性、临时性的重大事项或超出常规授权范围的决策,应设定特别授权程序,确保在紧急情况下能够快速响应。

第二,明确各职能部门的职责权限、业务流程等内部管理制度。各部门应明确自身的职责和权限,避免职责交叉和重叠,确保工作的有序进行。企业应建立规范的业务流程,确保各项工作按照既定程序进行,减少人为干预和误操作。企业应制定完善的内部管理制度,包括财务管理、人力资源管理、风险管理等,为授权审批控制提供制度保障。

第三,建立授权审批控制活动评价体系,以实行有效监督。企业应设定合理的评价指标,对授权审批控制活动进行定期评估,如审批效率、合规性、风险控制等。企业应建立独立的监督机构或委员会,对授权审批活动进行定期或不定期的检查和审计,确保审批活动的合规性和有效性。根据评价结果和监督检查发现的问题,企业应及时进行反馈和改进,不断完善授权审批控制体系。

第四,畅通信息反馈渠道,不断修正授权审批控制缺陷。企业应建立畅通的信息反馈渠道,鼓励员工和管理层积极反馈授权审批过程中发现的问题和改进建议。对于收集到的反馈信息,企业应认真对待,及时进行分析和处理,确保问题得到及时解决。根据反馈信息和评价结果,不断修正授权审批控制缺陷,优化审批流程和制度,提高审批效率和合规性。

第三节　会计系统控制

一、会计系统控制的定义

会计系统控制主要是通过对会计主体所发生的各项能用货币计量的经济业务进行记录、归集、分类、编报,利用记账、核对、岗位职责落实和职责分离、档案管理、工作交接程序等会计控制方法,来确保企业会计信息的真实、准确、完整。会计系统控制为内部控制系统的有效运行提供信息上的支持,成为企业内部控制信息的主要来源,并间接地服务于财产保护控制、预算控制等控制措施。企业应当按照会计法和国家统一的会计控制规范,对会计主体发生的各项经济业务进行记录、归集、分类和编报,完善会计业务的处理流程,充分发挥会计系统的控制职能。

会计系统控制的本质是使用会计方法进行系统控制,通过构建完整的会计制度和流程,确保企业的财务活动得以规范、有序地进行。它不仅仅是简单地记录与报告,更重要的是通过系统控制的方法,实现对企业经济活动的有效监控和风险管理。在会计系统控制中,记账、核对等基础性工作是确保会计信息准确性的基础,而岗位职责的落实和职责分离则能有效防止舞弊和错误的发生,档案管理和工作交接程序的规范则能确保会计信息的连续性和可追溯性。

会计系统控制是企业内部控制体系的重要组成部分,它通过对会计信息的系统控制,为企业的决策提供有力的支持,同时也为企业的稳健运营提供了重要的保障。

二、会计系统控制的内容

会计系统控制的内容包括会计准则和会计制度的选择、会计政策的选择、会计估计的确定、会计业务流程控制、会计文件和凭证控制、会计档案保管控制以及组织和人员控制等多个方面。

1.会计准则和会计制度的选择

企业在选择会计准则和会计制度时,需要综合考虑企业的实际经营情况、投资者和管理者的需求,以及相关的法律法规等因素,以确保所选择的会计准则和会计制度能够真实、准确地反映企业的财务状况和经营成果。

2.会计政策的选择

会计政策是企业在会计核算过程中所采用的原则和方法。企业需要根据自身的实际情况和会计准则的规定,选择适合自己的会计政策,并在财务报表中明确披露所采用的会计政策。

3.会计估计的确定

会计估计是指企业根据历史数据和未来预期,对具有不确定性的经济事项或交易进行合理的预测和判断。企业需要根据实际情况和会计准则的规定,合理确定会计估计,并在财务报表中明确披露所采用的会计估计方法。

4.会计业务流程控制

会计业务流程控制是指对会计业务流程的各个环节进行管理和控制,以确保会计信息的准确性和完整性。企业需要建立规范的会计业务流程,并通过内部控制措施,如职责分离、授权审批、复核等,来确保会计业务流程的合规性和有效性。

5.会计文件和凭证控制

会计文件和凭证是记录企业经济业务的重要载体。企业需要建立完善的会计文件和凭证管理制度,包括对文件的生成、传递、保管、归档等环节的控制,以确保会计文件和凭证的真实性和完整性。

6.会计档案保管控制

会计档案是企业重要的财务资料,需要妥善保管。企业需要建立会计档案保管制度,包括对档案的分类、编号、装订、借阅、归还等环节的控制,以确保会计档案的完整性和安全性。

7.组织和人员控制

组织和人员控制是会计系统控制的重要方面。企业需要建立完善的组织结构和人员管理制度,明确各级人员的职责和权限,并通过培训、考核等措施,提高会计人员的专业素质和道德水平,以确保会计工作的质量和效率。

会计系统控制是一个综合性的过程,需要企业在会计准则和会计制度的选择、会计政策的选择、会计估计的确定、会计业务流程控制、会计文件和凭证控制、会计档案保管控制以及组织和人员控制等多个方面进行全面、系统的控制和管理。

三、会计系统控制的方法

1.原始凭证控制

第一,完整性检查。确保所有发生的经济交易都有相应的原始凭证,如发票、收据、合同等。

第二,真实性审核。对原始凭证进行核实,确保其真实反映了交易的情况,防止伪造或篡改。

第三,及时性和规范性。确保原始凭证在规定时间内编制完成,且符合企业内部的规范和要求。

2.记账凭证控制

第一,填制和审核。会计人员根据原始凭证编制记账凭证,确保记账凭证的内容与原始凭证一致,并进行必要的审核。

第二,连续编号。对记账凭证进行连续编号,以便跟踪和核对。

第三,分类和汇总。按照会计科目对记账凭证进行分类和汇总,确保会计信息的准确性和完整性。

3.会计账簿控制

会计账簿控制是指在设置、启用及登记会计账簿时实施的相应控制措施。按照规定设置会计账簿,启用会计账簿时要填写"启用表",会计凭证必须经过审核无误后才能够登记入账,对会计账簿中的账页连续编号,会计账簿应当按照规定的方法和程序登记并进行错误更正,按照规定的方法与时间结账。

4.财务报告控制

第一,编制和审核。按照会计准则和规定,编制财务报告,并进行必要的审核和审计。

第二,披露和报告。确保财务报告的及时披露和报告,以满足外部利益相关者(如投资者、债权人、政府机构等)的信息需求。

第三,分析和评估。对财务报告进行定期的分析和评估,以了解企业的财务状况和经营成果,为企业决策提供支持。

5.会计复核控制

第一,凭证复核。对记账凭证进行复核,确保其内容与原始凭证一致,防止错误和舞弊事件的发生。

第二,账簿复核。对会计账簿进行复核,确保其记录与记账凭证一致,防止数据错误或遗漏。

第三,报告复核。对财务报告进行复核,确保其真实、准确、完整地反映了企业的财务状况和经营成果。

第四节　全面预算的内部控制

一、全面预算控制的定义

全面预算是指企业对一定时间的经营活动、投资活动、筹资活动等作出的预算安排。全面预算作为一种全面、全过程、全员参与编制与实施的预算管理模式,利用计划、协调、控制、激励和评价等综合管理手段,整合和优化企业资源,从而提高企业的运营效率,为实现企业的发展战略提供重要途径。

全面预算实际上是一个由多项预算组成的有机体系,这些预算根据经济内容和它们之间的相互关系进行有序排列。在这个体系中,各项预算紧密相连,既相互制约又相辅相成,形成了一个完整、科学、系统的预算网络,任何一部分的变动都会影响到整体。从内容上划分,它主要包括经营预算、资本预算和财务预算三大部分。

此外,《企业内部控制基本规范》的第三十三条对预算控制有明确的要求。它规定,企业应实行全面预算管理制度,明确各个责任单位在预算管理中的具体职责和权限,规范预算的编制、审定、下达和执行程序,以确保预算的约束性得到加强。

二、全面预算控制的机构

全面预算管理组织体系是一个由多个层级和机构组成的系统,旨在确保预算编制、审批、执行、控制、调整、监督、核算、分析、考评及奖惩等一系列预算管理活动的顺利进行。该体系通常包括预算决策机构、预算工作机构和预算执行机构三个主要部分。

根据《企业内部控制应用指引第15号——全面预算》的要求,企业在设置全面预算管理体系时应遵循合法科学、高效有力、经济适度、全面系统、权责明确等基本原则。这意味着企业的预算管理体系不仅要符合法律法规的要求,还要具有科学性和高效性,能够合理控制成本,实现资源的优化配置,并确保各个层级和机构之间权责明确、协作顺畅。

(一)预算控制决策机构

预算控制决策机构,作为全面预算管理组织架构的最高层,承担着领导与决策的核心职能。预算控制决策机构负责制定企业的预算目标、政策导向及长期战略,并对预算计划进行审批,对重大预算事务拥有最终决策权。预算控制决策机构的主要成员包括公司股东(大)会、董事会以及至关重要的预算管理委员会。预算管理委员会由企业负责人及部门负责人共同组成,总会计师或分管会计工作的负责人将协助企业负责人,共同领导并组织企业的全面预算管理工作。具体而言,预算管理委员会由企业负责人(如董事长或总经理)担任主任,总会计师(或财务总监、负责财会工作的副总经理)为副主任,成员则广泛涵盖了各副总经理、主要职能部门(如财务、战略发展、生产、销售、投资、人力资源等)的分管领导以及分(子)公司的负责人等。这样的组合确保了预算管理委员会在决策时能够综合考量企业的各个方面,确保预算的合理性与有效性。

预算管理委员会的主要职责一般是:

(1)负责制定企业全面预算管理制度,明确预算政策与要求;

(2)根据企业战略和年度目标,设定预算目标并规划编制方法;

(3)组织编制预算草案并确保预算平衡;

(4)正式下达年度预算;

(5)协调解决预算编制和执行中的重大问题；

(6)审批预算调整方案；

(7)审议预算考核与奖惩方案；

(8)考核全面预算执行情况；

(9)其他全面预算管理事宜。

上述职责确保了企业预算的全面性、合理性和有效性。

(二)预算控制工作机构

预算控制工作机构在企业的全面预算控制流程中扮演着至关重要的角色。这些机构不仅负责预算编制、审查、控制等核心工作，还涵盖了预算的协调、核算、分析、反馈和考评等多个方面。预算管理委员会一般为非常设机构，企业应当在该委员会下设立预算管理工作机构，其主要职责是通过会议形式进行预算的审议和决策。预算控制工作机构通常设在财会部门，并由总会计师或相关高层管理人员兼任主任，工作人员除了财务部门人员外，还应有计划、人力资源、生产、销售、研发等部门的人员参加。这样的设置有助于确保预算管理与企业整体的财务战略保持一致，并有利于预算信息的及时传递和有效沟通。

预算控制工作机构的主要职责一般是：

(1)拟定全面预算管理制度，并确保这些制度得以贯彻执行；

(2)草拟年度预算目标分解方案及预算编制程序，提交给预算管理委员会审核；

(3)组织并指导各级预算单位进行预算编制；

(4)预审各单位的预算初稿，确保预算的合理性和平衡性；

(5)汇总编制企业全面预算草案，提交给预算管理委员会审查；

(6)负责监控预算的执行情况；

(7)定期汇总、分析各预算单位预算执行情况，并向预算管理委员会提交预算执行分析报告，为委员会进一步采取行动拟定建议方案；

(8)处理预算调整申请；

(9)协调预算编制和执行中的问题，并提出考核与奖惩方案；

(10)承担预算管理委员会授权的其他相关工作。

(三)预算控制执行机构

预算控制执行机构，即预算责任网络，由各级预算责任单位组成，这些单位被称为责任中心，它们在企业内部拥有特定权限并承担经济责任。根据权责范围，责任中心被细分为投资中心、利润中心、成本中心、费用中心和收入中心。预算执行单位在预算管理部门(指预算管理委员会及其下属工作机构)的指导下，组织开展本企业或本部门全面预算的编制工作,严格执行批准下达的预算。图 6-2 为企业全面预算管理组织体系的基本架构。

各预算执行单位的主要职责一般是:

(1)负责提供编制预算所需的基础资料,确保预算编制的准确性和可靠性;

(2)独立编制并上报本单位的全面预算;

(3)将预算指标分解至各部门、环节和岗位,确保预算的落地执行;

(4)严格执行经批准的预算,并负责对预算执行情况进行监督检查;

(5)针对预算执行中出现的问题,及时分析并报告;

(6)根据内外部环境变化提出预算调整申请;

(7)组织预算考核和奖惩工作,并积极配合预算管理部门完成其他预算管理任务。

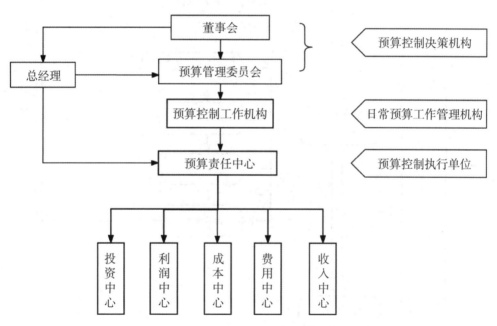

图 6-2　企业全面预算管理组织体系的基本架构

三、全面预算控制的流程

企业全面预算控制的基本流程一般包括预算编制、预算执行和预算考评三个阶段。其中,预算编制阶段包括预算编制、预算审批、预算下达等具体环节;预算执行阶段涉及预算指标分解和责任落实、预算执行控制、预算分析、预算调整等具体环节。这些业务环节相互关联、相互作用、相互衔接,周而复始地循环,从而实现对企业全面经济活动的控制。图 6-3 显示了各类企业全面预算的基本业务流程。

　　全面预算是企业加强内部控制、实现发展战略的重要工具和手段,但同时也是企业内部控制的对象。企业应当参照图 6-3 的基本流程,结合自身情况及管理要求,制定具体的全面预算业务流程。

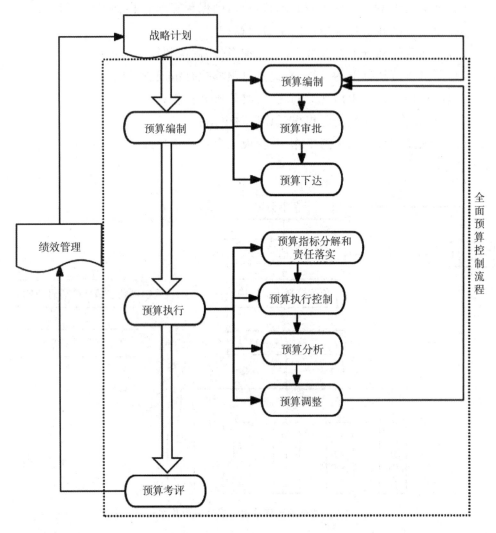

图 6-3　全面预算控制基本流程图

(一)预算编制阶段

1.预算编制

　　预算编制是企业实施全面预算管理的起点。在企业内部,各个预算部门积极响应预算决策机构所设定的预算目标和详细的预算编制指导方针。在编制过程中,这些部门不仅深入考虑预算期间内的市场环境动态、资源分配状况,还细致分析企业自身的实力与条件。整个预算编制按照自上而下、自下而上、上下结合的程序编制预算草案。

2.预算审批

预算审批的流程涉及预算管理部门对其他各部门提交的预算草案进行审查、汇总,提出平衡建议,并针对问题反馈调整意见。经过各部门修订调整后,形成企业全面预算草案,由公司总经理签批,最终提交董事会或股东大会审议批准。

(二)预算执行阶段

1.预算指标分解与责任落实

全面预算经过审批并正式下达后,企业管理层需采取切实措施确保预算的有效执行。为此,通过签订预算责任书的方式,将预算指标从横向和纵向两个维度进行层层分解和细化,确保这些指标能够精准地落实到企业内部各个预算执行部门。这一举措旨在构建一个全方位的预算执行责任体系。

2.预算执行控制

在整个预算周期内,企业的所有经济活动都应以全面预算为核心指导,确保全面预算得到全面贯彻和执行,从而建立起以全面预算为驱动的企业经济活动运行机制。预算控制是一个有系统、有步骤的过程,它采用特定的程序和方法,确保企业及其各个预算部门能够切实落实全面预算,并顺利实现预算设定的目标。这一过程为企业全面预算管理的有效实施提供了坚实的保障。

3.预算调整

预算调整是在预算执行过程中,针对实际执行与预算规划之间的差异,对现行预算进行合理修改和完善的过程。由于预算主要用于指导和规划未来的经济活动,而编制预算时往往基于一系列假设,因此当在预算执行过程中发现预算指标或内容与实际情况存在显著偏差时,就需要按照既定的程序和原则,对现行预算进行实事求是的调整,以确保预算与实际经营活动的紧密贴合,对其进行有效指导。

(三)预算考评阶段

预算考评是对企业全面预算管理实施过程及其效果进行的综合性考核与评价。这既包括了对企业全面预算管理活动整体效果的全面考评,也包括了对预算执行部门以及预算责任人的具体考核与绩效评价。

案例 6-1

福建日报新闻发展有限公司全面预算管理

作为一家传统媒体企业,福建日报新闻发展有限公司的经营范围不仅包含广告发布(报纸、新媒体)、广告设计、广告制造,而且涉及品牌管理、文化场馆管理服务等内容。近年来,为适应新媒体环境发展需要,该公司拓展数字文化创意内容制作服务等业务,经营状况整体稳定。

在福建日报新闻发展有限公司预算管理过程中,管理者从经营预算、财务预算两个部分开展预算编制工作,在考虑企业基本业务情况的基础上,以月度为基本单位完成预算编制工作,规范设置损益指标,在考虑资产负债情况的基础上,对企业的绩效情况进行控制。福建日报新闻发展有限公司预算执行由财务部门负责,在每个月初期,财务部门会对本企业的收入进行确认和审核,在考虑费用真实性的基础上,将本月收支情况与历年同期进行对比,然后反馈给业务部门。该公司在全面预算管理中开展了绩效考核,以企业的利润为核心。该方式基本上满足了企业全面预算管理的绩效考核需要,但是存在考核指标单一的问题,容易使得管理者只考虑短期效益,而忽视长远发展目标,在经营中出现短视行为。从 2019 年到 2022 年,企业的营业收入虽然缓步增长,但是自身的费用支出较高,在 2019 年时,企业的总费用支出仅为 96.2%,但是到 2022 年,总费用支出达到了 104.5%,明显超出费用预算情况。与 2019 年相比,2022 年企业利润执行率仅为 98.7%,未能有效实现预算目标利润,且与 2019 年的利润率相比存在较大差距,对企业的发展产生不利影响。对此亟须深入分析预算管理问题,有针对性地进行控制管理。

资料来源:梁丽明.浅析传媒企业实施全面预算管理的问题与对策:以福建日报新闻发展有限公司为例[J].企业改革与管理,2023(14).

第五节　企业合同的内部控制

一、合同控制的定义

《企业内部控制应用指引第 16 号——合同管理》对合同作出了明确的定义,合同是指企业与自然人、法人及其他组织等平等主体之间设立、变更、终止民事权利义务关系的协议,其中不包括企业与员工签订的劳动合同。

所谓合同控制,就是企业通过梳理合同管理的整个流程,分析关键风险点,并采取有效措施,将合同风险控制在企业可接受范围内的整个过程。合同管理对于所有组织来说都是相当重要的。合同从制定到履行完毕,这一整个过程都需要符合合同约定的要求。

二、合同控制的流程

合同控制可以划分为合同准备阶段、合同签署阶段、合同履行阶段以及合同归档阶段。合同控制的一般流程如图6-4所示。合同准备阶段包括合同策划、合同调查、初步确定合同对象、合同谈判、拟定合同文本、审核合同文本等程序。合同签署阶段包括正式签署合同、将合同分送至相关部门等程序。合同履行阶段包括合同的正常履行,变更、转让或终止等程序。合同归档阶段包括对合同执行情况进行评估、合同资料整理归档等程序。

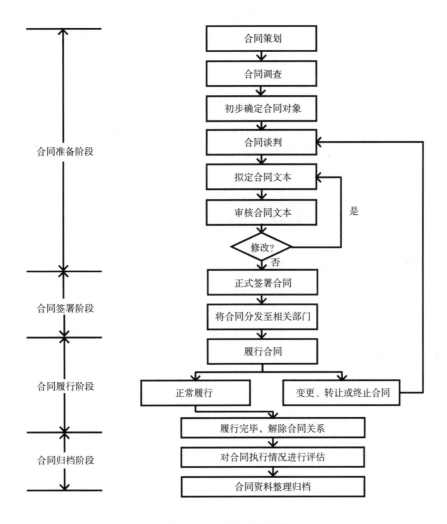

图 6-4　合同控制的流程

三、合同控制的要求

企业需要建立一系列制度体系和机制保障，促进合同管理的作用得到有效发挥。

1.建立分级授权管理制度

企业应当根据经济业务性质、组织机构设置和管理层级安排，建立合同分级管理制度。属于上级管理权限的合同，下级单位不得签署。对于重大投资类、融资类、担保类、知识产权类、不动产类的合同，上级部门应加强管理。下级单位认为确有需要签署涉及上级管理权限的合同，应当提出申请，并经上级合同管理机构批准后办理。上级单位应当加强对下级单位合同订立、履行情况的监督检查。

2.实行统一归口管理

企业可以根据实际情况指定法律部门等作为合同归口管理部门，对合同实施统一规范管理，具体负责制定合同管理制度，审核合同条款的权利义务对等性，管理合同标准文本，管理合同专用章，定期检查和评价合同管理中的薄弱环节，采取相应控制措施，促进合同的有效履行等。

3.明确职责分工

公司各业务部门作为合同的承办部门，负责在职责范围内承办相关合同，并承担合同调查、谈判、订立、履行和终结责任。公司财会部门侧重于履行对合同的财务监督职责。

4.健全考核与责任追究制度

企业应当健全合同管理考核与责任追究制度，开展合同后评估，对合同订立、履行过程中出现的违法违规行为，应当追究有关机构或人员的责任。

四、合同各环节的管控措施

1.合同调查

合同订立前，企业应当进行合同调查，充分了解合同对方的主体资格、信用状况等有关情况，确保对方当事人具备履约能力。主要管控措施包括：严格审查调查对象的资质和授权，分析其财务及非财务信息以评估其资信状况，进行现场调查以评估其生产经营和履约能力，以及与其主要供应商、客户等沟通了解其商业信誉。

2.合同谈判

初步确定准合同对象后，企业内部的合同承办部门将在授权范围内与对方进行合同谈判，按照自愿、公平原则，磋商合同内容和条款，明确双方的权利义务和违约责任。主要管控措施包括：收集谈判对手信息，制定合理策略；关注合同核心内容和关键细节；组织专业人员参与谈判，总结得失并研究策略；聘请外部专家，确保专业性和职业道德；加强保密和追责制度；记录谈判重要事项和意见，以避免舞弊行为，并可将其作为追责依据。

3.合同文本拟定

企业对外发生经济行为时，除即时结清的方式外，一般应订立书面合同；严格审核合同需求与国家法律法规、产业政策及企业整体战略目标的关系，确保其协调一致；合同文本一般由业务承办部门起草，法律部门审核，重大合同或法律关系复杂的特殊合同需法律部门参与起草；通过统一归口管理和授权审批制度，严格合同管理，防止通过化整为零等方式故意规避招标的做法和越权行为。

4.合同审核

合同文本拟定完成后，企业应进行严格的审核。主要管控措施包括：重点审核合同文本的合法性、经济性、可行性和严密性，确保合同内容合法、符合企业利益、对方有履约能力且条款明确；建立会审制度，组织多部门对重大或复杂合同进行审核，确保各部门认真履职；对审核意见应慎重对待，记录并研究，必要时修改合同条款并再次审核，确保合同质量。

5.合同签署

企业经审核同意签订的合同，应当与对方当事人正式签署并加盖企业合同专用章。主要管控措施包括：规范合同签署权限和程序，加强合同专用章管理，防止合同篡改，以及依法办理合同生效手续。

6.合同履行

合同订立后，企业应当与合同对方当事人一起遵循诚实信用原则，根据合同的性质、目的和交易习惯履行通知、协助、保密等义务。主要管控措施包括：强化合同履行情况的检查与验收，确保双方全面履行义务；监控对方履行情况；适时补充、变更或解除合同；加强合同纠纷管理，及时协商、报告，以书面协议记录协商结果，并依法选择仲裁或诉讼解决。

7.合同结算

合同结算是合同执行的重要环节，其既是对合同签订的审查，也是对合同执行的监督，一般由财会部门负责办理。主要管控措施包括：财会部门应当在审核合同条款后办理结算业务，按照合同规定付款，及时催收到期欠款；未按合同条款履约或应签订书面合同而未签订的，财会部门有权拒绝付款，并及时向企业有关负责人报告。

8.合同登记

合同登记管理制度体现为合同的全过程封闭管理，合同的签署、履行、结算、补充或变更、解除等都需要进行合同登记。具体措施包括强化信息化管理、合同文本统一编号、保密信息防泄露,以及规范管理人员职责。通过定期统计、分类、归档合同,确保合同签署、履行、变更、解除等各环节均有记录。同时,加强信息安全,防止商业机密泄露。明确管理人员职责,确保合同流转、借阅、归还等流程规范有序。

第六节 绩效考评的内部控制

一、绩效考评控制的定义

绩效考评是绩效考核和评价的总称,是指运用科学的技术或手段,对企业或其各分支机构一定经营期间内的生产经营状况、资本运营效益、经营者业绩等进行定量和定性的考核、分析,作出客观、公正的综合评价。绩效考评作为一种反馈控制手段在内部控制中作用显著。

绩效考评控制要求企业建立和实施绩效考评制度,科学设置考核指标体系,并对企业内部各责任单位和全体员工的业绩进行定期考核和客观评价,同时将考评结果作为确定员工薪酬以及职务晋升、评优、降级、调岗辞退等的依据。

二、绩效考评控制的流程

绩效考评通常被视为一个循环,通过管理者与员工之间持续不断地进行的业务管理循环过程而实现业绩的改进,在这个循环过程中包括四个部分:绩效计划、绩效实施、绩效考核、绩效改进。

(一)绩效计划制定

绩效计划制定是被评估者和评估者双方对应该实现的工作绩效进行沟通的过程,通过这个过程,双方最终将沟通的结果落实为正式的书面协议,即绩效计划评估表。绩效计划的设计从公司的最高层开始,将绩效目标层层分解到各级子公司及部门,最终落实到个人。

在绩效计划制定阶段,管理者和员工共同的投入与参与是进行绩效管理的基础,如果管理者单方面布置任务,员工被动接受,所谓的绩效管理就失去了其存在的价值与意义。

(二)绩效计划实施

当管理者和员工就绩效计划达成共识后,便进入绩效计划实施阶段,在这个阶段,管理者对员工的工作进行指导和监督,为员工提供必要的辅导,协助其共同完成工作、提高工作质量,并随时根据实际情况对绩效计划进行调整。

在绩效计划实施阶段,绩效沟通是关键,如果缺少了沟通,管理者与员工都处于各自为政的状态,既不利于管理者及时发现绩效实施中存在的问题,也难以保证绩效计划得到正确有效的执行。

(三)绩效考核

绩效考核过程一般可以分成以下若干阶段:

第一阶段是根据组织设计和工作分析设定绩效考评标准,对绩效考核指标进行详细阐述。设计绩效考核标准是企业实施绩效考核的一项基础工作,绩效标准决定着员工努力的方向以及组织战略目标的实现程度。绩效考评标准的确定也是以职务分析为基础,职务分析的结果决定了绩效考评的标准。

第二、第三阶段分别为确定绩效考评的内容和实施绩效考评。一般来说,员工绩效考评的内容主要侧重于工作实绩和行为表现两个方面,由有关人员对被考评员工的实际成绩和表现做客观的记录,并确定其在不同指标上的成绩水平。

绩效考评的第四阶段是确定评语及改进措施。该阶段对被考评员工的工作进行综合评定,确定最后的评价等级,并指出其优缺点和制订改进方案。

(四)绩效改进

绩效考评的目的不仅仅是为了发现问题,更重要的是为了解决问题,不断根除掉导致员工绩效不佳的因素,因此针对前三个阶段中所出现的问题,组织要以企业的战略目标为准绳,对绩效考核系统本身和员工的工作绩效实施有针对性的改进。企业的绩效成果来自员工恰当的工作行为,而员工行为的有效性又受三个方面的制约:员工个人特征、组织战略和工作情境。因此,绩效改进主要侧重从如上三个方面着手开展工作。

案例 6-2

广西壮族自治区政府绩效考评的运作机制

广西壮族自治区在 2008 年就开始探索政府绩效考评,2011 年被国务院选定为开展绩效管理工作的第一批试点地区,逐步推进绩效考评的科学化发展。

广西实行政府绩效管理、开展绩效考评已持续发展了16年,"在一个没有多少成功经验可借鉴的全新领域,发展为全国30个公共部门绩效管理最佳实践案例之一,成为国内推动早、持续时间长、层级全覆盖、成效影响最大的省份,为中国绩效管理创新发展提供了广西样本"。根据发展的关键节点,广西壮族自治区政府绩效考评实践可分为三个阶段。

第一阶段是2008—2017年。2008年,广西壮族自治区绩效考评领导小组办公室成立,挂牌在自治区纪委。同年,自治区党委办公厅、区政府办公厅联合印发了《广西壮族自治区机关绩效考评办法(试行)》,对一部分厅局和地市的绩效进行试点考评,到2010年,广西壮族自治区政府绩效考评实现了全覆盖。2012年,广西颁布了《广西壮族自治区地方标准〈机关绩效管理〉(DB45/T 843.1-2012)》,在全国率先走上绩效管理标准化的道路。

第二阶段是2018—2022年。其标志是2018年广西壮族自治区绩效考评领导小组办公室在自治区党委机构编制委员会办公室挂牌。2019年1月,自治区党委办公厅、区政府办公厅印发了《关于机关绩效管理升级发展的意见》,推动绩效管理聚焦重点改革创新。

第三阶段,从2023年开始,进入"三化"建设阶段。2023年2月,广西召开了全区绩效管理工作会议,要求围绕建设新时代壮美广西"1+1+4+3+N"目标任务体系,进一步健全完善科学合理的绩效考核体系,发挥好绩效考核指挥棒作用,充分体现高质量发展要求和"重实效、强实干、抓落实"的鲜明导向。

在这个发展历程中,广西绩效考评实践在国内国际产生了重要影响。近年来,广西的绩效考评指标体系设计、考评制度建设等被国内一些地方借鉴。2018年,广西绩效管理经验还被世界银行评为公共部门绩效管理全球最佳实践案例之一。广西壮族自治区政府绩效考评管理即"广西样本"取得了明显成效。

资料来源:孙彩红.新时代政府绩效考评可持续运转的四维逻辑框架:基于广西实践的分析[J].岭南学刊,2024(3),29-40.

三、绩效考评控制的模式

1.会计基础绩效考评模式

会计基础考评模式的主要特点是采用会计基础指标作为绩效考核指标。

其方法主要有综合指数法、综合评分法、功效系数法等。

会计基础考评模式的局限性在于:

(1)会计收益的计算未考虑所有资本的成本,仅解释了债务资本的成本,忽略了对权益资本成本的补偿;

(2)由于会计方法的多样选择性和财务报表编制时的灵活性,会计收益往往存在一定程度的失真,因此难以精确反映企业的实际经营成果。

2.经济基础绩效考评模式

经济基础绩效考评模式的主要特点就是采用经济基础指标作为绩效考评指标,注重股东价值的创造和股东财富的增加。

经济增加值(economic value added,以下简称 EVA)方法是经济基础绩效考评的典型代表,即经过调整的税后营业净利润减去投入资本的成本,得到企业资本收益与资本成本之间的差额。EVA 方法的优点在于:

(1)考虑了债务成本和股东权益资本成本,从而为企业提供了更全面的财务评估视角;

(2)更加真实地反映了一个企业的业绩,为企业及其利益相关者提供更为准确的经营成果评估;

(3)着眼于企业的长期发展,不仅关注短期利润,还考虑了企业持续稳健增长的策略与潜力。

EVA 方法的局限性在于:

(1)由于评价指标的单一性,它难以提供战略实施所需的全面控制性信息,从而限制了对企业运营的全面监管和指导;

(2)EVA 的计算过程中涉及的会计调整以及资本成本的确定都相当复杂,增加了其在实际应用中的难度和成本;

(3)EVA 的某些计算原则和方法与中国企业的实际经营状况和财务环境不完全吻合,可能需要进一步的本土化调整和优化。

3.战略管理绩效考评模式

战略管理绩效考评模式的主要特点就是引入非财务指标并将评价指标与战略相联系。战略管理绩效考评模式中最有代表性的是平衡计分卡。

平衡计分卡是指基于企业战略愿景,从财务、客户、内部业务流程、学习与成长 4 个层面,逐层分解战略目标,并将目标分解转化为具体的、相互平衡的绩效指标体系,依据企业与绩效管理相关的财务指标与非财务指标,实施绩效管理,从而实现企业的愿景和战略。平衡计分卡中的财务、客户、内部业务流程、学习与成长 4 个层面组成了平衡计分卡的理论框架,如图 6-5 所示。

运用平衡计分卡进行绩效管理,关注短期目标与长期目标、财务绩效与非财务绩效、外部衡量与内部衡量、领先指标与滞后指标、结果衡量与未来绩效衡量等相关因素的平衡,使企业绩效评价更全面、更完善。

平衡计分卡的主要优点:

(1)能将战略目标逐层转化为被评价对象的绩效指标和行动方案,使组织行动步调一致;

(2)从平衡计分卡的 4 个维度确定绩效指标,可以使绩效评价更全面、完整;

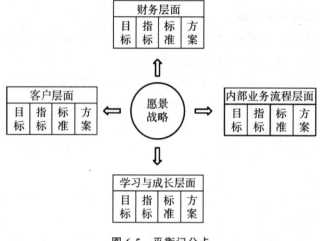

图 6-5　平衡记分卡

(3)将学习与成长作为一个维度,表示企业注重员工的发展,增加组织人力资源,有利于提高企业的可持续发展能力。

平衡计分卡的主要缺点:

(1)要求绩效考评员有相应的专业技术能力才能运用,操作难度大,并且在运用的过程中,需要持续地沟通和反馈,比较复杂,成本高;

(2)分层较多,各指标权重在不同层级以及各层级不同指标之间的分配比较困难,且部分非财务指标难以量化,工作难以落实;

(3)平衡计分卡的使用是一个系统工程,涉及面广,需要专业人员指导、企业全员参与并长期持续地修正与完善,需要较完善的信息系统、较高的管理能力作为支撑。

本章小结

本章系统地介绍了企业管理系统中内部控制的六大关键领域,每个部分都聚焦于提升企业内部运营效率、保障财务信息准确性、防范风险及促进合规性的重要措施。

通过介绍不相容职务分离控制、授权审批控制、会计系统控制、全面预算的内部控制、企业合同的内部控制以及绩效考评的内部控制等六个方面的内容,全面展示了企业内部控制体系的重要性及其构建要点。这些控制措施相互关联、相互支撑,共同构成了企业稳健运营的坚实基石。

案例分析

基于内部控制视角的獐子岛财务造假案例分析

獐子岛集团股份有限公司位于大连市长海县,简称为獐子岛集团或獐子岛,早在1958年便已建立,曾先后获得"黄海深处的一面红旗""海底银行"等荣誉。2006年9月,獐子岛集团在深交所上市(股票代码002069)。作为国家农业行业首屈一指的领导型公司,獐子岛集团主营虾夷扇贝、海参等多种海鲜产品,拥有国内最大的海珍品养殖基地。凭借着多年不懈探索和持续发展,獐子岛集团取得了长足进展,并被授予了多项荣誉,例如,获得了"国家级守合同重信用企业"称号,被评为中国最受信赖的十大品牌等。

獐子岛集团在进行深入调研和多方论证之后,投入巨资打造了虾夷扇贝原良种场,它是我国仅有的一家国家级海洋牧场,是我国顶尖海参、鲍鱼等海珍品育苗基地。獐子岛的海洋牧场位于北纬39度,适宜的气候条件为海洋产品健康茁壮地成长创造了良好的天然环境,在当地培育海珍品幼苗具有其他地区无法比拟的天然优势。得益于良好的地理条件,獐子岛慢慢构建起了包含虾夷扇贝、海胆等多种海产品的产业链,其中,虾夷扇贝为企业创造了巨额收益,大约能够占到企业主营总收益的三分之一。

1."扇贝跑路"事件回顾

2014年10月,獐子岛对外发布公告宣称,北黄海受异常冷水团严重袭击,造成企业于2011—2012年播撒的临近收获期的百余万亩虾夷扇贝绝收,使得企业蒙受损失高达8.12亿元,于是出现了"扇贝跑路"1.0版。在此时期,獐子岛凭借着"扇贝跑路"而在A股"名声大噪"。

2015年1月,深交所对外发布信息,獐子岛存在两项严重违规行为,其中一项是企业未及时充分地披露冷水团运移对企业经营带来的潜在风险,企业董事长吴厚刚等人对企业出现的违规行为负有重要责任,深交所对其进行通报批评。

2015年6月,獐子岛对外发布信息,在春末底播虾夷扇贝抽测活动中,"底播虾夷扇贝生长正常,目前无减值风险"。

受冷水团事件影响,獐子岛2014和2015两会计年度经审计的净利润为负,2016年5月4日,公司股票被实行"退市风险警示"特别处理,股票简称由"獐子岛"变更为"ST獐子岛"。

2018年1月,獐子岛突然对外发布信息,称2017年由于降水量骤减,饵料严重不足,并且海水温度浮动不正常,造成大部分扇贝被活活地饿死。2017年业绩大变天,亏损7.23亿,演变为"扇贝饿死"2.0版。

证监会于2018年2月9日向獐子岛发送了调查通知书,因公司存在未能遵守规定披露信息的嫌疑,该公司已被证监会立案调查。

獐子岛于2019年11月发公告称,秋季底播养殖虾夷扇贝大量死亡。对2017年、2018年投苗的435736亩底播养殖虾夷扇贝存货成本23052.50万元作核销处理,计提跌价准备6055.44万元,从而造成企业经营业绩严重下滑,损失惨重。

2020年6月,针对獐子岛公司信披违法违规案,证监会作出处罚决定:对獐子岛公司给予警告,并罚款60万元,对4名主要责任人作出5年至终身市场禁入的决定,并对15名责任人处罚款3万~30万不等。

2020年9月,证监会公告称,将獐子岛及相关人员按涉嫌证券犯罪,交付公安机关依法处置。

2.獐子岛财务造假手段

(1)虚增、虚减营业成本。獐子岛主要参照当月虾夷扇贝捕捞区域对底播养殖虾夷扇贝成本进行测算、月度结转,捕捞区域是由人工填报的,且不具有可供佐证的航海日志。经对捕捞船只的北斗导航定位信息进行比较,并由第三方公司进行测度,证监会发现,相较于2016年度账面结转捕捞面积,该公司实际捕捞面积达到13.93万亩以上,造成企业虚减营业成本6002.99万元;2017年度,实际捕捞面积减少5.79万亩,凭空增加6159.03万元营业成本。

(2)虚减营业外支出。参照獐子岛2016年初、2017年初底播虾夷扇贝库存图,并与捕捞船只北斗定位信息进行对比后得知,在2016年初库存区域中,部分区域没有被捕捞航行轨迹覆盖,而在此部分地区獐子岛公司在2016年底进行了底播养殖,按照会计核算的一贯性原则,对以上区域的库存资产进行核销;因此,2016年度该公司的营业外支出凭空减少7111.78万元。另外,通过对该公司捕捞船只北斗定位信息、2016年初底播虾夷扇贝库存图、2016年及2017年虾夷扇贝底播图进行比较后发现,2016年初有记载的库存区域均未有捕捞轨迹,2017年底对以上区域进行底播养殖,根据会计核算一贯性原则,核销以上区域的库存资产,致其虚减营业外支出4187.27万元。

(3)虚增资产减值损失。獐子岛未能如实反映扇贝核销及计提存货跌价准备的客观情况,减值区域与捕捞船只实际作业区域存在重合。2018年,企业核销107.16万亩虾夷扇贝库存,24.30万亩虾夷扇贝库存作减值处理。然而经第三方专业机构通过比对捕捞船的航行轨迹发现:在核销海域中,2014—2016年该公司已在历史年份采捕的底播虾夷扇贝相应为20.85万、19.76万、3.61万亩,凭空增加24782.81万元营业外支出,普遍为核销总额的50%,所占比例为42.91%左右;在减值海域中,在2015年与2016年底播虾夷扇贝中,往年已进行采捕的面积分别为 6.38 万亩、0.13 万亩,减值金额中,凭空增加的资产减值损失占比18.29%,为 1110.52 万元。

资料来源:扇贝跑了"迎大结局:獐子岛原董事长获刑 15 年证监会曾借北斗卫星数据调查〔OB/OL〕.(2023-12-29)〔2025-01-03〕.https://www.163.com/dy/article/IN51GL8I051492T3.html?clickfrom=w_yw.

要求:根据资料分析獐子岛内部控制存在的问题,并提出相应的优化建议。

思考与练习

一、思考题

1.什么是不相容职务分离控制?一般情况下需要分离的不相容职务有哪些?

2.什么是授权审批控制?它的基本原则包括哪些?

3.什么是会计系统控制?它的内容包括哪些?

4.什么是全面预算控制?它的具体控制流程有哪些?

二、单选题

1.下列与现金业务有关的职责可以不分离的是( )。

A.现金支付的审批与执行　　　B.现金保管与现金日记账的记录

C.现金的会计记录与审计监督　　D.现金保管与现金总分类账的记录

2.审批人应在授权范围内审批,不得越权,经办人应在职责范围内,按审批意见办理工程项目业务。对于审批人超越授权范围审批的工程项目业务,经办人有权( )。

A.暂缓办理,并向审批人建议纠正

B.先按审批人意见办理,并向上级部门报告

C.先按审批人意见办理,并向审批人的上级授权部门报告

D.拒绝办理,并及时向审批人的上级授权部门报告

3.对于同一经济业务允许采用多种会计处理方法的,企业应根据发展战略、经营管理和内部控制的要求,在会计准则的框架范围内制定适合本企业的( )。

A.会计制度　　B.会计方法　　C.会计政策　　　D.会计规则

4.在内部控制体系中,关于"不相容职务分离控制"的原则,以下哪一项描述是正确的?（　　）

A.同一员工可以同时负责采购订单的制定和验收采购的货物

B.同一员工可以既负责现金的收支,又负责现金账目的记录和审核

C.同一员工在批准某项交易后,可以亲自执行该交易

D.同一员工可以负责编制财务报表,但不得拥有对财务报表的审核权

5.以下哪项不是会计系统控制的主要目的?（　　）

A.确保会计信息的准确性

B.保护企业资产的安全

C.提高企业产品的销售量

D.确保财务报告的合规性和可信度

6.全面预算控制包括战略转化、预算编制、预算执行和（　　）四个阶段。

A.预算控制　　　　B.预算分析　　　　C.预算考评　　　　D.预算核算

7.以下绩效考评模式考虑了资本成本且着眼于企业长期发展的是（　　）。

A.会计基础绩效考评模式　　　　B.经济基础绩效考评模式

C.平衡计分卡绩效考评模式　　　　D.战略管理绩效考评模式

8.绩效考评系统的评价主体主要是（　　）。

A.公司董事会和各级管理者　　　　B.各级管理者

C.全体员工　　　　D.各个部门

9.合同策划、调查、初步确定准合同对象、谈判、拟订合同文本、审核、审批属于合同控制的（　　）。

A.合同准备阶段　　　　C.合同履行阶段

B.合同签署阶段　　　　D.合同履行后管理阶段

10.在会计系统控制中,以下哪项措施最直接地确保了会计信息的准确性（　　）。

A.定期对会计人员进行技能培训

B.对原始凭证进行严格的审核和核实

C.设立内部审计部门

D.实行多人协作的会计工作模式

三、多选题

1.某银行总行高级程序员在编制利息计算分配自动控制系统时,将每一位储户应分配的利息少分配 1～2 分,扣留下来的 1～2 分,自动转移至该程序员设定的账号,造成储户利益流失,因该程序较为隐蔽,长期未被发现。该行在信息

系统内部控制上存在哪些风险。（　　　）

A.不相容职务未有效分离

B.对信息系统开发监控不力

C.信息系统日常运行维护不规范

D.未采取必要措施确保关键数据的准确、完整

2.下列选项中,属于控制活动的有（　　　）。

A.因某些特别原因,同意对某个不符合一般信用条件的客户赊销商品

B.将交易授权、交易记录以及资产保管等职责分配给不同员工

C.人力资源政策

D.风险评估程序

3.下列哪些情况可能违反了"不相容职务分离控制"的要求?（　　　）

A.出纳人员负责从银行取回现金支票,并亲自将支票全额存入企业账户

B.销售人员负责签订销售合同,并决定给予客户的折扣比例

C.仓库管理员负责接收并存放入库的货物,但不负责货物的发货

D.内部审计人员负责审查财务记录,并有权修改发现的错误

E.人力资源部门负责招聘新员工,但薪资的确定由财务部门负责

4.关于授权审批控制,以下哪些选项是正确的?（　　　）

A.应确保所有交易和事项都经过适当的授权

B.授权审批人员应独立于执行交易或事项的人员

C.授权审批控制可以完全消除舞弊和错误的发生

D.应明确各级审批人员的职责和权限

E.授权审批流程应定期审查和调整,以适应企业发展的需要

5.以下哪些措施属于有效的内部控制措施?（　　　）

A.定期对会计软件进行更新和升级,以确保系统的稳定性和安全性

B.对所有会计凭证和账簿进行定期核对,确保账证相符、账账相符

C.允许出纳人员同时负责现金收支和现金账目的记录

D.设立独立的内部审计部门,对会计系统进行定期审计

E.授权审批控制中,明确各级审批人员的职责和权限,确保交易和事项的合规性

6.全面预算主要包括（　　　）。

A.经营预算　　　B.资本预算　　　C.现金预算　　　D.财务预算

7.关于企业预算管理内部控制,下列做法正确的有（　　　）。

A.预算管理工作机构设在财会部门

B.在预算年度开始前完成全面预算草案的编制工作

C.对于工程项目、对外投融资等重大预算项目,密切跟踪其实施进度和完成

情况,实行严格监控

D.为了紧密跟随市场经济环境的变化,企业批准下达的预算可以调整,不用再履行审批程序

8.绩效考评的循环过程包括(　　　)。

A.绩效计划　　　　B.绩效实施　　　　C.绩效考核　　　　D.绩效改进

9.平衡计分卡的优点包括(　　　)。

A.考虑了股东权益资本成本

B.将目标与战略具体化,加强了内部沟通

C.实现了指标间的平衡

D.兼顾了不同利益者的利益

10.目前,在实践中得到普遍应用的绩效考评模式主要有(　　　)。

A.会计基础绩效考评模式　　　　　　B.非财务绩效考评模式

C.经济基础绩效考评模式　　　　　　D.战略管理绩效考评模式

四、判断题

1.出于不相容职务分离的考虑,企业不得安排同一机构办理任何采购业务全过程。(　　　)

2.股利分配方案属于企业的重大事项,应经过董事会集体决策审批。(　　　)

3.甲集团对某一子公司进行重组,需要在方案 A 和方案 B 中间选择一套执行,领导班子集体讨论确定 A 方案,在实施过程中,重组条件发生改变,集团董事长发现方案 B 更有利,决定改用方案 B。董事长的做法是适当的。(　　　)

4.审批控制要求所有交易和事项在得到明确的授权后才能进行,且审批权限应与其所承担的责任相符。(　　　)

5.会计系统控制的核心是确保会计信息的准确性、完整性和及时性,包括会计记录、报告和内部控制程序。(　　　)

6.全面预算管理的本质属性是以预算为标准的管理控制系统,是企业实施内部控制的方法和工具。(　　　)

7.财务预算是预算期内企业财务活动、经营成果和财务状况方面的预算,主要包括利润预算、现金预算和成本预算。(　　　)

8.战略管理绩效考评模式与会计基础绩效管理模式相比,不仅考虑了债务成本,而且考虑了资本成本。(　　　)

9.合同控制就是企业在梳理合同管理的整个流程中,分析其中的关键风险点,采取一定的措施,将合同风险控制在企业可接受范围以内的整个过程。(　　　)

10.目前,国务院国资委引入 EVA 对中央企业负责人的经营业绩进行考核,这是采用会计基础指标作为考评指标的考核模式。(　　)

第六章
思考与练习参考答案

第七章 常规业务的内部控制

 学习目标

知识目标

1. 了解购销活动、投融资活动和资产管理的内部控制目标；

2. 熟悉购销活动、投融资活动和资产管理的业务流程；

3. 掌握购销活动、投融资活动和资产管理的风险和主要控制措施。

能力目标

1. 掌握购销活动、投融资活动和资产管理的控制措施理论，并能够综合运用所学方法，将风险控制在合理范围之内；

2. 能对企业开展考察调研活动，分析企业所采取的控制措施。

素养目标

1. 分析典型舞弊事件的根源，树立反舞弊的信心，塑造系统观念和底线思维；

2. 树立企业社会责任战略观和企业可持续发展风险观。

思维导图

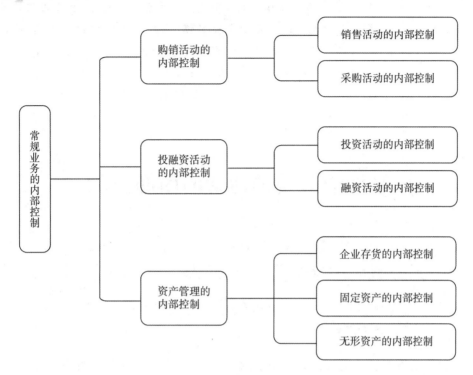

引导案例

国家能源集团:科技助力防范非招标采购廉洁风险

2022 年 12 月,国家能源集团物资公司的非招标采购智能无人评审系统,逐步上线了采购订单报价和评审工作。截至 2023 年 2 月,已完成逾 1 万个订单。智能无人评审系统在采购项目信息挂网后,供应商可以在系统中自主参与报价。系统在对采购要求及供应商响应情况进行比对分析后,生成 AI 评审结果。

传统的非招标物资采购评审环节通常在线下进行,一般需要 3 人花费 1 天时间才能完成,不仅耗时费力,还具有比较大的廉洁风险。传统非招标物资采购评审环节中,竞争情况复杂,评审规则模糊,在采购过程中容易出现采购需求提出不全面、采购人自由解释权过大等问题。

国家能源集团物资公司的智能无人评审系统是防范非招标采购领域廉洁风险的创新举措。其将采购人的需求进行结构化规范,使要求更加清晰明了,减少了以往非招标采购中采购人的主观经验性判断。同时将评审专家对评审因素的评审规则进行量化,使评审专家的自由裁量权得以有效控制,且评审专家的可解释性更强,能有效防范干部职工任性用权。

　　从以上案例可以看到,国家能源集团物资公司在采购活动上创新地采用智能无人评审系统,推动了非招标物资采购向数字化、智能化发展,而企业的购销活动、投融资活动和资产管理也需进一步加大大数据、信息化在内部控制中的运用。在本章的学习中,我们将对这些重要活动的关键风险和控制措施进行详细阐述。

　　资料来源:国家能源集团:科技助力防范非招标采购廉洁风险[EB/OL].(2023-02-11)[2024-09-06]. https://www.ccdi.gov.cn/yaowenn/202302/t20 230211_246063.html.

第一节　购销活动的内部控制

一、销售活动的内部控制

(一)销售活动的控制目标

　　企业销售控制是指规范企业销售的管理活动,主要包括营销策略管理、定价管理、招投标管理、产品购销管理、商品出入库管理、商品运输管理和客户管理等内容。其控制目标主要有:建立健全销售制度和流程,遵守国家相关法律法规;建立科学、合理的定价机制;保证新产品开发与企业战略目标一致;员工在授权范围内进行销售业务操作;规范管理销售渠道,维护企业品牌形象;售后投诉及其处理程序规范合理。

(二)销售活动的控制流程

　　销售活动的基本流程包括编制销售计划、客户信用管理、销售定价与销售谈判、销售合同审批及订立、发货或提供服务、收款、销货退回与折让等,具体如图7-1所示。

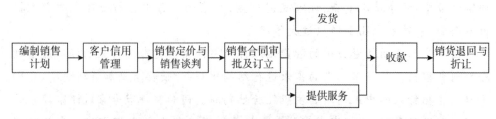

图7-1　销售活动基本流程图

(三)销售活动中常见风险与控制活动

企业销售环节中常见的销售风险和控制活动,如表 7-1 所示。

表 7-1　企业销售活动中常见风险与控制活动

销售活动	常见风险	控制活动
编制销售计划	(1)市场预测不准确导致销售计划缺乏合理性; (2)销售计划未经授权审批,导致产品结构和生产安排不合理。	(1)根据发展战略,结合销售预测、生产能力以及客户订单情况,制订销售计划; (2)不断根据实际情况,及时调整销售计划,并按相关程序进行审批。
客户信用管理	(1)现有客户管理不足、潜在市场需求开发不充分,可能导致客户丢失或市场拓展不力; (2)客户档案不健全,缺乏合理的资信评估制度,可能导致客户选择不当,销售款项无法及时收回或遭受欺诈。	(1)完善客户信用档案,加强客户资信情况的跟踪,防范信用风险; (2)企业信用管理部门根据每个顾客授权的信用额度来批准赊销; (3)在执行人工赊销信用检查时,注意审批信用管理事项不能由销售人员进行担任。
销售定价与销售谈判	(1)定价或调价不符合价格政策,未能结合市场供需状况、盈利测算等进行适时调整; (2)商品销售价格未经恰当审批,或存在舞弊,可能损害企业经济利益或者企业形象。	(1)企业应加强市场调查,关注客户信用状况,合理确定定价机制和信用方式。 (2)企业在销售合同订立前,应当指定专人就销售价格、信用政策、发货及收款方式等具体事项与客户进行谈判;重大的销售业务谈判或重要事项应当形成完整的书面记录。
销售合同审批及订立	(1)合同内容存在重大疏漏和欺诈,未经授权对外订立销售合同,可能导致企业合法权益受到侵害; (2)销售价格和收款期限等内容违背企业销售政策,可能导致企业经济利益受损失。	(1)企业应当建立健全销售合同审批制度,说明具体审批程序及涉及人员,并明确审批权限; (2)销售合同应当明确双方的权利和义务,审批人员应当对销售合同内容进行严格审查,金额重大的销售合同应由法律顾问审查; (3)销售合同草案经审批后,企业应当授权有关人员与客户签订正式销售合同。
发货	未经授权发货或发货不符合合同约定,可能导致货物损失或客户与企业产生销售争议。	(1)仓储部门只有在收到经批准的销售单时才能供货,将供货与装运岗位职责分离,严格按照所列项目组织发货,确保货物安全发运; (2)企业应当在销售与发货各环节做好相关的记录,填制相应的凭证,建立完整的销售登记制度。

续表

销售活动	常见风险	控制活动
收款	结算方式选择不当、账款回收不力、票据审查和管理不善使企业经济利益受损。	(1)企业应当将销售收入及时入账,不得账外设账,不得擅自坐支现金; (2)应当避免销售人员直接接触销售现款; (3)对以银行转账方式办理的销售收款,应当通过企业核定的账户进行结算。
会计信息系统	销售业务会计记录和处理不及时、不准确,造成企业账实不符、账账不符、账证不符。	(1)企业应当详细记录交易信息,并确保会计记录、销售记录与仓储记录核对一致; (2)建立应收账款清收核查制度,指定专人通过函证等方式定期与客户核对往来款项; (3)加强应收款项坏账的管理,当出现应收款项全部或部分无法收回的情况时,应当查明原因,明确责任,并严格履行审批程序,按照会计准则和制度进行处理。

二、采购活动的内部控制

(一)采购活动的控制目标

企业为满足日常生产经营及管理需要,购买物资(或接受劳务)及支付款项。采购是企业生产经营的起点,设计采购控制的主要目的在于规范采购各项活动,并防范采购过程中的差错和舞弊。采购活动的控制目标具体包括:合理降低采购成本,实现企业利益最大化;建立健全符合国家法律法规的采购制度和流程;选用适当的采购策略,维护招标程序的公平;执行采购预算管理,所有采购行为都经审批执行;对供应商的管理形成定期评估、优胜劣汰的机制。

(二)采购活动的控制流程

企业采购控制流程主要涉及编制采购计划、请购商品和服务、选择供应商、确定采购方式和价格、订立采购合同、管理供应过程、验收商品、付款审核、会计系统控制、退货等环节,具体如图7-2所示。

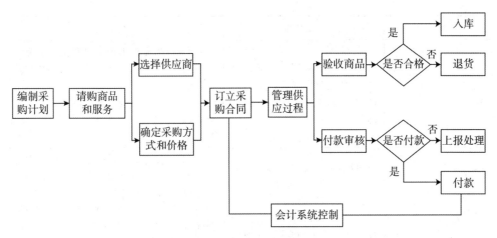

图 7-2　采购活动流程图

(三)采购活动中常见风险与控制活动

针对采购控制的常见风险,企业可采用一系列控制活动,如表 7-2 所示。

表 7-2　采购活动中常见风险与控制活动

采购活动	常见风险	控制活动
编制采购计划	(1)采购计划制定不合理,不按实际需求安排采购或随意超计划采购; (2)企业的采购计划与生产经营计划不协调。	(1)应根据实际生产经营需要,准确及时地编制需求预算; (2)生产、仓库等部门定期编制采购计划,经相应管理人员审批后提交采购部门。
请购商品和服务	(1)请购未经适当审批或超越授权审批; (2)对市场变化趋势预测不准确,造成库存短缺或积压、企业生产停滞或资源浪费等情形。	(1)企业应当建立采购申请制度,明确相关部门或人员的职责权限及相应的请购和审批程序; (2)按照预算执行进度办理请购手续,对于超预算和预算外采购项目,由具备审批权限的部门或人员审批后,再行办理请购手续。
选择供应商	供应商选择不当,可能导致采购物资质次价高,甚至出现舞弊行为。	(1)企业应当建立科学的供应商评估和准入制度,与选定的供应商签订质量保证协议,建立供应商管理信息系统; (2)对供应商进行实时管理和综合评价,根据评价结果对供应商进行调整。

续表

采购活动	常见风险	控制活动
确定采购方式和价格	(1)采购定价机制不科学; (2)采购定价方式选择不当; (3)缺乏对重要物资品种价格的跟踪监控。	(1)企业应当根据市场情况和采购计划,合理选择采购方式,避免多头采购或分散采购; (2)企业应建立采购定价机制,采取谈判采购、询价采购等多种方式合理确定采购价格。
订立采购合同	(1)盲目签订采购合同,因采购合同条款无效而造成违约或合同执行不力; (2)未订立采购合同或未经授权对外订立采购合同、合同内容存在重大疏漏和欺诈等。	(1)企业应按照规定权限签订采购合同,确定供应商、采购方式、采购价格,明确双方权利、义务和违约责任; (2)对于影响重大、涉及较高专业技术的合同,应当组织法律、技术、财会等专业人员参与谈判,必要时可聘请外部专家参与相关工作。
管理供应过程	缺乏对采购合同履行的跟踪管理,运输工具和方式选择不当,忽视投保等,造成采购物资损失或无法按计划保证供应。	(1)企业依据采购合同中确定的主要条款跟踪合同履行情况,对异常情况出具书面报告并及时提出解决方案; (2)评价供应商供货情况,选择合理的运输工具和运输方式,办理运输投保,尽可能地降低采购物资损失,保证物资及时供应; (3)对采购过程实行全程登记制度,确保各项责任可追究。
验收商品	(1)验收标准不明确; (2)验收程序不规范; (3)对验收中存在的异常情况不作处理。	(1)由验收人员对采购项目的品种、规格、数量、质量等进行验收,出具验收证明,验收过程中发现的异常情况,应当立即报告,查明原因并及时处理。 (2)验收部门应编制预先按顺序编号的验收单,验收人员将商品送交仓库或其他请购部门时,应取得签字的收据。 (3)商品保管与采购的职责相分离,减少未经授权的采购和盗用商品的风险;存放商品的仓储区应相对独立,限制无关人员接近。

续表

采购活动	常见风险	控制活动
付款审核	(1)付款审核不严格; (2)付款方式不恰当; (3)付款金额控制不严,可能导致企业资金损失或信用受损。	(1)企业应完善付款流程,严格审查采购发票的真实性、合法性和有效性;发现虚假发票的,应查明原因,及时报告处理,审核无误后及时办理付款。 (2)企业应当重视采购付款的跟踪管理,发现异常情况的,应当拒绝付款。 (3)企业应当合理选择付款方式,并严格遵循合同规定。 (4)企业应当加强预付账款和定金的管理,涉及大额或长期的预付款项应当定期进行追踪核查,发现有疑问的预付款项应当及时采取措施。
退货	(1)缺乏退货管理制度; (2)退货不及时,给企业造成损失。	(1)企业应当建立退货管理制度,对退货条件、退货手续、货物出库、退货货款回收等作出明确规定; (2)涉及符合索赔条件的退货,应在索赔期内及时办理索赔。
会计系统控制	(1)缺乏有效的采购会计系统控制,未能全面真实地记录和反映企业采购各环节的资金流和实物流情况; (2)相关会计记录与相关采购记录、仓储记录不一致。	(1)应付账款部门应核查购置的财产,并在应付凭单登记簿或应付账款明细账中加以记录; (2)会计部门应根据已批准的未付款凭单,编制有关记账凭证和登记有关账簿; (3)记录现金支出的人员不得经手现金、有价证券和其他资产。

第二节 投融资活动的内部控制

一、投资活动的内部控制

企业投资活动的内部控制应该根据不同投资类型的业务流程以及流程中各个环节体现出来的风险,采用不同的具体措施进行投资活动的内部控制。

(一)企业投资活动的控制目标

投资活动作为企业一种盈利活动,对于筹资成本补偿和企业利润创造,具有举足轻重的意义。因此,企业投资活动控制目标包括:根据企业自身发展战略,结合企业资金现状,拟定投资目标,制订投资计划,慎选投资项目,凸显企业主业,为企业拓展新的盈利增长点;制定合理的投资结构,降低投资风险。

(二)投资活动的控制流程

企业投资控制流程主要涉及编制与评估投资方案、审批投资方案、编制与实施投资计划、投资处置等环节,具体如图7-3所示。

图7-3 投资业务流程图

(三)投资活动中常见风险与控制活动

针对投资活动的常见风险,企业可采用一系列控制活动,如表7-3所示。

表7-3 投资活动中常见风险与控制活动

投资活动	常见风险	控制活动
编制与评估投资方案	(1)投资方案与企业发展战略和风险偏好不符; (2)企业未对投资方案作出客观评价。	(1)企业应当根据发展战略合理安排投资结构和规模,科学编制投资方案。 (2)企业选择投资项目应当突出主业,谨慎从事股票投资或衍生金融产品等高风险投资;如果企业采用并购方式进行投资,应当重点关注并购对象的安全与风险。 (3)企业应当加强对投资方案的可行性研究,对于重大投资项目,应当委托具备相应资质的专业机构进行可行性研究并提供独立的可行性研究报告。
审批投资方案	(1)投资方案缺乏严密的授权审批制度; (2)企业对于投资方案审批不严。	(1)企业应当按照职责分工和审批权限对投资项目进行决策审批,重点审查投资方案的可行性、合规性、风险的可控性、资金的充足性以及投资战略的契合性; (2)重大投资项目应当按照规定的权限和程序实行集体决策或者联签制度,投资方案须经有关管理部门批准。

续表

投资活动	常见风险	控制活动
编制与实施投资计划	(1)投资计划内容不科学； (2)在实施过程中缺乏对项目的跟踪管理。	(1)投资计划应根据审批通过的投资方案进行编制，并报请有关部门批准，投资计划需具体明确不同阶段的资金投入额等重要信息； (2)企业需与被投资方签订投资合同，并在合同中明确出资时间、金额、方式、双方权利义务和违约责任等内容； (3)企业应当建立投资管理台账，详细记录投资重要事项，妥善保管投资合同或协议、出资证明等资料； (4)企业应当对投资项目进行跟踪管理，定期组织投资效益分析，当发现异常情况，应当及时报告并合理计提减值准备、确认减值损失。
到期处置投资项目	(1)到期投资项目的处置不符合企业利益； (2)企业的投资项目处置缺乏责任追究制度。	(1)企业应当重视投资到期本金的回收，对投资收回、转让、核销等决策和审批程序作出明确规定； (2)转让投资应当由专业机构或人员合理确定转让价格，报授权批准部门批准； (3)核销投资应当取得不能收回投资的法律文书和相关证明文件，对于到期无法收回的投资，企业应当建立责任追究制度。

二、融资活动的内部控制

(一)企业融资活动的控制目标

企业融资活动是企业主要通过外部方式筹措所需资金的财务活动。充足的资金保证了企业日常生产经营活动的顺利进行，所以融资活动是企业资金活动的起点。为此，企业融资活动控制目标包括：取得满足企业生产经营和发展所需资金；使企业拥有合理的融资结构，降低融资成本和融资风险；企业可以高效使用资金，降低财务风险，维持持续经营。

(二)融资活动的控制流程

企业融资控制流程主要涉及提出融资方案、审批融资方案、制订与实施融资计划等环节，具体如图7-4所示。

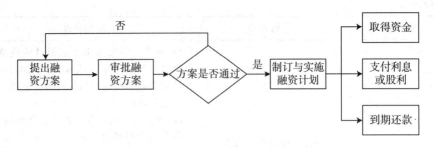

图 7-4　融资活动流程图

(三)融资活动中常见风险与控制活动

针对融资活动的常见风险,企业可采用一系列控制活动,如表 7-4 所示。

表 7-4　融资活动中常见风险与控制活动

融资活动	常见风险	控制活动
提出融资方案	(1)企业缺乏对融资方案的周密规划,导致方案偏离经营战略规划和资金现状; (2)企业无法科学全面地评估融资方案。	(1)企业融资应当根据经营战略,结合年度全面预算与资金现状等因素,拟定融资方案,明确融资用途、规模、结构、方式和期限等内容。 (2)企业应进行融资方案的战略评估、经济性评估和风险评估。战略评估主要评估融资方案是否符合企业发展战略,融资规模是否适当,避免盲目筹集过多资金或筹资不足的问题;经济性评估主要分析融资方案是否经济,是否以最低的筹资成本获得所需资金;风险评估对融资方案面临的风险进行预测分析。 (3)重大融资方案应当形成可行性研究报告,全面反映风险评估情况。
审批融资方案	(1)缺乏完善的授权审批制度; (2)审批不严。	(1)企业应当按照分级授权审批的原则对融资方案进行严格审批,重点关注筹资用途的可行性和相应的偿债能力; (2)重大融资方案应当按照规定的权限和程序实行集体决策或者联签制度,并且融资方案需经有关部门批准的,应当履行相应的报批程序; (3)融资方案发生重大变更的,应当重新进行可行性研究并履行相应的审批程序。

续表

融资活动	常见风险	控制活动
制订与实施融资计划	(1)融资计划不完善; (2)筹资成本支付不力; (3)缺乏对筹资活动严密的跟踪管理。	(1)财务部门应根据批准的融资方案制订严密的融资计划,并且严格按照规定权限和融资计划筹集资金的方式和金额执行。 (2)企业应当加强对债务偿还和股利支付环节的管理,对偿还本息和支付股利等作出适当安排。对于债务融资,企业应当准确计算应付利息,与债权人核对无误后按期支付;对于股权融资,企业应当选择合理的股利分配政策,兼顾投资者近期和长远利益,避免分配过度或不足。 (3)妥善保管筹资合同或协议、收款凭证、入库凭证等资料,定期与资金提供方进行账务核对,确保融资活动符合融资方案的要求。

第三节 资产管理的内部控制

一、企业存货的内部控制

企业存货的内部控制是指企业生产经营活动中所需各种物资的储备、调配及合理使用等各项管理工作的总称。存货包括原材料、周转材料、在产品、半成品、产成品或商品等。企业代管、代销、暂存、受托加工的存货也应纳入本企业的存货管理中。

(一)企业存货管理的控制目标

存货控制的主要目标包括:建立健全存货管理的制度和流程,避免存货丢失和损毁;存货保持最佳储量,防止出现存货积压或短缺的问题;存货的领用和处置需经过适当授权。

(二)存货管理的控制流程

存货管理的业务流程主要有存货取得、验收入库、存货保管、盘点清查、领用发出以及销售处置等,具体如图 7-5 所示。

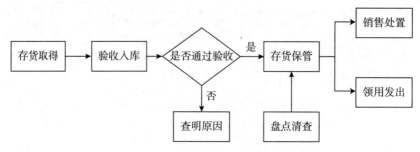

图 7-5　存货管理控制流程图

（三）存货活动中常见风险与控制活动

针对存货管理活动的常见风险,企业可采用一系列控制活动,如表 7-5 所示。

表 7-5　存货管理中常见风险与控制活动

存货活动	常见风险	控制活动
存货取得	(1)存货预算编制不科学; (2)采购计划不合理,可能造成存货积压或短缺; (3)存货取得方式不合理,不符合成本效益原则。	(1)企业应当根据各种存货采购间隔期和当前库存,综合考虑企业生产经营计划、市场供求等因素,充分利用信息系统,合理确定存货采购日期和数量,确保存货处于最佳库存状态; (2)企业应当本着成本效益原则,确定不同类型存货的取得方式。
验收入库	(1)验收程序方法不规范; (2)验收标准不明确,可能造成以次充好、账实不符等问题。	(1)企业应当规范存货验收程序和方法,对入库存货的数量、质量、技术规格等方面进行查验,验收无误方可入库; (2)企业应针对不同的存货取得方式,关注不同的验收重点。
存货保管	存货储存保管方式不当、监管不严,可能造成存货被盗、流失、变质损坏、价值贬损和资源浪费等问题。	(1)企业应当建立存货保管制度,定期对存货进行检查,严格限制未经授权的人员接触存货; (2)企业应当按不同存货的储存条件来保管存货,并对代管、代销、暂存、受托加工的存货进行单独存放和记录; (3)企业可以加强对存货进行保险投保,从而降低意外事件造成的存货损失风险。

续表

存货活动	常见风险	控制活动
领用发出	存货领用发出审核不严、程序不规范,造成存货丢失。	(1)企业应当明确存货发出和领用的审批权限,大批存货、贵重商品或危险品的发出应当实行特别授权; (2)仓储部门应当根据经审批的销售(出库)通知单发出货物; (3)仓储部门应当详细记录存货入库、出库及库存情况,做到存货记录与实际库存相符,并定期与财会等部门进行核对。
盘点清查	盘点清查制度不完善、盘点计划不合理以及执行不严等,造成盘点清查工作敷衍了事,无法查清存货的真实情况等问题。	(1)企业应当建立完善的存货盘点清查制度,确定符合企业实际情况的盘点周期、盘点方法和盘点流程;在每年年终,企业应当开展全面盘点清查工作并形成书面盘点报告。 (2)企业盘点人员应当严格按照盘点计划进行存货盘点清查,及时发现存货减值迹象。 (3)盘点清查中若发现存货盘盈、盘亏、毁损、闲置以及需要报废,应当查明原因、落实并追究责任,按照规定权限批准后处置。
销售处置	存货审批和处置责任不明确,可能让企业蒙受损失。	(1)企业应定期对存货进行检查,及时了解和更新存货的存储状态; (2)对于存货的处置需要编制存货处置单,并区分处置责任和分析处置原因,经过相关人员报批后方能进行处置。

二、固定资产的内部控制

固定资产的内部控制是指企业获取、准备和维护固定资产的一系列业务活动。这些业务活动可能涉及房屋、建筑物、机器、机械、运输工具以及其他与生产经营活动有关的设备、器具、工具等的购置、使用、维护和处置。

(一)企业固定资产管理的控制目标

固定资产管理的主要目标包括:有效地预测和规划企业现在和未来的生产经营能力;使资本支出的价值最大化;制定有效程序对固定资产实施有效的维护;使运营成本、资产损失和安全问题导致的风险最小;保持有效的资产承保范围;获取、处理和报告有助于改善固定资产控制流程的信息。

（二）固定资产管理的控制流程

固定资产管理的业务流程主要有固定资产取得、固定资产验收、登记造册、固定资产投保、运行维护、更新改造、淘汰处置等，具体如图 7-6 所示。

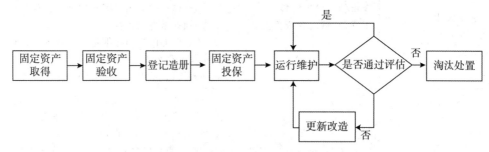

图 7-6　固定资产管理控制流程图

（三）固定资产管理中常见风险与控制活动

针对固定资产管理活动的常见风险，企业可采用一系列控制活动，如表 7-6 所示。

表 7-6　固定资产管理中常见风险与控制活动

业务活动	常见风险	控制活动
固定资产取得	固定资产预算不科学、审批不严，造成固定资产购建不符合企业发展战略、利用率不高等问题。	(1)企业应建立固定资产预算制度，固定资产的购建应符合企业的发展战略和投资计划； (2)对于固定资产建造项目应开展可行性研究，提出项目方案，批准后确定工程立项。
固定资产验收	固定资产验收程序不规范，可能造成资产质量不符合要求，影响资产正常运作。	(1)企业应当建立严格的固定资产交付验收制度，确保固定资产数量、质量、规格等符合使用要求。 (2)对于未通过验收的固定资产，不得接收，应按照合同等有关规定办理退货等弥补措施；验收合格的固定资产应及时办理入库、编号、建卡、调配等手续。 (3)对于具有权属证明的资产，取得时必须有合法的权属证书。
登记造册	固定资产登记内容不完整，造成固定资产流失、信息失真等问题。	企业应当制定固定资产目录，对每项固定资产进行编号，详细记录各项固定资产的来源、验收、使用地点、责任单位和责任人等内容。

续表

业务活动	常见风险	控制活动
固定资产投保	固定资产投保制度不健全,造成应投保资产未投保、投保舞弊、索赔不力等问题。	(1)企业应健全固定资产投保制度,投保范围和政策应足以应对固定资产因各种原因发生损失的风险; (2)对应投保的固定资产项目按规定程序进行审批,及时办理投保手续; (3)对重大投保项目,应考虑采取招标的方式,防范投保舞弊; (4)对已投保资产发生损失的,应及时调查原因,办理相关索赔手续。
运行维护	固定资产操作不当、维修保养不到位,造成固定资产运作不良、使用效率低下、产品残次率高、生产停顿,甚至出现生产事故等问题。	(1)企业应对固定资产实行归口管理和分级管理,坚持"谁使用、谁管理、谁负责"原则; (2)企业应当强化对关键设备运转的监控,严格操作流程,实行岗前培训和岗位许可制度,确保设备安全运转; (3)严格执行固定资产日常维修和大修理计划,定期对固定资产进行维护保养,切实消除安全隐患。
更新改造	固定资产更新改造不及时、技术落后,造成设备落后、市场竞争力下降等问题。	(1)企业应当定期对固定资产的技术先进性进行评估,结合企业发展的需要,提出技改方案,并经审核批准后执行; (2)根据发展战略,充分利用国家有关自主创新政策,加大技改投入,不断促进固定资产技术升级、淘汰落后设备; (3)管理部门需对技改方案实施过程适时监督,加强管理,有条件的企业可以建立技改专项资金并进行定期或不定期的审计工作。
盘点清查	盘点清查制度不完善,造成固定资产流失、毁损等账实不符与资产贬值等问题。	(1)企业应当建立固定资产清查制度,至少每年进行一次全面清查; (2)清查结束后应编制清查报告,对清查中发现的问题,应当查明原因,追究责任,妥善处理。
抵押质押	固定资产抵押制度不完善,可能导致抵押资产价值低估和资产流失。	(1)加强固定资产抵押、质押的管理,明确固定资产抵押、质押流程; (2)财务部门办理资产抵押时,如需要委托专业中介机构鉴定评估固定资产的实际价值,应当现场勘验抵押品,对抵押资产的价值进行评估; (3)对于抵押资产,应编制专门的抵押资产目录。

续表

业务活动	常见风险	控制活动
淘汰处置	处置制度不完善、处置方式不合理、处置定价不恰当等，可能给企业造成损失。	企业应建立健全固定资产处置制度，按规定程序对处置申请进行严格审批，关注固定资产处置中的关联交易和处置定价，防范资产流失。
会计系统控制	会计记录和处理不及时、不准确，不能反映固定资产的实际情况。	财务部门应及时对固定资产增加、处置等变动情况进行会计记录和处理，根据固定资产的实际使用情况合理地确定计提折旧、减值准备的方法，并定期对折旧和减值进行复核。

三、无形资产的内部控制

无形资产的内部控制是指企业对拥有或控制的没有实物形态的可辨认非货币性资产(如专利权、非专利技术、商标权、著作权、特许权、土地使用权等)的取得、验收并落实权属、自用或授权其他单位使用、安全防范、技术升级、更新换代、处置与转移等活动，旨在充分发挥无形资产对提升企业创新能力和核心竞争力的作用。

(一)企业无形资产管理的控制目标

无形资产管理的主要目标包括：有效地预测和规划企业现在和未来的技术、产品和声誉水平；明确无形资产管理各项业务的审批程序；降低无形资产获得、运用和处置中的成本与损失；确保无形资产安全、完整；提高企业的创新能力和核心竞争力。

(二)无形资产管理的控制流程

无形资产管理的业务流程主要包括无形资产的取得与验收、无形资产的使用与保护、定期评估、技术升级和更新换代、无形资产处置等，具体如图 7-7 所示。

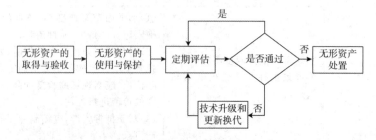

图 7-7 无形资产管理控制流程图

（三）无形资产管理中常见风险与控制活动

针对无形资产管理活动中常见风险，企业可采用一系列控制活动，如表 7-7 所示。

表 7-7 无形资产管理中常见风险与控制活动

业务活动	常见风险	控制活动
无形资产的取得与验收	(1)购建无形资产没有经过严格的审批； (2)取得的资产不具先进性和自主性，或权属不清等，造成无形资产购建不符合发展战略并引发法律诉讼等问题。	(1)对无形资产购建进行可行性研究，减少资源的浪费。 (2)建立严格的无形资产交付验收制度，取得无形资产时应及时办理产权登记手续；权属关系发生变动时，应按规定及时办理权证转移手续。 (3)企业购入或者以支付土地出让金等方式取得的土地使用权，应当取得土地使用权的有效证明文件。
无形资产的使用与保护	(1)无形资产使用效率低下； (2)无形资产缺少严格的保密措施，导致泄露商业秘密和他人侵权行为。	(1)企业应当分类制定无形资产管理办法，落实无形资产管理责任制； (2)企业应加强对无形资产所有权的保护，防范侵权行为和法律风险； (3)企业采取严格的保密措施，严格限制未经授权人员直接接触涉密资料。
技术升级和更新换代	(1)无形资产未及时进行更新换代，造成技术落后、自主创新能力弱等问题； (2)存在重大技术安全隐患。	(1)企业应当定期对专利、专有技术等无形资产的先进性进行评估，淘汰落后技术，加大研发投入； (2)企业应当重视品牌建设，加强商誉管理，不断打造和培育企业品牌，切实维护和提升企业品牌的社会认可度。
无形资产处置	缺乏处置制度导致无形资产处置不当，造成企业资产流失。	(1)企业应建立无形资产处置的相关制度，明确处置程序、审批权限等； (2)合理确定处置价格，按规定程序对无形资产处置进行严格审批； (3)重大无形资产处置应委托具有资质的中介机构进行资产评估。
会计系统控制	会计记录和处理不及时、不准确，不能反映无形资产的实际情况。	财务部门应对无形资产及时进行账务处理，及时发现减值情况并进行处理，处理时需符合会计准则的规定。

本章小结

本章主要探讨了企业购销活动、投融资活动以及资产管理活动所面临的常见风险与内部控制活动。在购销活动方面,本章分别阐述了销售活动与采购活动的内部控制流程。对于销售活动,从编制销售计划、客户信用管理、销售定价与销售谈判、销售合同审批及订立、发货或服务交付到收款确认的每一个环节,都设定了清晰的内部控制目标和控制措施,以确保销售收入的真实性和应收账款的安全性。采购活动涵盖了编制采购计划、请购商品和服务、选择供应商、确定采购方式和价格、订立采购合同、管理供应过程、验收商品、退货、付款审核等多个关键步骤,每一步都伴随着控制活动,旨在防范采购过程中遭遇欺诈和成本超支风险。

在投融资活动方面,本章分别对投资活动和融资活动的内部控制进行了详细解析。投资活动涵盖了编制与评估投资方案、审批投资方案、编制与实施投资计划、到期处置投资项目等阶段,通过关键控制活动确保投资决策的科学性和投资资金的安全性。融资活动则包括提出融资方案、审批融资方案、制订与实施融资计划,同样设置了严格的内部控制流程,以防范融资过程中的财务风险。

此外,在资产管理方面,本章对存货管理、固定资产管理和无形资产管理等关键环节的内部控制进行了系统阐述。存货管理应从存货取得、验收入库、存货保管、领用发出、盘点清查到销售处置等环节建立严密的内部控制体系,以优化库存结构、减少库存积压和损耗。固定资产管理则涵盖了固定资产的取得、验收、登记造册、投保、运行维护、更新改造、盘点清查、抵押质押、淘汰处置等环节,通过控制活动确保资产的安全完整和有效利用。无形资产管理则关注无形资产的取得与验收、使用与保护、技术升级和更新换代、资产处置等环节,通过内部控制维护企业的核心竞争力和市场地位。

通过本章学习,读者应理解上述业务中面临的总体风险与关键风险点,并可通过掌握关键控制点来采取有针对性的控制活动,提升运营效率,降低运营风险,并为企业的可持续发展奠定坚实的基础。

案例分析

2020年12月底,上海奉贤一家冷链仓储负责人在进行年底盘点的时候,发现仓库的物品与系统内的数据差异很大,超过5吨的湾仔码头水饺不翼而飞。

这家冷链企业主要进行湾仔码头系列水饺的配送。仓储负责人通过内部调查发现仓库管理员张某和几个负责运货的卡车司机有作案嫌疑,立即向警方报案。

在警方介入后,张某等人很快就如实交代了自己利用职务便利倒卖货物的犯罪事实。张某作为管理员负责仓储配货发货,由他每天按照企业开的单子配好货给驾驶员,驾驶员再把货装上车送出去。2019年11月,企业负责送货的司机徐某找到了张某,并让他帮忙在送货时从企业冷库多"拿"几箱不在配货单上的水饺。相较于巨大的冷库储量,每次"拿"几箱被发现的可能性较低,张某便心动了。徐某后续开车拉货都会找张某要货,在张某将货"拿"给徐某后,徐某会按照每箱100元的分成微信转账给张某。为了防止被人发现,张某每次通过微信收了钱后就将徐某的微信删除,等过几天徐某来装货之前再添加微信。其他送货司机得知消息后也纷纷上门,而张某也是来者不拒。据警方调查,自2019年11月至2020年12月,张某利用职务便利,盗窃湾仔码头水饺共计900余箱,总重超过5吨,获利近9万元。

检察机关认为,犯罪嫌疑人张某利用自身作为企业仓库管理员的身份便利,将企业冷冻仓库中存储的湾仔码头系列冷冻水饺及云吞盗出企业仓库,交由事先联系好的企业冷链配送司机夹带在其他货物中运出企业进行贩卖的行为触犯了《中华人民共和国刑法》涉嫌职务侵占罪。2021年2月9日上海市奉贤区人民检察院对其依法批准逮捕。

资料来源:仓库管理员"蚂蚁搬家"盗走5吨"湾仔码头"水饺,被批捕[EB/OL].(2021-05-24)[2024-09-06].https://m.thepaper.cn/newsDetail_forward_12820898.

问题:结合本案例,讨论该冷链企业的存货管理内部控制存在什么重大缺陷? 如何防范仓库管理员监守自盗的风险?

思考与练习

一、单选题

1.下列关于固定资产处置的说法中,错误的是(　　　)。

A.固定资产出售前须对其价值进行评估,出具资产评估报告

B.固定资产管理部门应负责做好固定资产的处置工作

C.对使用期满、正常报废的固定资产,需要由固定资产使用部门或管理部门填制固定资产报废单

D.重大固定资产处置,应采取集体审议或联签制度

2.甲企业是一家 IT 企业,利用先进的信息技术与各大供应商建立起了长期稳定的合作关系,有效降低了采购成本和库存费用。这种资源属于(　　)。

A.人力资源　　　　B.有形资源　　　　C.无形资源　　　　D.财务资源

3.以下各项中,可以防止因劣质原材料引起完工产品缺陷的是(　　)。

A.及时对所有不利的用量差异采取措施

B.在制造过程结束时确定因损坏而造成的损失数额

C.要求所有采购都具备详细的原材料说明

D.正确管理在产品存货的操作程序文件

4.以下关于企业销售业务的"授权"控制活动中,存在缺陷的是(　　)。

A.在销售发生之前,赊销已经正确审批

B.销售价格、销售条件、运费、折扣由销售人员根据客户情况进行谈判并签订合同

C.对于超过既定销售政策和信用政策规定范围的特殊销售业务,采用集团决策方式

D.未经批准的销货一律不准发货

5.以下是甲企业规定的办理销售业务的部分流程,在这些内部控制中,没有理由认为存在缺陷的是(　　)。

A.商品出库后,仓库人员将出库商品连同销售部门的销售单一并交给发运部门组织发货,发运部门电话请示信用管理部门后方可发运

B.仓库接到经信用管理部门人员签字批准赊销的销售单后,方可办理赊销商品的出库手续并交给发运部门

C.发运部门将销售单返回信用部门签字,然后根据销售单装运,根据装运数量填写连续编号的发货凭证,将销售单与装运单交给开具账单的部门

D.按收到的时间先后顺序连续编号,销售部门在收到顾客订单后,将第一联送交信用管理部门,第二联送仓库,第三联留底

二、多选题

1.下列选项中,属于企业资金活动应当关注的风险是(　　)。

A.决策失误风险　　　　　　　　B.资金缺口风险

C.资金营运不善风险　　　　　　D.资产处置不善风险

2.企业筹资活动的主要业务流程包括(　　)。

A.论证筹资方案　　　　　　　　B.筹资计划编制与执行

C.筹资活动洽谈　　　　　　　　D.筹资活动评价与责任追究

3.下列选项中,属于销售业务需关注的主要风险有( )。

A.销售过程存在舞弊行为

B.客户信用管理不到位,账款回收不力

C.销售政策或销售策略不当

D.市场预测不准确,销售渠道管理不当

4.企业销售业务的主要流程包括( )。

A.编制销售计划   B.签订销售合同

C.市场预测   D.会计系统控制

5.下列选项中,属于企业采购业务应当关注的风险是( )。

A.计划安排不合理风险   C.采购价格失控风险

B.供应商选择不当风险   D.货款及时支付风险

三、判断题

1.开展销售业务的内部控制活动有利于实现企业目标。( )

2.按照产品发货时是否收到货款,可将销售方式分为现销和赊销。( )

3.编制销售计划是企业销售活动的首要环节。( )

4.采购是指企业购买物资、接受劳务及支付款项等相关活动。( )

5.为了提高经济效益,物资的采购价格应当越低越好。( )

第七章
思考与练习参考答案

第八章 信息与沟通

学习目标

知识目标

1.了解信息与沟通的重要性;

2.理解信息与沟通的概念与特征;

3.掌握企业内部信息沟通的流程与技巧;

4.理解企业信息沟通中的常见问题和障碍,并掌握相应的解决方法;

5.熟悉企业信息收集与传递的风险与防控。

能力目标

1.能运用适当的沟通技巧和工具,提高沟通的效果和效率;

2.能建立和维护良好的内部和外部的沟通关系,促进团队合作;

3.能识别和解决企业信息沟通中的问题和风险,提升问题解决能力。

素养目标

1.培养积极主动的沟通态度和意识,注重倾听和理解他人的观点和需求;

2.培养良好的沟通习惯和规范,遵循职业道德和保密原则。

📋 **思维导图**

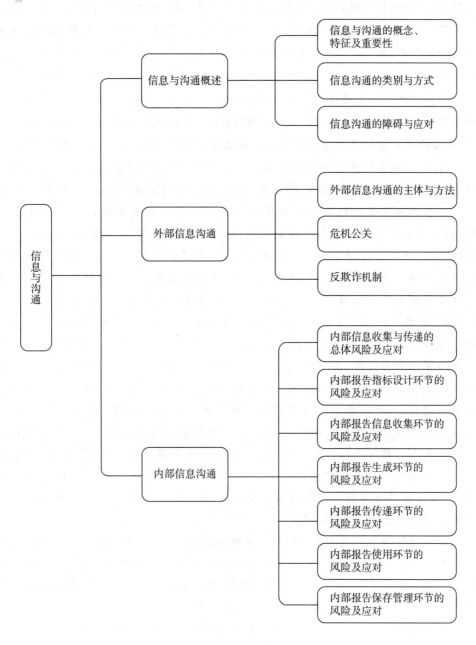

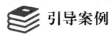 **引导案例**

上市企业与会计师事务所相互指责

ABC 公司是一家在深交所上市的企业,主要从事环保水处理相关业务。近年来,该企业财务状况持续恶化,面临严重的债务危机和诉讼压力。2024 年,在年审过程中,该企业与年审会计师之间的沟通出现了问题,导致深交所对此格外关注。

事件发生在某次接受媒体采访时,ABC 企业表示其与年审会计师之间的沟通存在明显障碍,主要体现在主观臆测和消极的工作态度上。这一披露引起了深交所的注意。2024 年 5 月,深交所向 ABC 企业发送了关注函,正式就其与年审会计师之间的沟通障碍问题提出询问。要求 ABC 企业和年审会计师分别就年审过程中的沟通情况、提供(获取)相应审计证据情况、配合对方工作情况及效果进行说明,并要求年审会计师就审计工作是否按照审计准则要求开展发表结论性意见。

ABC 企业在问询函回复中表示:"在审计过程中,针对会计师关注的重点审计事项,企业团队付出了极大的努力,积极应对,并持续不断地从外部律师、专业评估机构及第三方机构获取和核实相关支持证据。为确保审计工作的顺利进行,企业真诚地期望年审会计师能够亲临现场,与我们深入沟通相关审计事项。同时,企业建议会计师事务所根据实际情况,灵活调整审计策略,采取包括替代在内的多种灵活性审计程序,以全面、准确地完成审计工作。这样的合作将确保审计工作的全面性和准确性,为企业和股东提供可靠的财务信息,但在 2024 年 3 月后,年审会计师不仅未再派遣人员至审计现场,而且以时间紧迫和其他项目审计任务为由,对我们的请求持续推诿。为了消除误会并详细说明情况,企业总经理和董秘亲自奔赴,与负责 ABC 企业审计的会计师事务所主要负责人进行面对面沟通。然而,他们却以时间不足为由,对我们的解释和材料情况表现出极不积极的态度,未能给予应有的重视和考虑。这种态度让我们对其审计结果的专业性和公正性产生怀疑。"而该会计师事务所表示,在审计过程中,所有重要事项签字合伙人与签字会计师均参与沟通,与企业审计委员会、企业管理层、财务人员就企业审计过程中的重要事项一直保持沟通,要求企业严格执行企业会计准则,按照审计准则要求向审计项目组提供审计必需的资料,并明确如果无法提供相关审计资料会造成的影响等。

该会计师事务所还提到,由于企业财务总监未到位,且 ABC 企业总部财务人员更换频繁,与企业对接的财务人员对企业财务状况不熟悉等情况,而且对该所审计项目组要求提供的相关证据无法及时准确提供。在整个审计过程中会计师事务所都与企业审计委员会保持了密切的沟通。

这个案例告诉我们,在企业内外部以及各部门之间的沟通至关重要。当出现问题时,只有通过充分的沟通和合作,才能找到解决问题的方法,从而共同推动企业的发展。

资料来源:亚太(集团)会计师事务所关于被上市公司指责工作态度消极的情况说明 [EB/OL]. (2024-5-26)[2024-08-16]. https://finance.sina.com.cn/wm/2024-05-26/doc-in-awqrch7670483.shtml.

第一节　信息与沟通概述

一、信息与沟通的概念、特征及重要性

在当今日新月异且充满竞争的商业背景下,企业正面临着前所未有的市场挑战。为了稳固并增强自身的竞争力,企业必须确保能够及时且精准地捕捉、处理和传递信息,从而作出明智和有远见的决策,并付诸高效的执行与实践。正因如此,企业信息沟通的重要性日益凸显,它不仅是内部管理和外部合作的核心纽带,更是企业在激烈竞争中保持优势的关键要素。高效的信息沟通能够确保企业内部各个层级、各个部门和团队之间的协同合作,消除信息隔阂和重复劳动,从而大幅提升工作效率和整体质量。此外,准确且及时的信息沟通对于管理层而言至关重要,它能够提供决策所需的关键数据、见解和反馈,帮助管理层作出更为明智和稳健的决策,进而降低决策风险,确保企业的稳健发展。

企业信息与沟通机制是企业管理中不可或缺的一环,它涵盖了企业内部与外部的所有信息交流与处理活动。这一过程涉及信息的创造、汇集、传递、存储、加工及散布等多个步骤。

企业信息,指的是在企业日常运营中所产生的各类数据、知识与情报,包括市场动向、财务状况、人力资源状况、生产进度等。这些信息对于企业在决策制定、资源分配、风险评估及业绩评估等方面具有举足轻重的意义。而企业沟通,则是指在企业内部员工之间、不同部门之间,以及企业与外部利益相关者之间的信息交流与传递过程。其中涵盖了口头沟通、书面沟通、非语言沟通等多种方式,目的是确保信息的精准与时效性,促进各方的理解与协作。

企业信息与沟通的核心目标在于实现信息的有效流动与共享,进而提高工作效率与决策质量,促进团队内部的合作与协调,并最终增强企业的竞争力与可持续发展能力。通过建立健全信息沟通机制,企业可以更加灵活地应对市场变化与挑战,提升员工的满意度,增强客户的信任度与忠诚度。企业信息沟通在解决企业外部利益相关者之间信息不对称的问题上发挥着至关重要的作用。信息不对称,即在交易过程中某一方掌握的信息比另一方更多或更准确,这种情况往往会导致交易的不公平性、误解以及信任的缺失。而通过有效的信息沟通,企业可以增强自身的透明度,为外部利益相关者提供及时、准确的信息,使他们能够更全面、更深入地了解企业的运营情况、战略规划和业绩成果。这不仅有助于建

立和维护各方的信任关系,还能显著减少信息不对称的现象。对于上市企业而言,与投资者之间的信息沟通尤为关键。通过定期发布财务报告、投资者简报以及组织业绩电话会议等方式,企业可以确保投资者能够获得足够的信息来作出明智的投资决策,从而维持与投资者之间健康、和谐的关系。当面临危机或争议时,企业更需要与外部利益相关者进行及时、有效的沟通。这不仅能够有效地管理信息,减轻负面影响,还能帮助企业制订出更为合理有效的恢复计划。及时的沟通有助于企业掌握话语权,控制负面信息的传播,减少误解,同时有利于展示企业对问题的积极应对态度和解决问题的能力。图 8-1 为企业信息传递过程。

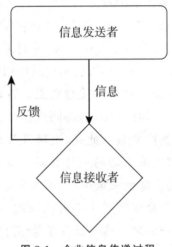

图 8-1　企业信息传递过程

二、信息沟通的类别与方式

(一)正式沟通与非正式沟通

1.正式沟通

组织环境中的正式沟通是指遵循结构化和官方认可的途径进行信息交流。这种类型的沟通对于确保工作流程清晰性、问责制、组织目标和监管要求是不可或缺的,尤其是在风险管理和内部控制等领域。正式沟通通常是文档化的,并遵循既定的渠道和格式,具体包括官方报告、备忘录、电子邮件和会议记录。它遵循组织的指挥链,确保信息以可控和可预测的方式流动,有助于企业遵守法律法规和内部政策,并且能够确保信息得到记录,这对风险管理和内部控制十分重要。

正式沟通的类别主要包括报告、备忘录和电子邮件、会议。报告可具体分为风险评估报告、内部审计结果和合规报告,这些文件提供了对决策至关重要的详细分析和建议。备忘录和电子邮件则能提供诸如风险预警、政策变更和流程更新等信息,这些措施有助于确保利益相关者了解企业的重大变化或问题。会议主要有董事会会议、风险委员会会议和部门简报会,这些会议为讨论风险相关问题提供了一个正式环境,确保所有的声音都能被听到,保障决策讨论都有充分的文件记录。

正式沟通的优势有:①清晰准确,确保信息清晰准确地传达,减少误解的产生;②便于记录保存,可提供用于未来参考、审计和合规性验证的记录跟踪;③具有权威和合法性,与"权威"沟通决策和政策,确保接受者认真对待这些决策和政策。

正式沟通的缺陷有:①缺乏灵活性,正式沟通的结构化性质会使其难以适应快速变化的情况;②复杂性,准备正式文件和报告可能很耗时,需要付出大量努力,而这可能会推迟沟通过程。

2.非正式沟通

非正式沟通具有自发性和非结构化的特点。它在员工中自然发生,不遵循官方等级制度或文件流程,不遵循规定的格式或渠道;它可以随时随地发生,通常是通过随意的交谈进行;它通常绕过层次结构,允许信息在不同级别和部门之间自由流动;它更个人化和直接,有助于快速决策和解决问题。

非正式沟通的优势有:①速度和灵活性,允许快速沟通和响应,这在面对动态情况时至关重要;②鼓励开放式沟通,可以促进开放协作的企业文化,因为员工在没有正式约束的情况下更愿意分享信息;③便于培育良好关系,有助于在员工之间建立更牢固的关系和信任,从而加强团队合作。

非正式沟通的缺陷有:①缺乏文件,非正式沟通往往没有文件记录,这可能导致缺乏问责制和可追溯性;②产生沟通失误的可能性,非结构化的性质可能会导致误解,因为信息可能不那么清晰和准确。

构建有效的风险管理和内部控制依赖于正式沟通与非正式沟通之间的均衡与协调,两者的安排应巧妙且合理。正式沟通可确保准确传达和记录关键信息,而非正式沟通则有助于快速共享信息,并促进风险意识文化。例如,正式的风险管理政策可以通过官方备忘录传达并在报告中详细说明,而非正式渠道可以用于收集员工对潜在风险的反馈和意见。通过这两种类型的沟通,组织可以创建一个更具响应能力和弹性的风险管理框架。

(二)横向沟通与纵向沟通

1.横向沟通

横向沟通是指组织内同一层级的个人或部门之间的信息流。这种类型的沟通对于协调、协作和有效的信息交流至关重要,尤其是在风险管理和内部控制中。横向沟通涉及在同一组织级别运行的同行、同事或团队之间的信息交换。横向沟通通过允许个人在各个职能领域共享知识和专业知识来支持团队合作,通过鼓励不同部门之间共享信息和资源,帮助打破组织孤岛。横向沟通允许各部门之间共享见解和数据,以进行全面的风险评估。确保风险管理实践和内部控制在组织的不同领域内保持一致。

横向沟通的优势有:①加强合作。促进合作和相互支持的文化,这对有效的风险管理至关重要。②提高效率。促进快速高效的信息交流,加快决策和应对风险的速度。③知识共享。鼓励分享专业知识和最佳做法,从而更好地识别和管理风险。

横向沟通的缺陷有:①潜在冲突。同行之间观点或目标的差异可能导致冲突,从而阻碍沟通和协作。②信息过载。横向共享信息有时会导致信息过载,使关键问题的优先级和行动变得困难。③缺乏正式授权。如果没有正式授权,在实施风险管理实践时确保合规性或问责制可能会很困难。

2.纵向沟通

纵向沟通涉及组织内不同层级之间的信息交换。纵向沟通既包括自上而下的沟通(从管理层到员工),也包括自下而上的沟通(由员工到管理层)。信息在组织层次结构中上下移动,确保决策和指令得到有效沟通,并从各个层面收集反馈。纵向沟通有助于组织目标和政策指导、控制和协调组织的活动。有利于促进决策制定,纵向沟通提供了一种结构化的方式,从高级管理层向所有员工传达新的风险管理政策,以确保理解和遵守;收集一线员工对当前风险管理实践有效性的反馈,确定需要改进的领域,并从底层收集有价值的反馈和见解。

纵向沟通的优势有:①层级结构清晰且便于控制,确保从上到下清晰一致地传达组织政策和决策,使其与战略目标保持一致;②赋予员工权利,允许员工反馈问题,从而改进风险管理实践和内部控制效果;③问责制,可以为员工提供清晰的沟通渠道,确保有效跟踪和区分管理责任。

纵向沟通的缺陷有:①沟通差距。信息在层级上下传递时可能会失真,导致误解或沟通不完整。②反应缓慢。垂直沟通的层次性会减缓决策过程,因为信息需要通过多个层次进行。③存在脱离基层员工的可能性。如果较低级别的员工认为他们的意见没有被上级管理层听到或采取行动,他们可能会感到脱节或不受重视。

(三)语言沟通与非语言沟通

1.语言沟通

有效的沟通在个人和职业环境中至关重要,包括语言和非语言元素。语言交流是使用词语来传达信息,而非语言交流则依赖于肢体语言、面部表情、手势和其他非基于词语的暗示。了解这两种沟通形式对于搭建有意义的互动过程至关重要。

语言沟通包括使用口头语或书面文字来传达信息。它是人类互动的基础，使个人能够表达思想、共享信息和建立关系。有效的语言交流在各种情况下都至关重要，包括商业、教育和人际关系等各个领域。语言沟通的关键组成部分包括：①语言，是用于交流的符号和规则体系。语言提供了创建和理解消息的框架。②词汇，是一个人已知和使用的一组单词。丰富的词汇可以增强清晰表达思想的能力。③语法和句法，是支配句子结构的规则。正确的语法和句法可以确保沟通的清晰和连贯。④音调和音高，能传达情感和态度的声乐品质并显著影响人们对于信息的解释。⑤发音，能保证语音的清晰度和正确性，正确的发音可以确保单词易于理解。

有效的语言沟通策略通常包含以下几点：

（1）清晰简洁。使用清晰、简单的语言，避免不必要的行话。简洁有助于防止误解，并使观众保持参与。

（2）积极倾听。与演讲者充分接触，表现出同理心，并提供反馈。积极倾听可以增进理解，建立融洽关系。

（3）适当的音调和音量。根据上下文和听众来调整音调和音量。例如，友好的语气适合非正式互动，而正式场合则需要专业的语气。

（4）反馈和适应。提供并寻求反馈，以确保信息被理解。准备好根据观众的反应调整沟通方式。

（5）同理心和尊重。表现出对他人观点的理解和尊重。同理心能增强沟通中的信任感。

2.非语言沟通

非语言沟通是指在不使用言语的情况下传递信息。它包括面部表情、手势、肢体语言、眼神交流、姿势和其他身体暗示。非语言沟通在传递情感、强化言语信息和促进人际互动方面发挥着至关重要的作用。

非语言沟通的关键组成部分如下：

（1）面部表情，即用面部肌肉来传递情绪的动作。例如，微笑表示幸福，而皱眉表示不高兴。

（2）手势，即用手、手臂或身体来表达思想或情绪的动作。例如，挥手、指指点点和竖起大拇指。

（3）肢体语言，即用身体传达情感和态度的姿势和动作。开放的肢体语言，如不交叉的手臂和放松的姿势，暗示着开放和接受。

（4）眼神交流，即与他人直接视觉接触的程度。眼神交流可以表示兴趣、注意力和自信。

（5）亲近距离，即在交流中使用的个人空间。与他人的亲近因文化而异，一些文化更喜欢近距离接触，而另一些文化则重视个人空间。

(6)接触,即用于传递信息的身体接触,如握手或拍拍背部。

有效的非语言沟通策略主要包括:

(1)语言信息的一致性。确保非语言线索与语言信息一致,避免混淆。一致性能强化信息的可信度。

(2)具有肢体语言意识。注意肢体语言和姿势。用开放、放松的肢体语言给他人传达出自信和平易近人的感觉。

(3)适当使用眼神交流。使用眼神交流来表达兴趣和参与度。然而,要注意眼神交流规范中的文化差异。

(4)尊重个人空间。尊重他人的个人空间,并意识到地域文化的差异。

(5)观察和解释。注意他人的非语言提示,以感知他们的感受和反应,并利用这些感受和反应来改善彼此的沟通。

(6)手势的控制使用。使用手势来补充和强调口头信息。避免过度或不恰当的手势,以免造成分心或误解。

总之,掌握语言沟通和非语言沟通对于有效互动和建立关系十分重要。虽然语言沟通提供了传达信息的框架,但非语言沟通增加了沟通深度,增强了互动信息的准确性和情感共鸣。了解这两种沟通形式的细微差别,能够有效地驾驭不同的沟通场景,培养有意义的人际关系,并促进各种事项顺利有效进行。通过语言沟通和非语言沟通,个人可以有效提高沟通能力,并建立更牢固、更真实的人际关系。信息沟通方式的优缺点如表 8-1 所示。

表 8-1　信息沟通方式的优缺点

信息沟通方式	优点	缺点
正式沟通	清晰准确;便于记录保存;具有权威和合法性。	缺乏灵活性;程序更为复杂。
非正式沟通	速度和灵活性;鼓励开放式沟通;培育良好关系。	缺乏文件约束;存在沟通失误的可能性;非结构化的性质可能会产生误解。
横向沟通	加强合作;提高效率;知识共享。	存在潜在冲突;信息过载;缺乏正式授权。
纵向沟通	清晰且便于控制;赋予员工权利;问责制。	存在沟通差距;减缓决策过程;存在脱离基层员工的可能性。
语言沟通	沟通效率高;表述清晰明确;情感传达丰富;互动性强。	易导致信息失真;受情绪影响大;不便于查找追溯。
非语言沟通	信息意义明确;具有普遍性;辅助语言沟通。	信息传递有限;存在误解风险;受文化差异影响大。

三、信息沟通的障碍与应对

(一)组织障碍

组织障碍是指组织内部有效沟通的结构性和系统性障碍。这些障碍往往植根于组织的层次结构、政策、程序和文化,给信息的顺利流动带来了挑战。

(1)层次结构。具有复杂层次结构的组织可能会遇到重大的沟通挑战。层级障碍通常源于多个管理层,这可能导致信息在通过各个层面时会被扭曲或更改,从而产生误解。每一级管理层都可能根据他们的感知、偏见或想法,有意或无意地过滤或修改信息。信息在层次结构中上下传播所需的时间可能会导致延迟,尤其是当需要更高级别的批准或决策时。这可能妨碍及时作出决策和对问题作出反应。

(2)信息孤岛。许多组织是孤立运作的,各部门独立运作,与其他部门的互动或沟通有限。这可能导致各部门在不考虑更广泛的组织目标的情况下追求自己的目标,从而导致部门之间因缺乏有效沟通而造成信息孤岛。如果没有有效的沟通,不同部门可能会重复工作,或者无法利用共享的资源和专业知识而导致效率低下。

(3)僵化的程序和政策。各组织往往制定旨在维持秩序和一致性的程序和政策,然而,这些程序和政策有时会成为有效沟通的障碍,而严格遵守这些程序和政策有时会不利于激发创造力,阻碍信息的自由流动,尤其是在程序过时或不符合当前需求的情况下。有些程序和政策常常需要多次审批,从而可能会阻碍信息的快速交流。

(4)文化和规范障碍。组织文化在塑造沟通实践中发挥着重要作用。文化障碍可能会成为抵制变革的因素之一。抵制变革的文化可能会使引入新的沟通实践或技术变得困难,因为员工可能已经习惯了现有的方法。在一些组织中,沟通主要是自上而下的,很少有来自下级的反馈或输入空间。这可能导致员工缺乏参与度,并错过获得有价值见解的机会。

(5)权力壁垒与政治。组织内部的权力壁垒也会阻碍沟通。个人或部门可能会为了维持权力或加强控制而隐瞒信息,从而导致信息缺口和缺乏透明度。内部政治会影响信息的传播方式,个人可能会操纵或隐瞒信息以满足自己的利益。

针对组织障碍的应对方法如下:

(1)扁平化层级。搭建更扁平的组织结构可以促进更直接的沟通,并减少层级沟通时的信息失真和延迟。

（2）促进跨职能团队的打造。鼓励跨部门合作，打破孤立，促进信息共享。

（3）审查和修订政策。定期审查沟通政策和程序，以确保政策具有一定的灵活性并符合当前需求，以提高沟通效率。

（4）培养开放的组织文化。培养一种重视公开沟通、反馈和透明度的组织文化，并鼓励信息在各个层面自由流动。

（5）应对权力壁垒。采取措施确保信息公平透明，并阻止信息囤积和不当操纵。

（二）心理障碍

沟通的心理障碍涉及个人的情绪和心理状态，这些状态会影响信息的发送、接收和解释方式。这些障碍会显著影响组织内部沟通的有效性。

（1）情绪状态与压力。个人的情绪状态会极大地影响有效沟通的能力，高水平的压力或焦虑会削弱注意力，并导致对信息的误解。处于压力下的员工可能难以处理信息或清晰沟通。愤怒、沮丧或兴奋等强烈情绪可能会使个人产生冲动行为或有偏见地沟通，从而导致沟通失误和冲突。

（2）感知和偏见。感知障碍源于个人如何根据自己的经历、态度和偏见感知和解释信息，这可能会导致对信息的理解失真或对事物的认识不全面。诸如确认偏见（倾向于证实先前存在的信念的信息）等行为会阻碍对信息的客观评估，并导致沟通失真。

（3）态度障碍。消极态度或缺乏动力会阻碍有效沟通，缺乏参与度。态度消极的员工可能不注意信息，或者可能无法有效沟通，导致信息差距和误解。持防御态度的人可能会抵制别人的批评，导致沟通中断，错过改进的机会。

（4）信任和信誉问题。沟通者之间的信任和可信度会显著影响沟通，如果员工不信任信息来源，他们可能会持怀疑态度、不屑一顾或不愿对信息采取行动。如果沟通者缺乏可信度或被认为不可靠，他们的信息可能不会被认真对待或被忽视。

（5）心理安全。心理安全是指相信一个人可以畅所欲言、提出问题和表达担忧，而不必担心负面后果。如果员工担心负面影响，如批评、惩罚或失业，他们可能会犹豫是否公开沟通。缺乏心理安全会导致自我审查和沟通受阻，阻止有价值的信息和想法被分享。

破除心理障碍的对策：

（1）压力管理计划。实施帮助员工管理压力和保持情绪健康的计划，如正念培训、咨询服务和健康计划。

（2）偏见意识培训。提供摒除认知偏见和增强感知方面的培训，帮助员工认识和克服个人偏见，从而实现更客观的沟通与表述。

（3）鼓励开放式沟通。营造一个鼓励开放式交流和重视反馈的环境，并通过领导力培训和参与举措破除态度障碍。

（4）建立信任。通过透明、一致和可靠的沟通模式来建立信任，并鼓励领导者通过诚实和正直来建立信誉。

（5）加强心理安全。通过鼓励开放文化来促进心理安全，让员工放心地分享个人想法和担忧，而不必背负过重的心理负担。

（三）技术障碍

技术障碍是指与在通信中使用技术有关的障碍，包括技术工具和系统的普及性和包容性、可靠性、复杂性和可用性、集成和兼容性、技术适应与变革。

（1）普及性和包容性。获得技术可能是有效沟通的一个重大障碍，例如数字鸿沟，并非所有员工都能获得相同的技术资源，这导致了沟通能力的差异。这对需要远距离沟通的组织尤为重要。不同水平的技术熟练程度可能会阻碍通信工具的有效使用。不太熟悉技术的员工可能很难充分参与到数字通信中。

（2）可靠性。通信技术的可靠性对于确保信息流的一致性和不间断性至关重要，系统崩溃、软件错误和网络中断等技术问题可能会中断通信并延迟信息交换。对数据安全和隐私的担忧可能会影响信息的共享方式，并可能导致有些员工不愿使用某些通信工具。

（3）复杂性和可用性。通信技术的复杂性有可能影响通信设备的有效使用，复杂的用户界面和功能会使员工难以有效地使用通信工具，从而影响工作效率。过多的功能和选项会让用户不堪重负，很难专注于有效沟通所需的基本功能。

（4）集成和兼容性。确保通信工具与现有系统的兼容对于有效的信息流至关重要。不同的部门或团队可能使用的系统并不兼容，从而导致信息共享和协作困难。将新的通信工具与传统系统集成可能具有挑战性，可能需要大量的时间和资源。

（5）技术适应与变革。适应新技术可能是有效沟通的障碍之一。员工可能会因为熟悉现有系统或害怕学习新技术而抗拒采用新的沟通工具。对新技术的培训和支持不足可能导致通信工具的不当使用和利用不足。

破除技术壁垒的对策：

（1）确保可访问性。提供公平的通信技术，并确保所有员工都有必要的资源和培训来有效使用这些工具。

（2）增强可靠性。使用可靠和安全的通信系统，并实施强有力的数据安全措施来保护敏感信息。

（3）简化界面。选择具有用户友好界面和基本功能的通信工具。

第二节　外部信息沟通

一、外部信息沟通的主体与方法

有效的外部信息沟通旨在与各种利益相关者,如投资者、债权人、客户、供应商、监管机构、外部审计师和律师等保持良好的关系。这些利益相关者在组织的运营、合规性和整体成功中发挥着重要作用。外部沟通可使利益相关者了解组织的风险管理实践和绩效,对建立信任和保持信心至关重要;外部沟通通过与监管机构和其他监督机构沟通,确保组织满足法规要求;外部沟通在危机期间向外部各方提供清晰及时的信息,以管理组织的声誉并防止产生错误信息。外部沟通展示组织对道德规范和负责任的风险管理的承诺。外部沟通有助于与外部各方进行公开和诚实的沟通,以建立信任和可信度。外部沟通可提供及时的信息更新,特别是在危机期间,以防止产生错误信息和不良猜测。外部沟通确保所有外部利益相关者的行为符合组织的政策和价值观。外部沟通积极与利益相关者和公众建立关系,并收集反馈。

1.与投资者的沟通

投资者是为组织良性发展和可持续性提供必要资本的利益相关者。与投资者的有效沟通有助于建立信任、透明度和信心,这对组织保持投资者支持和吸引新投资至关重要。具体的沟通方式有:以年度报告为媒介进行沟通,这些全面的文件提供了企业财务业绩、战略方向和未来前景的详细概述,如经审计的财务报表和管理层的讨论与分析。以新闻稿的形式发布重大事件的概况,如盈利报告、并购、新产品发布和其他影响企业的重大变化。通过投资者关系网络平台获取有效信息,寻求沟通。投资者关系网络平台是企业网站的专用部分,提供财务报告、新闻稿和其他相关投资者信息。

2.与债权人的沟通

债权人为组织的运营和发展提供必要的融资,如贷款、信贷额度和债券。与债权人的有效沟通对维持有利的信贷条件和确保获得资本至关重要。具体方法为:通过财务报表提供详细的财务报告,如资产负债表、损益表和现金流量表,以评估企业的财务健康状况;通过信用评级报告,分析评级机构的信用评级,对信用风险进行独立评估;通过贷款谈判和会议的形式,确定贷款条款、利率和还款时间表。

3.与客户的沟通

客户是企业的生命线。与客户的有效沟通有助于提升满意度、忠诚度和品牌推广,这对企业的长期发展非常重要。具体方法为:客户服务渠道,利用各种渠道,如电话、电子邮件和社交媒体解决客户的问题;营销传播,通过广告、电子邮件营销和社交媒体吸引客户,推广产品和服务;反馈机制,开展客户调查和反馈活动,以收集客户意见并改进产品和服务;产品更新和时事通讯,定期向客户推送新产品、促销活动和企业新闻等信息。

4.与供应商的沟通

供应商为企业提供运营所必需的原材料、产品和服务,与供应商的有效沟通可确保质量、及时交付和成本效益。具体方法为:供应商协议,明确了供应条款、质量标准、交货时间表和付款条件;定期会议,以讨论绩效、解决问题和探索改进机会;供应链管理系统,简化沟通流程,管理供应商关系、库存和物流水平;供应商门户,为供应商提供一个专用的在线门户,用于访问订单信息、发票和与企业沟通。

5.与监管机构的沟通

监管机构监督行业对法律法规的遵守。与监管机构的有效沟通可以确保组织合规性,避免处罚和保持良好声誉。具体方法为:合规报告,根据法律要求定期提交报告,详细说明企业遵守法规和标准的情况;监管备案,为许可证和其他监管要求提供必要的文件;会议和听证会,参加与监管机构相关的会议,如听证会,讨论合规问题和监管变化。

6.与外部审计师的沟通

外部审计师对企业的财务报表和内部控制进行独立评估,确保其准确性和有效性。与审计师的有效沟通能有效交换信息,并有助于审计活动顺利进行。具体方法为:审计规划会议,讨论审计范围、目标和重点领域;文件提交,为审计师开通查阅财务记录、政策、程序和其他相关文件的权限;访谈和讨论,与审计师进行讨论,澄清问题,提供解释,并解决审计期间提出的问题;审计报告,审查和回应审计结果和建议,以解决已发现的问题。

7.与律师的沟通

律师作为法律顾问,可帮助组织解决法律问题,确保其合规性,并保护其利益。与律师的有效沟通有助于管理法律风险和维护法律合规。具体方法为:法律咨询,参与协商,讨论法律问题;获取建议,探索潜在的法律战略;合同谈判,以确保合法合规并保护组织的利益。在诉讼或解决争议期间与律师沟通,讨论应对策略并提供必要的信息;对于合规更新,在律师的帮助下了解可能影响法律合规性的业务运营、政策或法规的变化。

总之,外部信息沟通包括各种利益相关者,每个利益相关者都需要对其量身定制战略实践,以确保有效参与、合规和协作。通过了解和解决每个利益相关者的独特需求,组织可以建立牢固的关系,并提高整体运营效果和战略成功率。

二、危机公关

危机公关是组织信息沟通的一个关键方面,旨在管理和减轻不良事件或情况对组织声誉和运营的影响。一个执行良好的危机公关计划可以帮助组织度过危机,保持利益相关者的信任。危机公关部分涵盖了危机管理的基本原理、阶段和应对策略。

1.危机公关的概念

危机是指对组织的运营、声誉或利益相关者构成重大威胁的意外事件或情况。它可能来自各方面,如自然灾害、技术故障、法律问题、金融丑闻或社交媒体争议。危机公关对组织至关重要,因为它有助于保护组织声誉。具体做法有:维护组织的公众形象,维护利益相关者的信任;管理利益相关者的感知,如客户、员工、投资者和公众对危机的感知;确保业务连续性,最大限度地减少对运营的干扰,并对组织管理挑战的能力保持信心;通过及时有效地解决问题,危机公关可防止危机恶化。

2.危机公关的关键阶段

(1)危机前阶段。风险评估,识别可能导致危机的潜在风险;危机规划,制订全面的危机管理计划,包括沟通策略和应对协议;培训和模拟,进行危机模拟和培训,为危机管理团队做好准备。

(2)危机应对阶段。立即反应,迅速采取行动,收集信息,评估情况,并启动危机管理团队;沟通策略,实施危机沟通计划,向利益相关者提供准确的信息和最新信息;媒体参与,与媒体互动,管理叙事并控制信息流;与利益相关者沟通,通过各种渠道让利益相关者了解情况,解决问题,并保持透明度。

(3)危机后阶段。评估危机的影响,审查应对措施,并确定需要改进的领域;采取措施重建信任并修复对组织声誉的损害;记录经验教训,更新危机管理计划,以反映新的见解。

3.有效的危机公关策略

(1)清晰一致的消息传递。确保所有沟通都是一致的,并与组织的核心价值观和信息保持一致;公开沟通,以保持与利益相关者的信任;清晰简洁地沟通,避免使用行话和技术语言,确保信息被理解。

(2)快速响应。迅速采取行动应对危机,并与利益相关者沟通,防止错误信息和猜测;制订一个准备充分的危机沟通计划,以促进快速协调的应对。

(3)同理心和责任感。真诚关心受危机影响的人,并理解他们的感受和经历;对当前形势承担责任,概述所采取的解决步骤,并致力于纠正错误。

(4)积极主动地参与媒体活动。积极主动地与媒体接触,以确保准确报道和管理叙事;准备指定的发言人来处理媒体询问,提供一致的信息,并解决棘手的问题。

(5)利益相关者的参与。鼓励利益相关者提供反馈,并通过公开对话来解决其担忧;频繁更新,让利益相关者了解危机管理工作的进展。

(6)数字和社交媒体管理。持续监控社交媒体和在线平台,捕捉公众情绪,并对错误信息或负面评论作出回应;使用社交媒体提供实时更新,回答问题,并直接与公众互动。

总之,有效的危机公关对管理危机的影响和保护组织的声誉非常重要。通过了解危机公关的基本原理、实施策略,组织可以更有效地应对危机。持续的学习和准备是提高危机管理能力和确保成功应对未来挑战的关键。对危机公关的深入探索为理解和解决危机期间管理沟通的复杂性提供了一个全面的框架。利用这些见解和战略,组织可以更好地为危机做好准备、应对危机和从危机中恢复,保护其声誉并确保长期成功。

三、反欺诈机制

在外部信息交流中建立健全反欺诈机制对组织维护其完整性、与利益相关者建立信任并遵守监管要求都至关重要。这涉及一种全面的方法,包括预防措施、检测技术和响应机制。以下是关于如何在外部信息交流中建立有效的反欺诈机制的详细内容。

1.外部欺诈风险

外部欺诈是指组织外的个人或实体,如客户、供应商、承包商和其他第三方进行的不诚实活动。这些活动可能包括财务欺诈、数据泄露、身份盗窃和欺诈索赔。建立有效的反欺诈机制需要考虑以下具体风险:①财务欺诈,如虚假财务信息、发票欺诈和欺诈交易。②数据泄露,如外部未经授权访问敏感信息。③身份盗窃,如欺诈性地利用某人的身份获取经济或其他利益。④供应商欺诈,如外部供应商和内部员工之间串通收受或索要回扣。

2.反欺诈机制的关键组成部分

为了有效降低欺诈风险,反欺诈机制必须包含以下几个关键组成部分:

(1)风险评估与分析。识别风险:进行全面的风险评估,以识别来自外部来源的潜在欺诈风险;评估影响:评估已识别的欺诈风险对组织的潜在影响;确定风险优先级:根据风险的可能性和潜在影响确定风险的优先级。

(2)制定明确的政策和程序。制定并实施清晰全面的反欺诈政策,概述组织对欺诈、报告程序和欺诈后果的立场；将道德行为和欺诈预防准则纳入组织的行为准则；在供应商合同中写明反欺诈条款，以追究其行为责任。

（3）沟通与培训。利益相关者沟通：定期将组织的反欺诈政策和程序传达给外部利益相关者，包括客户、供应商和合作伙伴；培训计划：为员工和外部合作伙伴提供识别和预防欺诈以及遵守反欺诈政策重要性方面的培训。

（4）监控和检测系统。欺诈检测工具：实施先进的欺诈检测工具和技术，如数据分析、人工智能和机器学习，以监控交易并识别可疑活动；持续监控：定期监控外部通信和交易，以发现欺诈活动的迹象。

（5）举报机制。匿名举报：为利益相关者建立匿名举报渠道，举报欺诈行为，无须担心遭到报复。举报人保护：采取措施保护举报人，确保他们的举报得到认真对待和及时调查。

（6）事件响应和调查。制订详细的事件应对计划，概述在发生疑似欺诈事件时应采取的步骤；制定调查欺诈指控的协议，包括调查小组的角色和责任以及收集和分析证据的过程。

（7）法规遵从性。确保遵守与欺诈预防和报告相关的法律法规；定期进行外部审计，以验证反欺诈机制的有效性，并确定任何需要改进的领域。

沃尔玛对其供应商实施了强有力的反欺诈机制，包括带有反欺诈条款的详细合同、定期审计和报告问题的供应商门户网站。这有助于该企业减少供应商欺诈事件发生，并与其供应商保持牢固的关系；中国银联开发了一套先进的欺诈检测系统，该系统使用机器学习和数据分析来实时监控交易和识别可疑活动。该系统使银行能够有效预防欺诈行为的发生，保护其客户，并维护其作为值得信赖的金融服务提供商的声誉。

在外部信息交流中建立有效的反欺诈机制对于保护组织的声誉、确保遵守监管要求以及维护与利益相关者的信任至关重要。通过进行全面的风险评估、制定明确的政策和程序、实施强有力的监测和检测系统以及促进透明和问责文化，各组织可以有效地预防和解决欺诈行为，保护其运营及其与外部利益相关者的关系。持续改进和适应新的风险和挑战是保持反欺诈机制有效性和确保长期发展的关键。

第三节 内部信息沟通

一、内部信息收集与传递的总体风险及应对

在当今的数字化时代,内部信息的收集和传递对于组织运营效率非常重要。然而,这些过程充满了各种风险,可能会损害敏感信息的完整性、保密性和可用性。为了防范这些风险,组织必须实施强有力的应对措施。以下探讨与内部信息收集和传递相关的主要风险,并概述降低这些风险的有效对策。

内部信息收集涉及从组织内部的各种来源,如员工记录、财务数据和运营指标。虽然这对知情决策至关重要,但这一过程可能会使组织面临若干风险。一是数据隐私与合规风险。收集个人敏感信息可能导致侵犯隐私和不遵守数据保护法规的后果,违规行为可能导致法律处罚、经济损失和声誉受损。未经授权访问个人数据还会导致身份盗窃和隐私泄露。二是数据质量风险。不准确、不完整或过时的数据会影响所收集信息的质量,导致决策失误和运营效率低下。数据质量差会导致业务决策失误、运营效率降低和竞争优势丧失。三是安全风险。内部数据收集流程容易受到安全威胁。内部数据收集流程容易受到黑客攻击、恶意软件攻击和内部威胁等安全漏洞的影响。四是人为错误风险。人为错误,如数据录入错误、数据处理不当、未遵循数据收集规程等,可能会损害所收集数据的完整性。

为了降低内部信息收集与传递风险,企业可以采取以下应对措施:

(1)实施数据隐私与合规措施。仅收集特定目的所需的必要数据,以降低隐私风险。使用数据匿名化和假名化等技术保护个人隐私信息。进行定期审核,以确保遵守数据保护法规,并发现和解决潜在的隐私问题。提供有关数据隐私政策和法规的培训,确保员工了解自己的责任和数据保护的重要性。

(2)确保数据质量管理。实施数据验证程序,确保所收集数据的准确性和完整性。定期清理和更新数据,消除不准确之处,确保数据的相关性。建立数据管理框架,监督数据质量,确保遵守数据管理标准。使用自动化工具,减少数据收集中的人为错误,提高数据质量。

(3)加强安全措施。在收集和存储过程中使用加密技术保护敏感数据。实施严格的访问控制,确保只有授权人员才能访问敏感信息。使用先进的威胁检测和监控工具,实时识别并减轻安全威胁。制订并实施事件响应计划,及时处理

安全漏洞和数据丢失事件。

（4）降低人为错误风险。制定并执行数据收集标准操作程序，确保信息的一致性和准确性。提供有关数据收集流程和数据准确性、重要性的培训。实施质量保证检查，以发现并纠正数据录入错误。使用自动化工具，尽量减少人工数据输入，降低人为错误的可能性。

（5）优化系统和流程。定期更新和维护数据收集系统，确保其高效、安全。不断审查和改进数据收集流程，以保护数据完整性并提高效率。将数据收集系统与其他组织系统整合，以简化数据流并降低数据不一致的风险。确保数据收集系统具有可扩展性，以适应不断增长的数据量和不断变化的业务需求。

内部信息的收集和传递是支撑组织运营和决策的关键流程。然而，这些流程容易受到各种风险的影响，包括侵犯数据隐私、安全漏洞和合规问题。通过了解主要风险并实施强有力的应对措施，组织可以保护其信息资产，满足监管要求，并保障数据的完整性和可靠性。持续监控、员工培训和积极主动的风险管理方法对降低风险和确保安全高效地管理内部信息至关重要。

二、内部报告指标设计环节的风险及应对

内部报告指标是各组织用来监测绩效、跟踪目标进展情况和作出明智决策的重要工具。然而，这些指标的设计和实施存在固有风险，可能会影响其有效性和可靠性。以下说明与内部报告指标设计相关的主要风险，并概述降低这些风险的有效应对措施。

内部报告指标设计中涉及的主要风险有：一是指标体系与组织目标不一致。与组织目标不一致的内部报告指标可能无法提供有意义的见解或支持战略目标。不一致可能导致资源浪费、资源分配效率低下、错失绩效改进机会。导致这一问题的主要原因是组织目标不明确或不断变化，部门间沟通协作不足，决策流程各自为政。二是指标的复杂性和超负荷。过多的指标或过于复杂的指标框架会使利益相关者不知所措，削弱其对关键绩效指标的关注。信息过载会阻碍决策的有效传递，降低对关键问题的反应能力，妨碍组织的灵活性。导致这一问题的主要原因是在选择指标时缺乏优先顺序、未能精简指标框架，以及对删除多余或过时指标存在抵触心理。

设计有效的内部报告指标对于企业监控绩效、跟踪目标进展和作出明智决策至关重要。然而，这一过程充满各种风险，包括与组织目标不一致、复杂性超载、数据治理问题等。通过实施强有力的控制措施，如数据验证和质量保证、与组织目标保持一致、简化和突出重点、数据治理和质量管理，以及利益相关者的参与和沟通，组织可以降低这些风险，确保内部报告指标的可靠性、完整性和可

用性。指标设计流程的持续监控、审查和改进对于保持与组织目标的一致性和推动绩效改进计划有所裨益。

三、内部报告信息收集环节的风险及应对

内部报告信息收集是有效组织管理的一个重要组成部分,可以深入了解绩效、合规性和运营健康状况。然而,内部报告收集数据的过程涉及许多风险,可能会损害信息的准确性、可靠性和完整性。为了降低这些风险,必须实施强有力的控制措施。下面将探讨内部报告信息收集过程中涉及的主要风险和应对措施。

一是数据准确性和完整性风险。人工数据输入错误,如数字不正确或记录不完整,可能导致报告不准确;数据录入错误会影响内部报告的质量,导致产生不正确的结论和错误的决策;数据操纵、有意或无意的数据篡改会扭曲信息并误导利益相关者;数据不一致,从不同来源或不同时间收集的数据不一致,会导致报告中的信息相互矛盾。应对以上风险的措施如下:通过数据验证与核实进行控制,在输入点实施数据验证检查,以确保准确性;根据预定义的规则和标准验证数据,使用自动数据收集工具,使用自动化工具和系统收集数据,尽量减少人工输入,降低人为错误的可能性;职责分离,将数据录入、审查和批准的职责分开,以降低故意篡改的风险;限制个人篡改数据的机会,提高所收集信息的完整性;定期审计与核对,定期进行审计和数据核对,以发现并纠正不一致之处。二是合规与法律风险。不遵守数据收集和报告方面的法律法规可能导致处罚和法律行动。例如,未按照法规要求适当保留或处置数据会导致合规问题。数据保留和处置不当会导致法律后果和潜在的数据泄露。基于此,组织需要建立并维护合规框架和政策,使其符合数据收集和报告方面的法律法规要求。确保数据收集过程遵守相关法律法规,降低违规风险。

四、内部报告生成环节的风险及应对

内部报告生成对于向管理层提供有关组织绩效、财务健康和合规状况十分重要。这一过程包括收集、处理和以结构化格式呈现数据。然而,这一过程存在各种风险,可能会影响报告的质量。为了降低这些风险,企业必须实施强有力的控制措施。

一是运行和系统风险。技术故障或系统停机会扰乱报告生成过程,导致延误或数据丢失。系统故障会导致报告不完整或延迟,影响决策和运行效率;数据堆积和存储问题,收集和处理大量数据会使系统不堪重负,数据超载会阻碍报告

生成过程,影响报告质量;数据收集系统与报告系统之间的集成度不高、数据收集系统与报告工具之间整合不佳,会导致数据孤岛和不一致;使用过时的技术和流程生成报告会导致效率低下,并增加出错的风险,而且会妨碍报告生成流程,影响报告的质量和可靠性。基于此,组织可以通过定期维护和升级报告系统,确保其可靠、高效;实施有效的数据管理和存储解决方案,高效处理大量数据;通过实现报告系统与其他组织系统的标准化和集成,以简化数据流;采用现代技术和最佳做法生成报告,提高效率和数据质量。二是沟通不畅风险。报告生成过程中的沟通不畅可能导致错误理解或最终报告中出现错误。错误理解报告中的数据会导致错误的结论和错误的决策。基于此,组织可以通过为报告生成过程制定明确的沟通机制,确保准确传达信息;使用标准化报告格式,确保信息表述的一致性,并且提供数据解读培训,确保员工了解如何准确分析和展示数据,使用数据可视化工具,以清晰易懂的方式展示复杂的数据。

五、内部报告传递环节的风险及应对

内部报告传递包括将报告从生成点发送到组织内的预期接收者。这一过程必须确保决策者及时获得准确信息并作出明智决策。然而,内部报告的传递存在若干风险,可能会损害信息的完整性、保密性和可用性。

内部报告涉及的主要风险及应对措施如下:一是安全和保密风险。未经授权或审核的个人在传输过程中访问报告可能导致数据泄露和敏感信息丢失;通过不安全渠道传输的数据可能被恶意行为者截获,导致信息泄露。数据拦截会破坏信息的保密性,导致数据可能被滥用;如果在传输过程中没有采取适当的安全措施,敏感数据可能被窃取或泄露。数据失窃或泄露可导致专有信息丢失、竞争劣势和声誉受损。因此,组织需要实施强有力的访问控制和多因素身份验证,限制只有授权人员才能访问报告;定期进行安全审计,以发现并解决报告传输过程中的漏洞。二是缺乏内部传递流程。内部报告未按照规范流程进行传递,导致信息传递缺乏可回溯性。组织应该严格按照制定的内部报告传递制度进行信息传递,以控制相关风险。

六、内部报告使用环节的风险及应对

内部报告为管理决策提供信息,并保护敏感信息的机密性,至关重要。然而,使用这些报告也存在固有风险。组织应该采取合理的方式降低对应风险。

内部报告使用环节涉及的主要风险及应对措施如下:一是数据不准确、不及时。数据收集、处理或整合过程中的错误,内部报告可能包含不完整或不准确的数据,导致错误决策、资源分配不当和战略失误;报告在使用时可能已经过时,提供的是历史观点,而不是当前或有前瞻性的见解。使用过时的报告可能导致决策不能反映当前的情况,从而错失良机或对不断变化的情况无法作出适当的反应;内部报告可能缺乏先进的分析工具来对数据进行分析,而这会导致缺乏作出明智决策所需的洞察力,从而产生不理想的结果。组织在数据收集及使用过程中,必须保证数据的准确性与及时性。二是未能建立有效的决策支持系统,无法利用信息协助管理层决策。组织须要求各级管理人员在作出决策时依据和利用内部报告相关信息。

通过实施适当的控制措施来应对这些风险,组织可以提高其内部报告的有效性、安全性和保密性,从而支持知情决策并保护包括商业机密在内的敏感信息。

七、内部报告保存管理环节的风险及应对

随着企业经营的持续和内部报告的不断生成,组织内部形成大量的报告文本与数据,如何妥善保管这些文本与数据,涉及企业的商业机密与运营安全。在内部报告保存管理环节,企业主要涉及以下风险:一是缺乏内部报告保存系统。对于重要的、关键性的数据需要永久保存,在保存的过程中若未认真执行内部报告的保存管理制度,则可能导致关键信息丢失;如果没有结构化的保存系统,重要的内部报告有可能随着时间的推移而丢失。关键信息的丢失会阻碍决策过程,妨碍审计工作,并导致违反合规要求;检索流程效率低下,在没有保留系统的情况下,检索特定的内部报告可能既耗时又低效。低效的检索流程会妨碍工作流程的效率,延误决策,增加运营成本。二是不严密的存储系统导致数据泄露。存储系统的安全措施不足可能导致未经授权的个人访问内部报告。未经授权的访问可能会导致数据泄露、敏感信息外泄和组织声誉受损;未加密存储的内部报告容易被窃取,增加数据泄露或机密信息泄露的风险,使组织遭受法律和监管方面的影响。

应对内部报告保存管理的风险措施如下:建立严格的内部报告保存管理权限,实施严格的访问权限,根据最少特权原则限制访问内部报告;通过确保只有授权人员才能访问敏感信息,限制未经授权访问和数据泄露的风险;加密存储的报告,对存储在存储系统中的内部报告进行加密,以防止未经授权的访问或截取;实施监控工具,跟踪存储系统内的访问和活动,并检测任何可疑或未经授权的行为;定期进行安全评估,定期对存储系统进行安全评估和渗透测试,以发现并解决漏洞,并有助于识别和修复存储系统的安全弱点或漏洞,降低数据泄露和未经授权访问的风险。以上措施可以有效控制内部报告保存管理环节的风险。

本章小结

　　本章深入探讨有效沟通在组织内部风险管理和内部控制中的关键作用。阐明沟通的各个方面,包括正式和非正式渠道、横向和纵向沟通以及内部和外部沟通。强调清晰透明的沟通对于促进与利益相关者之间的理解、合作和管理决策的重要意义,健全的沟通系统和机制可确保在组织的各个层面及时准确地传播信息。此外,本章还阐述与沟通失误相关的风险,如对信息的误解、不准确数据的传播和泄密。为降低这些风险,概述一系列控制措施,包括建立标准化的沟通流程、实施安全的沟通渠道等。此外,还深入探讨内外部沟通的细微差别,阐明与投资者、债权人、客户、供应商、监管机构、外部审计师和律师接触的复杂性。在强调与外部利益相关者建立和保持积极关系的重要性的同时,确保遵守监管要求和保护敏感信息。

案例分析

如何改善企业与投资者的信息沟通?

　　投资者服务电话作为上市企业与投资者之间沟通的关键桥梁,其设立与发展源自资本市场的不断成熟、投资者保护意识的增强以及监管政策的积极推动。为确保这一沟通渠道的有效运作,上市企业被明确要求设置专门的投资者服务电话,并在工作时间内确保有专人接听,同时该电话号码需在公司官网、年报等公开渠道公布。根据要求,上市企业需保障电话畅通无阻,避免无人接听、占线等情况,对可能出现的故障或人员变动要及时处理,确保投资者咨询与投诉能得到及时响应。为了提高服务质量,上市企业还需加强对话务人员的培训和管理,要求使用礼貌用语,耐心解答投资者问题,并提供相关建议。同时,建立反馈机制,收集并分析投资者意见和建议,持续改进投资者关系管理工作,积极处理投资者投诉和纠纷,维护投资者合法权益。

　　深交所对部分上市企业的投资者服务电话畅通情况进行了跟踪调查。调查结果显示,存在多次无人接听投资者服务电话的情形。部分上市企业未能确保投资者服务电话在工作时间有专人接听。2024年3月,深圳证券交易所就上市企业投资者服务电话无人接听的情况发布了监管通知。监管通知强调上市企业必须加强投资者管理与沟通。收到监管通知后,涉事企业纷纷表示将高度重视并认真对待投资者关系管理工作,加强投资者服务电话的管理和维护,确保在工作时间有专人接听并有效反馈投资者的咨询和投诉。同时,这些企业还表示将加强内部培训和沟通,提高员工的服务意识和专业水平。

我国证券市场管理秉承以投资者为中心的方针,努力促进上市企业与投资者之间的有效沟通。通过这些努力让投资者获得相关信息,帮助他们作出投资决策,增强投资信心。与此同时,上市企业也可以利用沟通渠道传递积极信号,为其发展轨迹注入信心,增强投资吸引力。有效的沟通可以消除利益相关者之间的信息鸿沟,巩固内部市场的稳定性,使投资者的满意度与企业的投资可行性保持一致。加强上市企业与投资者之间的沟通一直是资本市场发展的优先事项。

越来越多的上市企业开始主动与投资者接触。根据 Wind 数据,多家 A 股上市企业披露了旨在提高沟通质量和效率的举措,许多企业强调与投资者进行有效沟通的重要性,并将此作为今年的重点关注领域。这一趋势反映出上市企业日益认识到沟通在增强投资者信心和稳定市场方面的关键作用。

资料来源:整治!交易所提醒后证券部电话还是打不通,3 月来已有三公司收监管函[EB/OL].(2024-4-12)[2024-09-06]. https://finance.eastmoney.com/a/202404123042567075.html.

问题:上市企业如何加强与投资者的沟通?

思考与练习

1.沟通的类别与方式有哪些?

2.简述正式沟通与非正式沟通的优缺点。

3.沟通中的主要障碍有哪些,如何应对?

4.内部报告信息收集过程中的风险有哪些,如何应对?

5.内部报告生成过程中的风险有哪些,如何应对?

第八章
思考与练习参考答案

第九章　内部监督与内部控制评价

学习目标

知识目标

1. 深入理解内部监督的定义及作用；

2. 把握内部控制的概念与职能，以及内部审计机构设立的原则、模式与核心权限；

3. 明确内部控制评价的基本概念、原则，并了解其详尽内容框架。

能力目标

1. 熟练掌握内部监督的具体流程，并能灵活运用不同形式的内部监督策略；

2. 精通内部控制评价的内容与操作流程，能准确识别并区分不同类型的内部控制缺陷。

素养目标

1. 深刻领悟《审计署关于内部审计工作的规定》等相关法规精神，尤其是习近平总书记指出的"审计不仅要查病，更要治已病、防未病"的全方位审计理念，同时深化对内部审计工作重要性的认识，坚定"四个自信"；

2.通过分析国家电网、中国核电、万科、万达、海亮等企业内部审计的经典案例,不仅激发爱国主义情感,更促进内部审计职业理想的形成,增强职业荣誉感与责任感;

3.通过深入剖析因内部控制重大缺陷而受监管部门处罚的典型案例,强化社会主义核心价值观的实践,培养敏锐的风险意识,并牢固树立法治观念。

思维导图

引导案例

包商银行发生风险事件的根源在于监督失效

1.事件概述

2019年5月24日,包商银行因深陷严重的信用风险旋涡,被中国人民银行与中国银行保险监督管理委员会(2023年3月改为国家金融监督管理总局)联合接管。这一事件不仅在中国金融史上留下了深刻的烙印,更警示了业界需高度关注公司治理的失效问题。诸多中小银行面临的潜在风险的核心往往在于公司治理机制的紊乱,以及伴随而来的金融腐败与违法犯罪活动。

2.风险根源探析

(1)公司治理的全面失灵。包商银行的公司治理架构看似完备,实则形同虚设。其"三会一层"(股东大会、董事会、监事会及经营层)的组织形式健全,但在实际操作中却缺乏实质性的治理效力。"大股东控制"与"内部人控制"的双重问题交织,加之地方监管的失效与内部贪腐横行,为违法违规行为提供了温床。

(2)党的领导弱化与党内监督缺失。包商银行党委的核心作用被严重削弱,党委负责人甚至沦为大股东的附庸,导致党的监督职能形同虚设。党内监督机制的失效,使得部分党员领导干部肆无忌惮地以权谋私,违法乱纪现象频发,进一步加剧了银行的风险暴露。

(3)大股东操控与利益输送。"明天系"通过绝对控股地位,"合法"地操纵了包商银行的股东大会,使其成为大股东利益输送的工具。通过一系列不正当的关联交易、担保及资金占用手段,大股东逐步掏空了银行,严重损害了其他股东及存款人的利益。

(4)董事会与风险管理的失效。包商银行董事会未能有效履行其风险管理与决策职能,反而沦为董事长个人意志的附庸。董事会在多项关联交易中决策不当,间接助力了大股东的利益输送行为。同时,风险管理部门的独立性与专业性缺失,导致内部控制形同虚设,无法有效遏制风险的发生。

(5)监事会监督不力。监事会作为重要的监督机构,在包商银行中却未能发挥其应有的作用。监事成员的专业性与独立性不足,导致其监督职能大打折扣。监事会的失职,进一步加剧了银行内部的监督空白。

(6)管理层凌驾于制度之上。包商银行的管理层在缺乏有效制衡机制的情况下,频繁以领导意志代替规章制度。关联交易的审批流程形同虚设,大额贷款的发放缺乏必要的风险控制措施,导致不良贷款率居高不下,严重侵蚀了银行的资产质量。

3.风险规避与治理改进

为有效规避类似风险,银行需严格按照《企业内部控制基本规范》及其配套指引要求,建立健全内部控制监督制度,明确内部审计机构及其他监督机构的职责权限,规范内部监督的程序与方法。同时,银行应定期对内部控制的有效性进行自我评价,并出具详细的内部控制自我评价报告,以持续提升治理水平与风险防控能力。

资料来源:周学东.中小银行金融风险主要源于公司治理失灵:从接管包商银行看中小银行公司治理的关键[J].中国金融,2020(15):19-21.

包商银行发生风险事件,一方面说明其内部控制存在重大缺陷,未能保证企业持续健康发展,另一方面说明董事会、监事会等机构没有充分发挥监督作用,导致公司管理存在严重漏洞、经营出现重大损失。企业要规避上述风险,就需要按照《企业内部控制基本规范》及其配套指引的要求,制定内部控制监督制度,明确内部审计机构(或经授权的其他监督机构)和其他内部机构在内部监督中的职责权限,规范内部监督的程序、方法;同时,企业应当结合内部监督情况,定期对内部控制的有效性进行自我评价,出具内部控制自我评价报告。

第一节 内部监督

一、内部监督的定义

内部监督,作为企业内部控制体系的关键环节,旨在深入审视与评估内部控制的实际执行情况。其核心目的是衡量内部控制的有效性,精准识别潜在的控制缺陷,并促使企业及时采取改进措施。这一系列监督制度,汇聚了企业内外部利益相关者的力量,他们共同对企业管理层的经营行为、过程及重大决策实施客观且及时的监督,确保了企业运营的透明度与合规性。

由于认知的局限性与前瞻性不足,企业所设计的内部控制制度难以尽善尽美。加之外部环境与内部条件不断变化,以及员工对内部控制的理解上存在差异,这些制度在执行过程中难免会遭遇挑战,出现未能充分发挥其应有作用的情况。因此,对内部控制运行状况进行持续、必要的监督显得尤为重要。这一过程不仅能帮助企业及时发现内部控制中的不足与问题,甚至隐藏的缺陷,更为关键的是,它为企业提供了不断完善内部控制体系、提升其有效性的契机。

综上所述,内部监督不仅是确保内部控制体系高效运行的基石,更是推动企业治理水平持续提升、防范潜在风险不可或缺的重要手段。在内部控制体系中,内部监督占据着举足轻重的地位,是推动企业稳健发展的强大动力。

华为如何构建内部控制三道防线体系

任正非在 2017 年华为公司监管体系座谈会的讲话中介绍,公司发展得越快,管理覆盖就越不足,暂时的漏洞也会越多,因此,华为公司设置了内部控制的三层防线。

第一层防线,业务主管/流程管理者,他们是内控的第一责任人,在流程中建立内控意识和能力,不仅要做到流程的环节遵从,还要做到流程的实质遵从。流程的实质遵从,就是行权质量。落实流程责任制,业务主管/流程管理者要真正承担内控和风险监管的责任,95%的风险要在流程化作业中解决。业务主管必须具备两个能力,一个是创造价值,另一个是做好内控。

第二层防线,内控及风险监管的行业部门,针对跨流程、跨领域的高风险事项进行拉通管理,既要负责方法论的建设及推广,又要做好各个层级的赋能。稽查体系聚焦事中,是业务主管的帮手,不要越俎代庖,业务主管仍是管理的责任人。稽查体系要帮助业务主管管理好自己的业务,发现问题、推动问题改进、有效闭环管理问题。稽查和内控的作用是在帮助业务部门完成流程化作业的过程中实现监管。内控的责任不在稽查部,也不在内控部,这点一定要明确。

第三层防线,内部审计部是司法部门,通过独立评估和事后调查建立冷威慑。审计发现一个疑点,不依不饶地深查到底,旁边碰到大问题也暂时不管,沿着这个小问题把风险查清、查透。在这个调查过程中,审计通过纵向调查和横向调查建立冷威慑,没有规律,不按大小来排队,抓住什么就查什么。冷威慑,就是让大家都不要做坏事,也不敢做坏事。

资料来源:黄卫伟.价值为纲:华为公司财经管理纲要[M].北京:中信出版集团股份有限公司,2017.

二、内部监督的程序

(一)建立健全内部监督制度

随着企业规模的不断扩大,其组织结构、发展方向、员工构成及素质、生产技术或运营流程等关键要素均会随之发生显著变化。这些变化深刻影响着企业风险管理的有效性,可能导致原本行之有效的风险应对策略变得不再适用,内部控制活动的效果减弱,甚至内部控制制度在实际执行中遭遇阻碍。

为了应对这些挑战,企业管理层必须实施全面而必要的监督检查,以确保内部控制机制能够持续、有效地运行。这一目标的实现,首要任务是建立健全内部监督制度。内部监督制度的核心在于构建一个系统化、规范化的监督框架,其具体内容涵盖但不限于以下几个方面:

第一,明确监督的组织架构。确立内部监督的负责部门或机构,明确其在企业治理结构中的位置与职能,确保监督工作的独立性和权威性。

第二,岗位设置与职责界定。详细规划内部监督岗位的职责范围,确保每个岗位都有明确的职责分工,形成相互制约、协同合作的监督机制。

第三,权限分配。清晰界定内部监督部门或人员在执行监督任务时的权限范围,避免权力滥用或监督盲区。

第四,工作方法。制定科学的监督流程和方法,确保监督工作的系统性和针对性,提高监督效率和质量。

第五,信息沟通机制。建立畅通的信息沟通渠道,确保监督信息能够及时、准确地传递至相关部门和人员,为决策提供有力支持。

第六,表格与报告样本。设计标准化的监督表格和报告模板,规范监督信息的记录和呈现方式,以便于数据的汇总、分析和利用。

通过建立健全内部监督制度,企业能够实现对内部控制实施情况的全面、持续监督,及时发现并纠正内部控制中的缺陷和问题,从而确保企业内部控制的有效性,促进企业的稳健发展。

案例 9-2

前董事长占用挪用资金,新开源内部监督失效

新开源医疗科技集团(以下简称新开源)是精准医疗领域的领先企业,拥有多项专利和知识产权。公司旗下呵尔医疗的 SPICM-DNA(全自动肿瘤细胞筛查分析)系统是国内首创,拥有超百万条的数据库。新开源还是聚乙烯吡咯烷酮(PVP)系列产品的主要生产商,生产基地占地 210 亩,全面符合 cGMP(环磷酸鸟苷)标准,确保产品安全。公司自主研发成果填补国内空白,拥有 16 项发明专利、21 项实用新型专利、20 件软件著作权和 16 项专有技术,技术达国内外先进水平,并获得 33 项商标注册。新开源的 PVP 销量为中国第一、世界前三。

但是新开源无数光环和头衔的背后隐藏着重重问题,前董事长方华生挪用投资款事件愈演愈烈,引发监管部门的关注,对公司运营和发展产生了重大的影响。

2019 年 11 月 29 日,深交所对新开源下发关注函,直指关联方资金占用和内控失效等问题。

新开源违规的核心事实并不复杂。一是资金占用。2018 年 1—2 月,新开源旗下的子公司分别与北京中盛邦新材料研究院有限公司(以下简称中盛邦)、晨旭达投资有限公司(以下简称晨旭达)、北京国泽资本管理有限公司(以下简称国泽资本)发生资金往来。据查询,截至目前,中盛邦、晨旭达、国泽资本 3 家公司对子公司的欠款分别为 230 万元、4746 万元、4500 万元。新开源公开承认,这

些资金往来构成财务资助。

二是资金挪用,新开源的表述是变更用途。2018 年 1 月 25 日,新开源向子公司北京新开源转款 1.8 亿元,北京新开源当天将该笔款项以投资款名义转给深圳前海基金公司。此后公司一直未能获悉该笔投资的进展情况,直到 2019 年 9 月初公司董事会换届时,方华生公开声明"资金往来系收购美国 BV 公司引起以及经营性活动所需"。在新开源收购美国 BV 公司过程中,资金安排曾出现明显异常,新开源投向深圳前海基金公司的 1.8 亿元已然间接参与这起收购。

纵观新开源投资深圳前海基金事件的始末,公司在该投资项目上的内控显然是缺位的,未能及时发现并有效阻止对晨旭达、国泽资本、中盛邦提供相关的财务资助以及深圳前海基金公司的投资款被变更用途。董事长在公司投资业务、运营管理等问题上频频违规操作,也说明新开源的内部监督是失效的。一方面,董事长擅自挪用投资款,在未经董事会批准的情况下将投资款汇入子公司继而汇入基金账户。另一方面,对合作企业的资质缺乏有效的评估和审核,发生高额财务资助的三家公司和前董事长均存在亲密关系。公司的资金管理控制存在缺陷,未对合作公司的财务状况进行有效审核。整个公司的内部监督部门没能在日常监督中及时发现上述内控的漏洞,也未定期对与新开源产生重大资金往来的公司的业务进行专项监督。

资料来源:王乔琪,覃秘.前董事长违规挪资 2 亿元,新开源易主事宜横添变数[N].上海证券报,2019-11-28;1.8 亿元投资下落再追寻,新开源海外收购引资有蹊跷[N].上海证券报,2019-12-10.

(二)制定内部控制缺陷标准

在执行内部控制的监督和检查工作之前,负有监督职能的部门首先需要确立明确的监督目标与要求。这一流程直接指向的是评估内部控制制度的实施成效,而根本目的则是确保内部控制目标的实现。为实现这一目标,识别并界定内部控制缺陷的标准成为内部监督工作的核心环节,它直接关系到监督工作的成果质量与效率。

内部控制缺陷,简而言之,即内部控制体系在设计或执行层面所存在的不足以有效预防或纠正错误与舞弊的情形。具体而言,这些缺陷的认定可从多个维度进行划分:

(1)按重要程度划分,内部控制缺陷可分为一般缺陷、重要缺陷与重大缺陷三个层次。这一分类依据的是缺陷对企业运营、财务报告及合规性等方面潜在影响的严重程度。

(2)按来源划分,可进一步细化为设计缺陷与执行缺陷。设计缺陷指的是内部控制框架本身存在的不足,而执行缺陷则是指即便制度完善,但在执行过程中出现的偏差或疏漏。

（3）按内容划分，缺陷还可区分为财务报告内部控制缺陷与非财务报告内部控制缺陷，前者直接影响财务信息的真实性与完整性，后者则可能涉及运营效率、合规性等其他非财务方面的内部控制问题。

在内部监督的实施过程中，监督部门需依据上述分类标准，对发现的缺陷进行初步识别与分类，明确其种类、性质及重要程度，为后续的整改与优化工作提供有力依据。

（三）实施监督活动

对内部控制体系的建立与执行情况进行全面而细致的监督检查，其核心目的在于精准识别企业内部控制体系中存在的问题与薄弱环节。面对已识别的内部控制缺陷，企业需迅速响应，采取针对性的补救措施，以减轻潜在损害。例如，若监督过程中发现销售人员存在直接收取货款的行为，应立即启动客户核查程序，加强对应收账款的跟踪分析，确保资金安全。同时，对于潜在的内部控制风险点，企业需提前布局，实施预防性控制措施，旨在防患于未然，或在风险发生时能迅速控制事态，降低损失。例如，针对汇率风险管理不足的问题，管理层应迅速建立外汇交易止损机制，有效管理汇率波动风险。

（四）记录与报告内部控制缺陷

遵循《企业内部控制基本规范》第四十七条之规定，企业需确保内部控制建立与实施过程的可追溯性与可验证性，通过书面或其他适宜形式妥善保存相关记录或资料。这些文档资料按内部控制要素分类，具体包括：内部环境文档（如组织结构图、权限体系表、岗位职责说明等）、风险评估文档（如风险评估流程、报告等）、控制活动文档（涵盖各流程控制指引）、信息与沟通文档（如客户反馈、财务报告、会议纪要等），以及内部监督文档（如询证函、盘点报告、审计计划及意见书等）。

为规范内部控制缺陷的报告流程，企业应制定详尽的管理规定，明确报告职责、内容、程序及后续跟进措施。当业务部门或其他控制人员发现内部控制缺陷时，应立即以书面形式向上级及内部控制主管部门报告。内部控制主管部门则需定期或不定期向管理层汇报新风险点、控制缺陷及整改进展，重要事项需提交内部控制委员会审议。最终，基于全面评价，内部控制主管部门编制内部控制综合评价报告，经内部控制委员会审核后提交董事会审议。

在报告对象上，内部控制缺陷的通报应至少涵盖直接责任单位、整改执行人员及其上级单位。对于重大缺陷，内部监督机构享有直接向董事会、审计委员会及监事会报告的权利，以确保问题得到高层重视与及时解决。

（五）对内部控制缺陷进行整改

通过内部监督,可以发现内部控制在建立与实施中存在的问题和缺陷,进而采取相应的整改计划和措施,切实落实整改,促进内部控制系统的改进。

案例 9-3

海亮集团的内部审计创新与效能提升

海亮集团有限公司(以下简称海亮集团)创建于 1989 年,主营有色金属加工、教育、健康三大产业,2018 年营业收入为 1736 亿元,为中国企业 500 强第110 位、中国民营企业 500 强第 18 位,其旗下有境内外 3 家上市公司。海亮集团的诚信文化打造了良好的内控审计环境,构建了以内控审计为核心的大监督体系。

集团审计部门隶属于海亮集团董事会,各产业集团的内控审计部门直接隶属于本产业集团董事会,并接受集团内控审计中心的业务指导。历任内控审计负责人都是董事局成员,进入集团核心管理层,参与公司重大决策,并对集团重大事项拥有一票否决权。集团审计部门建立了内部审计管理制度、工程审计管理制度等七项制度,形成了较为完整的制度体系。面对集团多元化的业务,内部审计与时俱进,从刚成立时以财务审计为主到现在覆盖公司主要业务领域,聚焦审计价值创造。

1.倒"二八"模式促进审计整改

审计发现问题并出具报告,工作量完成了 80%,但对企业的价值贡献可能仅发挥了 20%。要实现剩余的 80%价值,关键在于强化整改。公司通过以下方法提高整改效果:

(1)强化"两会三签":通过进场和结束时的审计会议,以及审计报告和整改计划的签字确认,加强与被审计单位的沟通和风险认同。

(2)风险等级量化:根据风险等级对整改提出要求,高风险问题必须整改,中风险问题原则上整改,低风险问题在评估成本后可考虑不整改。

(3)整改跟踪复核"4+1"模式:通过被审计单位自检、审计经理复核、专项审计、后续常规审计和专人销号,确保整改到位,形成闭环。

(4)量化审计人员考核:将整改率纳入绩效考核,激励审计人员与被审计单位沟通,提高整改方案的可实施性。

这些措施有效提升了整改率,2017 年整改率达到 92%,2018 年达到 96%,高风险问题整改率接近 100%。同时,这些做法也促进了企业内控体系的完善,查处违规违纪案件,提出审计建议,保障了企业的健康发展。

2.审计信息化尝试

集团审计部门联合信息部门经过近一年的工作,成功开发出"云海审计"信息平台。平台能有效支持远程任务信息及时传递,打破审计时间和空间界限,实现标准化、系统化作业,大幅提高审计效率,为审计数据的应用奠定坚实的基础。

3.IT与内控"充分"融合

从2013年开始,内控审计中心结合海亮集团总部—产业集团—单体公司管理架构,产业多元化、管理多层级等现状,牵头组织授权工作,逐步搭建起董事局主席、分管总裁、产业板块三级授权管理体系,以OA(办公自动化)为载体,将内控关键控制点、授权等融入OA流程中。经过五年的不断优化完善,2018年,优化全集团流程826个,流程数量减少36%,待办事项减少68%。集团对下属公司审批节点数由3058个减少至1770个,减少了约42%。完成了对集团所有板块的全覆盖,有力地促进了集团快速发展过程中的风险管理。

4.在新领域创造新价值

在2014年,海亮集团的内控审计团队实施了对私募股权投资项目投后管理的审计工作,重点在于档案资料的标准化管理。这一审计工作促成了一套完整的经济指标分析体系和内部讨论机制的建立与实施。这些措施清晰地揭示了超过20亿元股权投资资产的风险状况和应对策略,为集团管理层在决策和谈判中提供了关键支持。到了2017年,为了支持子公司股权转让的工作,内控审计部门在两个月内对30家子公司进行了尽职调查,完成了外部会计师事务所未能完成的任务。这一努力使得集团的收入比原预算增加了7.17亿元,净利润增加了6.98亿元。此外,为了适应集团教育业务的快速增长,内控审计部门联合法务和业务部门进行了尽职调查。在2017至2018年间,他们主导了58个项目,识别了340多个并购风险点,并提出了200多条并购建议,这些成果成为了管理层并购决策的重要参考,并成功促成了11个并购项目的实施。

资料来源:傅怀全.海亮文化名片中的内审色彩[J].中国内部审计,2019(8):38-41.

三、内部监督的形式

《企业内部控制基本规范》第四十四条将内部监督分为日常监督和专项监督两种形式。

(一)日常监督:企业内部控制的常规护航制度

日常监督,作为企业内部控制体系不可或缺的一环,致力于对内部控制架构及其执行情况进行常态化的监控与检查,确保企业运营稳健前行。

1.日常监督的核心职能

(1)证据收集与功能验证。通过持续收集日常运营中的各类信息与数据,企业员工能够验证内部控制系统的有效性,确保各项控制活动按既定规则有序运行。这一过程不仅涵盖了管理层整合的部门报告与问题反馈,还涉及职能部门自我审视中揭示的挑战及相应解决方案,这些共同构成了评估内控效能的坚实基础。

(2)信息一致性的校验。日常监督还承担着比对内外信息一致性的重任,确保企业接收到的外部信号与内部运营实况相吻合。通过与客户、监管机构等多方沟通,企业能够及时发现并纠正信息偏差,维护内外部环境的和谐统一。

(3)资产与数据的双重核对。为确保财务数据的准确无误,日常监督会将信息系统中的电子记录与实物资产逐一比对,任何差异都会被详细记录并分析其成因,以此强化资产管理的精细度与透明度。

(4)审计建议的融合与响应。面对内外部审计团队的专业洞察与建议,日常监督机制展现出高度的开放性与协作精神,积极吸纳审计中有价值的发现,将其转化为企业的改进措施,为管理层决策提供强有力的支持。特别是内部审计的深入介入,更使这一流程具有不可或缺的严谨性与前瞻性。

2.日常监督的利弊考量

进行日常监督的优势显著。首先,日常监督以其连续性和及时性,能够不间断地为企业内控状况提供实时反馈,有助于企业迅速识别并应对潜在风险。其次,通过日常化的细致检查,企业能够显著降低重大违规事件的发生概率,维护良好的运营秩序。

另外,进行日常监督也是出于成本考量。然而,对于风险发生概率较低但潜在影响重大的突发事件而言,日常监督的全面铺开可能会带来相对较高的成本。因此,企业在实施日常监督时,需综合权衡成本与效益,合理划定监督范围与深度。

3.适用范围的精准定位

鉴于日常监督在识别常规性、重复性业务问题方面的独特优势,其适用范围主要集中于企业日常运营的核心环节与高频场景。随着监督力度的加强,企业内部控制的有效性将得到显著提升,进而减少对专项监督的依赖,形成更为高效、协同的监督体系。在这一过程中,企业应不断优化监督策略,确保日常监督机制既能精准捕捉风险苗头,又能有效控制监督成本,为企业的长远发展保驾护航。

(二)专项监督:精准聚焦,强化内控防线

专项监督,作为一种针对性的监控手段,聚焦于企业发展战略调整、组织结构变革、经营活动转型、业务流程重塑以及关键岗位人员变动等关键变化点,对内部控制的特定环节或整体架构实施深度审查。

1.专项监督的核心价值

缺陷识别与系统优化。当企业内部控制环境发生重大变化时,专项监督能够敏锐捕捉潜在的控制缺陷,通过深入分析这些变化对内控体系的影响,提出针对性的修正建议,促进企业内部控制系统的持续优化与升级。

风险聚焦与防控强化。针对日常监督中识别出的高风险及重要项目,进一步加大专项监督力度,确保这些关键领域得到有效控制,从而整体降低企业运营风险,将其维持在可承受范围内。

2.专项监督的双重特性

专项监督以其独特的视角和深入的分析,为内部控制的有效性评估提供了新的维度,成为日常监督的重要补充。它能够弥补日常监督可能存在的盲点,确保企业在变革过程中内部控制的稳定性和有效性。值得注意的是,专项监督往往是在特定事件或变化发生后实施,因此具有一定的滞后性。为克服这一局限,企业应建立健全风险预警机制,提前预判潜在变化,确保专项监督能够及时介入,并有效应对。

3.实施策略与范围界定

专项监督的实施范围与频率应依据企业的风险评估结果及日常监督的实际效果进行科学规划。对于风险评估中识别出的高风险领域及日常监督中发现的问题集中点,应优先将其纳入专项监督范畴,并适当增加监督频次,以实现对这些关键环节的持续、深入监控。

综上所述,日常监督与专项监督相辅相成,共同构建起企业内部控制的坚实防线。日常监督确保企业运营活动的常规监控与即时反馈,而专项监督则针对特定变化与高风险领域实施精准打击,二者的有机结合有效提升了企业内部控制体系的适应性与灵活性,为企业的稳健发展提供了有力保障。

第二节　内部控制评价

一、内部控制评价的定义

内部控制评价,作为企业内部控制体系中的关键一环,由董事会与管理层共同主导,旨在全面审视企业内部控制机制的有效性与运作状况。这一过程不仅涉及对企业内部控制设计与实施的深入剖析,更着眼于形成具有前瞻性的评价结论,并据此撰写详尽的评价报告。

内部控制评价的重要性不言而喻,它是企业稳健运营的基石。唯有通过持续、系统的评价,企业方能精准识别内部控制架构中的高风险区域与潜在脆弱点。在此基础上,企业能够采取针对性措施,对既有控制流程进行修补与强化,从而确保内部控制体系的持续完善与进化。这一过程不仅是企业自我审视与提升的重要途径,更是推动内部控制机制不断优化、适应外部环境变化的关键动力。

从更深层次来看,内部控制评价构成了企业内部控制系统动态循环的有机组成部分。它紧密衔接内部控制的设计与执行环节,通过及时反馈评价结果,指导企业对现有控制机制进行必要的调整与优化。这一循环机制不仅增强了企业内部控制的适应性与灵活性,更为企业应对复杂多变的市场环境提供了坚实的制度保障。

内部控制评价不仅是企业提升管理效能、降低运营风险的重要手段,更是推动企业实现可持续发展的关键驱动力。通过不断深化对内部控制评价的理解与实践,企业将能够在激烈的市场竞争中保持稳健的步伐,不断迈向新的高度。

二、内部控制评价的原则

按照《企业内部控制评价指引》的要求,企业实施内部控制评价至少应当遵循下列原则:

(1)全面性原则。评价工作应当包括内部控制的设计与运行,涵盖企业及其所属单位的各种业务和事项。

(2)重要性原则。评价工作应当在全面评价的基础上,关注重要业务单位、重大业务事项和高风险领域。

(3)客观性原则。评价工作应当准确地揭示经营管理的风险状况,如实反映内部控制设计与运行的有效性。

案例 9-4

某研究所2019年内部控制评价情况报告

一、内部控制体系的建设与完善

自2015年起,某研究所基于对各项专业业务的全面梳理,精心编制了《××研究所内部控制管理手册》。随着业务环境的变化与管理需求的提升,该手册于

2019年再度修订并推出新版,以确保其适应性与有效性。与此同时,研究所在制度建设方面亦不遗余力,2016年汇编完成包含138项制度的《××研究所制度汇编》,并在此后的运营过程中不断优化,至2019年,已废止18项旧制,修订完善21项制度,构建起涵盖综合管理、党群工作、基础能力建设、经营管理、人力资源及财经管理等六大核心领域的制度体系,全面满足内部控制的高标准要求。

遵循财政部等五部委发布的《企业内部控制基本规范》及其配套指引,同时参照上级集团及本所内部控制管理相关办法与手册,××研究所于2019年深入开展了内部控制评价工作。此次评价紧密围绕内部控制的五大要素与十八个业务模块展开,实现了对研究所及其下属单位内部控制设计与执行效力的全面审视。在此基础上,研究所进一步聚焦高风险领域与核心业务板块,精选资金管理、采购管理、对外投资等八大关键领域进行深入剖析,以确保内部控制评价的精准性与实效性。

二、内部控制缺陷的识别与分析

监管机制不健全。研究所在选拔子公司总经理时,虽遵循既定程序,却未明确其授权范围,加之监管职责划分模糊,导致子公司运营过程中监管形同虚设。特别是当子公司董事长由上级领导兼任时,重大事项审批流程的倒置(即"倒签"现象)进一步削弱了内部监督机制的有效性,为权力滥用与腐败行为的滋生提供了温床。

绩效考核体系待完善。研究所对子公司的绩效考核指标设置失衡,过度偏重营业收入而忽视利润贡献,加之考核结果随意调整,严重削弱了考核体系的公正性与激励作用,助长了虚假报账等不良风气。

薪酬激励机制不合理。针对子公司负责人的薪酬管理制度缺乏灵活性,保底薪酬政策不仅未能有效激发管理层的积极性,反而诱发了隐瞒收入等不当行为,削弱了企业的整体活力与竞争力。

应收账款管理松散。高额且账龄偏长的应收账款显著增加了企业的坏账风险与财务成本,而现有催收机制的不健全更是加剧了这一问题的严峻性。

资金审批流程待优化。当前资金审批制度未能根据资金性质与用途实施差异化管理,导致审批效率低下且难以保证审批质量,严重制约了资金使用的灵活性与有效性。

采购方式选择不当。大量应招标项目违规采用单一来源采购方式,不仅违反了采购管理制度,还增加了采购成本与廉洁风险。

合同管理存在漏洞。合同续签与模板管理的不规范操作不仅影响了合同质量与资金安全,还可能引发不必要的法律纠纷与经济损失。

资产实物管理不足。资产台账的缺失与信息化水平的滞后导致资产实物管理松散,资产流失与账实不符问题频发。

资产利用效率偏低。房产闲置、设施利用率不高及自营资产经营不善等问题凸显了资产管理方面的诸多不足,严重制约了资产效益的充分发挥与国有资产的保值增值。

三、内部控制缺陷的解决措施与评价

针对监管机制不健全,明确子公司总经理的授权范围,制定清晰的监管职责划分,并建立有效的内部监督机制,避免"倒签"现象,确保重大事项审批流程的合规性。

针对绩效考核体系待完善,设定合理的绩效考核指标,平衡营业收入与利润贡献,确保考核结果的公正性,减少对考核结果的随意调整,增强考核体系的激励作用。

针对薪酬激励机制不合理,引入灵活的薪酬管理制度,取消保底薪酬政策,激发管理层的积极性,并设计与企业绩效挂钩的激励机制,减少不当行为。

针对应收账款管理松散,加强应收账款管理,缩短账龄,降低坏账风险,完善催收机制,提高应收账款的回收效率。

针对资金审批流程待优化,可根据资金性质与用途实施差异化管理,提高审批效率,确保审批质量,提高资金使用的灵活性。

针对采购方式选择不当,规范采购方式,确保应招标项目合规进行,增强采购管理制度的执行力度,降低采购成本与廉洁风险。

针对合同管理存在漏洞,规范合同续签与模板管理,提高合同质量,并加强合同管理,避免法律纠纷与经济损失。

针对资产实物管理不足,建立健全资产台账,提高信息化水平,加强资产实物管理,并定期进行资产盘点,确保账实相符。

针对资产利用效率偏低问题,提高房产和设施的利用率,优化自营资产管理,通过合理配置和有效运营,提升资产的经济效益。

该研究所在内部控制体系的建设与完善方面已经取得了一定的成果,特别是在制度建设和内部控制评价工作的全面开展方面。然而,从上述信息中可以看出,研究所在对外投资管理、资金管理、采购与合同管理以及资产管理等方面仍存在一些缺陷和风险。

这些缺陷不仅影响了研究所的运营效率,还可能对其财务安全和合规性造成威胁。因此,研究所需要采取有效的措施来解决这些问题,通过制度建设和流程优化来提高自身的管理水平和风险防控能力,以确保内部控制体系的有效性和自身的可持续发展。

资料来源:池国华,朱荣.内部控制与风险管理.3版.北京:中国人民大学出版社,2022.

三、内部控制评价的内容

按照《企业内部控制评价指引》的规定,企业应当根据《企业内部控制基本规范》《企业内部控制应用指引》以及本企业的内部控制制度,围绕内部环境、风险评估、控制活动、信息与沟通、内部监督等要素,确定内部控制评价的具体内容,对内部控制设计与运行情况进行全面评价。

1.内部环境评价

企业在实施内部环境评价时,应参照组织架构、发展战略、人力资源管理、企业文化培育及社会责任履行等具体指引,并紧密结合企业内部既定的控制制度。评估过程需对内部环境的构建理念与实际操作效能进行全面审视与评判。

2.风险评估评价

依据《企业内部控制基本规范》中关于风险评估的详尽要求,企业应针对已识别的风险领域,结合各应用指引所列明的核心风险点,系统评估其面临的风险种类、风险承受能力以及既定的风险缓释措施的有效性。此环节旨在确保企业对潜在风险的全面认知与有效应对。

3.控制活动评价

控制活动的评价应严格依据《企业内部控制基本规范》及相关应用指引中的控制措施,同时紧密联系企业自身的内部控制体系。评价重点在于核查各项控制措施的设计合理性与执行效率,确保控制措施在实际运营中能够充分发挥作用。

4.信息与沟通评价

企业在进行信息与沟通评价时,需参照内部信息传递流程、财务报告编制标准、信息系统管理规范等相关指引。评估范围涵盖信息收集的时效性、处理流程的严谨性、沟通渠道的畅通性、反舞弊机制的完善性、财务报告的准确性、信息系统的安全性,以及信息技术在内部控制应用中的有效性等多个维度。

5.内部监督评价

依据《企业内部控制基本规范》中关于内部监督的具体要求,结合日常监督管理的实践指南,企业应对内部监督机制的运行效能进行深入剖析。评价过程中,应重点关注监事会、审计委员会及内部审计机构等监督主体在内部控制设计与执行中的监督作用的发挥情况,确保监督机制的独立性与有效性,为内部控制体系的持续优化提供坚实保障。

四、内部控制评价的程序

《企业内部控制评价指引》第十二条规定,企业应当按照内部控制评价办法规定的程序,有序开展内部控制评价工作。内部控制评价程序一般包括制定评价工作方案、组成评价工作组、实施现场测试、认定控制缺陷、汇总评价结果、编报评价报告等环节。

(一)制定评价工作方案

内部控制评价流程的首要步骤是制定详尽的评价工作方案。此方案需紧密围绕企业内部控制目标,同时考量企业当前的内部监督状况及管理需求。通过分析企业运营中的高风险区域及核心业务活动,明确检查与评价的具体方法。方案需经董事会审慎批准后正式执行,并详细列明评价范围、任务分配、人员配置、时间安排及预算规划。评价工作可全面铺开,亦可聚焦于特定领域进行深入剖析。

(二)组成评价工作组

评价工作由专门的内部控制评价部门牵头,依据既定方案组建评价工作组。团队成员应广泛吸纳企业内部各部门中的业务精英,确保评价的全面性与专业性。为保持评价工作的客观与公正,评价组成员应避免参与自身所在部门的内控评价,严格执行回避制度。

(三)实施现场测试

评价工作组采用多元化方法深入被评价单位进行现场测试。具体手段包括但不限于个别访谈、问卷调查、专题研讨、穿行测试、实地核查、随机抽样及对比分析等。通过这些方法,工作组能够系统地收集关于企业内部控制设计与执行效果的第一手资料,并对相关数据进行精准核对与分析,为后续评价工作奠定坚实基础。

(四)认定控制缺陷

内部控制缺陷的认定过程包含以下几个关键阶段。

1.初步识别与分类

内部控制评价工作组首先依据现场测试所收集到的确凿证据,对内部控制中存在的潜在缺陷进行初步识别。随后,根据这些缺陷对企业运营可能产生的影响程度,将它们细致划分为重大缺陷、重要缺陷及一般缺陷三个层级。这一分类为后续的缺陷处理策略提供了重要依据。

2.工作组负责人复核

紧接着初步识别阶段,评价工作组会启动内部复核机制,依据既定的质量交叉复核制度,对初步认定的缺陷结果进行全面的再核查。在此过程中,工作组负责人将亲自审阅评价工作底稿,确保其准确无误。一旦确认无误,负责人将在相关文件上签字,以示责任与认可,并将复核后的材料提交至企业内部控制评价部门,以便进行更深层次的分析。

3.综合分析与全面复核

企业内部控制评价部门在收到工作组提交的材料后,会立即着手编制内部控制缺陷认定汇总表。这份汇总表不仅汇总了所有已识别的缺陷,还结合日常监督与专项监督中发现的其他问题,对缺陷的成因、具体表现形式及其对企业运营的实际影响进行了全面而深入的分析。另外,评价部门还会持续关注这些缺陷的评价报告和改进情况,并据此提出具有针对性的认定意见。最终,将这些意见以适当的形式报告给董事会、监事会或经理层,确保决策层能够全面了解内部控制的现状与潜在风险。

(五)汇总评价结果

评价工作组在详尽复核与确认评价过程中发现的所有问题后,系统性地汇总分析结果。此阶段致力于将检查所得的问题加以细致分析,并依据这些分析结果,提出具体而明确的评价意见。随后,工作组依据这些意见精心编制内部控制评价报告,确保报告内容全面、客观且富有建设性,为后续的管理决策提供有力支持。

(六)编报评价报告

基于已确认的内部控制缺陷及整合后的评价结果,内部控制评价机构着手全面而细致地编制内部控制评价报告。此报告力求客观反映内部控制工作的整体状况,确保公正无偏,并详尽记录所有关键发现。编制过程中,机构综合考虑内部控制活动的各个环节,确保报告内容的完整性和准确性。完成报告编制后,该机构及时将其提交至企业经理层、董事会及监事会审阅。最终,报告经由董事会审慎审定后,方可正式对外公开披露,以保障企业信息透明度,增强外部利益相关者的信心。

案例 9-5

海航投资集团股份有限公司 2020 年度内部控制评价报告(节选)

财务报告内部控制缺陷认定

根据财务报告内部控制缺陷的认定标准,结合公司开展的内控自查、各部门日常检查、审计监督及整改情况,我们发现报告期内公司在担保业务、关联交易活动方面存在重大缺陷。

(1)未履行程序为关联方提供担保。海航投资公司(是海航投资集团股份有限公司的简称)存在为关联方提供担保的情况,截至 2020 年 12 月 31 日,担保责任尚未完全解除。海航投资公司在对外担保的过程中未履行公司内部控制制度的审批程序,未履行关联交易的决策程序且未及时进行信息披露,违反了海航投资公司《对外担保管理制度》《关联交易管理制度》《信息披露管理办法》等内控制度的相关规定。

(2)未充分履行程序与关联方发生资金往来。2020 年度,海航投资公司存在未获得股东大会授权的情况下,与关联方发生资金往来,截至 2020 年 12 月 31 日,除 2 亿元外(后于 2021 年 2 月 10 日收回),其余资金已收回。海航投资公司在办理资金支付时未履行公司内部控制制度的审批程序,未履行关联交易的决策程序且未及时进行信息披露,违反了海航投资公司《关联方资金往来管理制度》《关联交易管理制度》《信息披露管理办法》等内控制度的相关规定。

公司下年度将进一步加强对担保业务、关联交易相关制度的管理,规范内控制度的执行,强化内控制度的监督检查,对管理中发现的问题及时进行整改,提高防范风险能力,提升公司治理水平。

资料来源:池国华,朱荣.内部控制与风险管理.3 版.北京:中国人民大学出版社,2022.

本章小结

本章详细介绍了内部监督与内部控制评价的相关概念、程序、原则及内容,通过多个案例和理论阐述,提供了一个全面理解企业内部控制体系的框架。

企业内部监督,作为内部控制实施状态的监控机制,其核心在于评估内部控制的效能,识别并优化存在的控制薄弱的环节。此过程不仅是内部控制架构的坚固基石,更是确保企业运营合规、资产安全无虞及财务信息准确无误的关键环节。内部监督流程经过精心设计,涵盖制度构建、缺陷标准设定、监督活动执行、缺陷记录与报告,以及缺陷整改措施的实施,这一系列有序步骤共同织就了内部监督的严密网络,保障了监督工作的条理性和实效性。

内部控制评价,作为由企业高层主导的评估活动,其目的在于全面审视企业内部控制的有效性。秉持全面性、重要性和客观性的评价原则,该过程深入剖析了企业内部环境、风险评估、控制活动、信息传递与内部监督等关键要素,力求全面且真实地反映企业内部控制的实况。通过精心规划评价方案、组建专业团队、实施现场核查、精确识别控制缺陷、系统汇总评价结果,并最终编制详尽的评价报告,企业内部控制评价工作不仅是对现状的一次深刻体检,更是对未来优化路径的明灯指引。

本章通过系统的理论阐述和丰富的案例分析,使学习者对内部监督与内部控制评价有了全面而深入的理解。而对一些企业管理者而言,这些内容不仅有助于提升他们对内部控制重要性的认识,也对他们在实际工作中建立和完善内部控制体系提供了有力的指导。

案例分析

A 公司的内部控制缺陷

A 公司属于国有控股的有限责任公司,2021 年 1 月聘请某会计师事务所在年报审计时对公司内部控制制度的健全性和有效性进行检查与评价。检查中发现以下问题:

(1)2020 年 1 月,A 公司在总经理的推动下进入大豆期货市场,公司高层管理人员对期货交易并不十分了解,仅仅是根据当前市场的行情进行大额投资。公司董事会虽然知道公司进行期货投资,但总经理并没有向董事会报告,董事会也没有及时制止。

(2)2020 年 3 月,A 公司某车间员工持领料单到仓库领取一种特殊材料,此材料属于稀有金属,价格比黄金贵。根据规定,领料单必须经公司副总以上职位的高层签字,且必须由车间主任亲自领取,但是车间主任已经病休 10 天,车间又急用,况且公司副总已经签字,为避免生产部门停工,材料保管员向持单员工发出相关材料。后经查实,高层签字系伪造,车间员工携带材料当晚潜逃。

(3)2020 年 4 月,A 公司准备采购一批原材料,采购部门接到一位不熟悉的人员的电话,表示可以送货上门,并分两批送货。采购经理认为风险较小,且价格优惠,所以双方签订了采购合同。由于是首次交易,根据公司内部控制制度的规定,应于验货合格后付款。第一批货物到达后,检验合格,在第二批货物到达前,对方来电说因资金紧张,让 A 公司先付款。由于上批货物质量很好,所以公司采购经理指示财务人员可以先付款。财务人员先行付款,但对方未及时送货,经查此公司系空壳公司,公司负责人已潜逃。

(4)2020 年 5 月,为加强财务管理,公司规定会计和出纳人员分设,出纳人员不得兼任账目登记工作,A 公司银行预留印鉴的印章和票据全部由财务经理统一保管。

(5)2020 年 6 月,A 公司董事长刘某经朋友介绍认识了自称是甲投资公司(以下简称甲公司)总经理的彭某,双方约定,由 A 公司向甲公司投入 1000 万元,期限 1 年,无论资金的回报如何,甲公司均按固定收益率 20% 支付给 A 公司收益。考虑到这项投资能给 A 公司带来巨额回报且收益固定,为避免错失良机,刘某指令财会部先将 1000 万元资金汇往甲公司,之后再向董事会补办报批手续、补签投资协议。财会部汇出资金后向对方核实是否收到汇款时,却始终找不到彭某。后经查实,甲公司纯系子虚乌有。

(6)2020 年 8 月,A 公司有一笔对外提供重大担保的业务,根据公司相关控制制度的规定,由总经理批准。后经查实,被担保方已资不抵债,给 A 公司带来较大资产损失。

(7)2020 年 12 月,A 公司有关人员对当年内部控制的日常监控情况向公司董事会作了口头说明,揭示了内部控制存在的缺陷。

(8)2020 年 12 月 30 日,A 公司根据内部控制制度的规定,进行存货盘点,但是由于下大雪,哈尔滨的一家露天仓库无法进行盘点,所以直接根据会计记录进行了确认。公司内部控制制度规定每两年进行一次存货的全面盘点清查。

问题:根据上述事项,分业务分析其内部控制是否存在缺陷,如果存在缺陷,请说明理由。

思考与练习

1.内部监督的程序有哪些?

2.什么是日常监督和专项监督?两者之间存在什么关系?

3.在现场测试时,可以采用的内部控制评价方法有哪些?

4.请简要说明内部控制评价的基本流程。

第九章
思考与练习参考答案

第十章 行政事业单位的风险管理与内部控制

知识目标

1.熟悉行政事业单位内部控制原则;

2.理解行政事业单位内部控制的目标;

3.熟悉行政事业单位风险评估和内部控制方法;

4.理解并掌握行政事业单位层面内部控制要点;

5.理解并掌握行政事业单位具体业务主要风险及关键控制措施;

6.了解行政事业单位内部控制的评价与监督的相关规定。

能力目标

1.能够运用行政事业单位内部控制原则进行实际操作和决策;

2.运用风险评估方法进行风险评估和控制策略的制定;

3.对内部控制体系进行完善和优化;

4.在具体业务中识别主要风险,并采取相应的关键控制措施进行风险管理;

5.进行内部控制的评价和监督工作。

素养目标

1.坚持职业道德素养,提高风险意识与责任感;

2.培养学习能力和团队协作能力。

思维导图

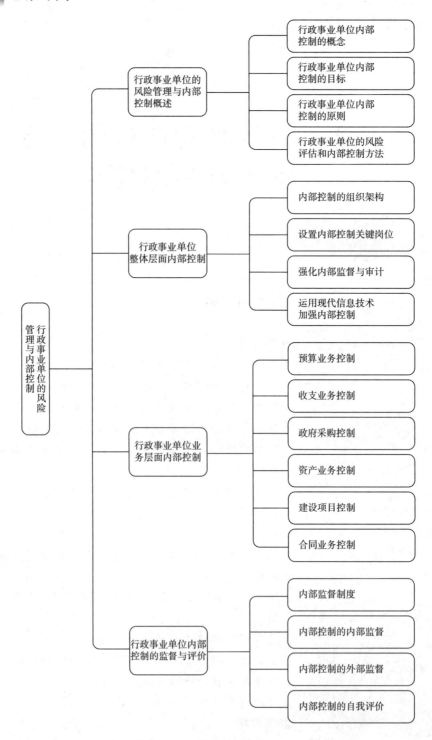

📚 **引导案例**

赵静(化名)是北京一所著名高校财务部委派至化学学院的会计,所在学院老教授较多,课题资源相当丰富。由于常年接触,大家对赵静比较信任,只要账户内还有钱不影响自己的科研进度,教师们往往不太关心账户的变动,一笔钱有时从一个课题账户转移到另一个账户报销,也常委托赵静调整办理。这给赵静带来了可乘之机。起初,赵静在教师们的发票中加进一点个人的费用,放进去自己找来的票据数千元,逐渐发展到报销1万元。头两年赵静还有所顾虑,每年贪污大约在一两万元。第三年开始,骗取次数不断增多,每年贪污数均在10万元以上,最高一年近20万元。最为不可思议的是,有的教授出国了,名下还有课题经费没有用完的,竟变成了赵静的小金库,为了方便报销,她甚至还伪造他人名章,假冒他人签发。

赵静案发后,法院审理查明,在长达9年时间里,赵静贪污了97万余元,其中绝大部分是科研经费,涉案106笔之多。赵静最终被判处有期徒刑4年,其处心积虑所贪污的款项也被悉数归还单位,落得竹篮打水一场空。

赵静所在学院还有两名实验室工作人员利用管理仪器开发经费的职务之便,借学院组织到外地高校考察之机,个人前往周边省份旅游,回京以外出考察、对外交流名义公款报销个人旅游费用共计5万余元,最终以贪污罪被判刑。

在这起案件中,按学校规定,经费报销需要部门负责人、学院主管财务的院领导逐一审核并在报销单据上签章才能报销,两名实验室工作人员多次在报销单据上偷盖实验室一位负责人的印章,轻松绕过本部门审核,随后这个不符合程序的"公差"一步步绕过多重监管。

资料来源:雷宇.检察官揭秘高校科研经费腐败生态链[N].中国青年报,2011-12-15.

行政事业单位是提供社会公共服务的主体,掌握着大量的公共资源,其内部控制的好坏影响着广大民众的切身利益。然而,单位在内部控制方面存在的严重漏洞。它说明当内部控制流程被忽视或绕过,特别是当涉及经费管理和报销审批等关键环节时,即便是小小的管理疏忽或个别人的不当行为,也可能导致大规模的财务违规和贪污现象。此案强调了在事业单位中建立健全有效的内部控制体系,强化审计和监管机制,以及加强员工道德教育和法治观念的重要性。

第一节　行政事业单位的风险管理 与内部控制概述

为规范行政事业单位内部控制建设,财政部于 2012 年 11 月发布了《行政事业单位内部控制规范(试行)》,该规范分总则、风险评估和控制方法、单位层面内部控制、业务层面内部控制、评价与监督、附则共 6 章 65 条,自 2014 年 1 月 1 日起施行,为行政事业单位的内部控制提供了明确的指导和管理依据,以确保其内部控制体系能够符合规范、有效运行。

一、行政事业单位内部控制的概念

行政事业单位内部控制是指单位为实现控制目标,通过制定制度、实施措施和执行程序,对经济活动的风险进行防范和管控。内部控制目标是单位建立和实施内部控制所要达到的目的,行政事业单位内部控制的目标以提高公共服务的效率和效果为核心,合理保证单位经济活动合法合规、资产安全和使用有效、财务信息真实完整,有效防范舞弊和腐败。

内部控制是单位为了防范和管控经济活动风险而建立的内部管理系统,它由内部环境、风险评估、控制活动、信息与沟通和内部监督五要素组成,并体现为与行政、管理、专业活动、财务和会计系统融为一体的组织管理结构、政策、程序和措施等,是行政事业单位为履行职能、实现总体目标而应对风险的自我约束和规范的过程。行政事业单位内部控制的主体是单位领导层和全体职员,控制的对象是经济活动中的相关风险。财政部 2015 年印发的《关于全面推进行政事业单位内部控制建设的指导意见》要求单位全面建立、有效实施内部控制,确保内部控制覆盖单位经济和业务活动的全范围,贯穿内部权力运行的决策、执行和监督全过程。

二、行政事业单位内部控制的目标

行政事业单位内部控制的目标主要包括确保公共资金的安全和有效使用、提高公共服务的效率和效果、防范和降低风险、确保合规性和透明度,以及促进单位治理结构的完善等方面。这些目标的实现需要内部控制制度的不断完善和执行力的提高。

(一)确保公共资金的安全和有效使用

行政事业单位内部控制的首要目标是确保国家公共资金的安全和有效使用。这包括建立健全的财务管理制度,规范资金的筹集、分配、使用和监督流程,防止资金被挪用、浪费或滥用,保障公共资金能够用于公共事业和公共服务,满足社会公共需求。

(二)提高公共服务的效率和效果

行政事业单位内部控制的另一个重要目标是提高公共服务的效率和效果。通过内部控制,可以优化资源配置,提高资源利用效率,减少浪费和冗余,提高服务质量和效率。同时,内部控制还可以确保服务流程的规范性和透明度,增强公众对公共服务的信任度和满意度。

(三)防范和降低风险

行政事业单位在运营过程中面临着各种风险,如财务风险、运营风险、法律风险等。内部控制可以帮助单位识别、评估和控制这些风险,制定风险应对策略和措施,降低风险发生的可能性和影响程度。通过内部控制,可以确保行政事业单位在风险可控的范围内稳健运营,保障公共事业的持续健康发展。

(四)确保合规性和透明度

行政事业单位内部控制的另一个目标是确保合规性和透明度。通过内部控制,可以确保单位遵守国家法律法规、规章制度和政策要求,规范单位的财务行为和业务活动。同时,内部控制还可以促进单位信息的公开透明,提高信息披露的质量和频率,增强公众对单位的信任度和满意度。

(五)促进单位治理结构的完善

内部控制是单位治理结构的重要组成部分,通过内部控制可以促进单位治理结构的完善。内部控制可以帮助单位建立健全的决策机制、执行机制和监督机制,明确各部门的职责和权限,形成科学、高效、透明的治理结构。同时,内部控制还可以促进单位内部的沟通和协作,提高单位整体的运营效率和管理水平。

三、行政事业单位内部控制的原则

各单位应在内部控制原则的指导下,根据自身实际情况建立和实施内部控制。

(一)全面性原则

内部控制应贯穿单位经济活动决策、执行和监督的全过程,覆盖单位经济和业务活动的所有领域,贯穿内部权力运行的全过程,实现对经济活动的全面、全程控制。全面性原则还要求单位所有人员参与内部控制建设工作。

(二)重要性原则

单位内部控制应在全面控制的基础上,关注重要业务事项和高风险领域,并采取更严格的控制措施,确保不存在重大缺陷。内部控制建设要优先关注"三重一大"事项,即重要政策制定、重要人事任免、重要项目安排和大额资金使用。

(三)制衡性原则

内部控制应在单位内部的部门管理、职责分工、业务流程等方面形成制约和监督。单位经济活动的决策、执行和监督过程要实现分离,不相容职务要相互分离。

(四)适应性原则

内部控制应符合国家有关规定和单位的实际情况,并随着外部环境的变化、单位经济活动的调整和管理要求的提高,不断修订和完善。

四、行政事业单位的风险评估和内部控制方法

(一)风险评估

1.建立风险评估机制

风险评估是指单位及时识别、系统分析经济活动中与实现内部控制目标相关的风险,合理确定风险应对策略。

单位开展经济活动风险评估应当成立风险评估工作小组,通常由单位中分管财务工作的领导等担任组长。风险评估工作小组可以设置在内控部门或者牵头部门。

为及时发现风险,单位应当建立经济活动风险定期评估机制,对经济活动存在的风险进行全面、系统和客观的评估。经济活动风险评估至少每年进行一次;外部环境、经济活动或管理要求等发生重大变化的,应及时对经济活动风险进行评估。经济活动风险评估结果应当形成书面报告并及时提交单位领导班子,作为完善内部控制的依据。

（1）目标设定

在行政事业单位中，目标设定是风控活动的起点，它为整个风控流程提供了明确的方向和指引。目标设定时需要深入考虑组织的使命、愿景、战略规划以及外部环境和内部资源，确保风控目标与组织的发展目标相一致。例如，货币资金的控制目标重点是保证货币资金的安全完整和有效使用，而支出业务的控制目标重点是支出符合开支标准并经过适当的授权审批。

（2）风险识别

风险识别是风控体系中的关键环节，它要求全面、系统地发现组织可能面临的各种风险。在风险识别过程中，需要采用多种方法和技术手段，以确保风险识别的准确性和完整性。单位应结合各种有形和无形的风险源、组织面临的机遇和威胁、组织自身的优势和劣势、内外环境的变化等因素来识别潜在风险。

（3）风险分析

风险分析是在风险识别的基础上，对识别出的风险进行深入研究和评估的过程。通过风险分析，可以了解风险的性质、可能性和影响程度，为制定风险应对策略提供依据。

（4）风险应对

风险应对是在风险分析的基础上，制定和实施风险应对策略和措施的过程。风险应对的策略一般有风险规避、风险降低、风险分担和风险承受等。通过风险应对，可以降低风险发生的可能性或减轻风险对组织的影响程度。单位应综合运用风险应对策略，实现对风险的有效控制。

2.单位整体层面的风险评估

行政事业单位进行整体层面的风险评估时，应重点关注以下方面：

（1）内部控制工作的组织情况

行政事业单位是否确定内部控制职能部门或牵头部门，是否建立单位各部门在内部控制中的沟通协调和联动机制。

（2）内部控制机制的建设情况

行政事业单位的经济活动的决策、执行、监督是否有效分离，权责是否对等，是否建立健全议事决策机制、岗位责任制、内部监督等机制。

（3）内部管理制度的完善情况

行政事业单位的内部管理制度是否健全，执行是否有效。

（4）内部控制关键岗位工作人员的管理情况

行政事业单位是否建立相关工作人员的培训、评价、轮岗等机制，相关工作人员是否具备相应的资格和能力。

（5）财务信息的编报情况

行政事业单位是否按国家统一会计制度对经济事项进行账务处理，是否按国家统一会计制度编制财务报告。

（6）其他情况

其他情况是指除上述提到的五种情况之外的情况。

3.业务活动层面的风险评估

行政事业单位进行业务层面的风险评估时，应重点关注以下方面：

（1）预算管理情况

在预算编制过程中行政事业单位各部门间沟通协调是否充分，预算编制与资产配置是否相结合，与具体工作是否相对应；是否按批复的额度和开支范围执行预算，进度是否合理，是否存在无预算、超预算支出等问题；决算编报是否真实、完整、准确、及时。

（2）收支管理情况

行政事业单位的收入是否实现归口管理，是否按规定及时向财会部门提供收入的有关凭据，是否按规定保管和使用印章和票据等；发生支出事项时是否按规定审核各类凭据的真实性、合法性，是否存在使用虚假票据套取资金的情形。

（3）政府采购管理情况

行政事业单位是否按预算和计划组织政府采购业务，是否按规定组织政府采购活动和执行验收程序，是否按规定保存政府采购业务相关档案。

（4）资产管理情况

行政事业单位是否实现资产归口管理并明确使用责任；是否定期对资产进行清查盘点，对账实不符的情况及时进行处理；是否按规定处置资产。

（5）建设项目管理情况

行政事业单位是否按概算投资，是否严格履行审核审批程序，是否建立有效的招投标控制机制，是否存在截留、挤占、挪用、套取建设项目资金的情形，是否按规定保存建设项目相关档案并及时办理移交手续。

（6）合同管理情况

行政事业单位是否实现合同归口管理，是否明确应签订合同的经济活动范围和条件，是否有效监控合同履行情况，是否建立合同纠纷协调机制。

（7）其他情况

其他情况是指除上述提到的六种情况之外的情况。

（二）内部控制方法

行政事业单位的内部控制方法是为了确保单位经济活动的合法合规、资产安全完整、财务信息真实准确以及提高公共服务效率而实施的一系列控制措施。单位内部控制的方法一般包括：

1.不相容岗位相互分离

合理设置内部控制关键岗位,明确划分职责权限,实施相应的分离措施,确保不相容岗位之间形成相互制约、相互监督的工作机制。

2.内部授权审批控制

明确各岗位办理业务的权限范围、审批程序和相关责任,建立重大事项集体决策和会签制度。相关工作人员应在授权范围内行使职权、办理业务。

3.归口管理

根据单位实际情况,按照权责对等的原则,采取成立联合工作小组并确定牵头部门或牵头人员等方式,对有关经济活动实行统一管理。

4.预算控制

强化对经济活动的预算约束,使预算管理贯穿于单位经济活动的全过程。建立健全预算编制、审批、执行、调整、分析和考核等预算管理制度。

5.财产保护控制

建立资产日常管理制度和定期清查机制,确保资产安全完整。采取资产记录、实物保管、定期盘点、账实核对等措施,严格限制未经授权的人员接触和处置财产。

6.会计控制

建立健全本单位财会管理制度,加强会计机构建设,提高会计人员业务水平。强化会计人员岗位责任制,规范会计基础工作,加强会计档案管理,明确会计凭证、会计账簿和财务报告处理程序。

7.单据控制

要求单位根据国家有关规定和单位的经济活动业务流程,在内部管理制度中明确界定各项经济活动所涉及的表单和票据,要求相关工作人员按规定填制、审核、归档、保管单据。

8.信息内部公开

建立健全经济活动相关信息内部公开制度,提高内部控制的透明度。根据国家有关规定和单位的实际情况,确定信息内部公开的内容、范围、方式和程序。

第二节　行政事业单位整体层面内部控制

整体层面内部控制是内部控制的保障机制和协同机制。行政事业单位应单独设置内部控制职能部门或者确定内部控制牵头部门,负责组织协调内部控制工作。同时,行政事业单位应当充分发挥财会、内部审计、纪检监察、政府采购、基本建设、资产管理等部门或岗位在内部控制中的作用。

一、内部控制的组织架构

单位按照决策、执行、监督相互分离、相互制衡的要求,科学设置内设机构、管理层级、岗位职责权限、权力运行规程,切实做到分事行权、分岗设权、分级授权,并定期轮岗。分事行权要求明确决策、执行、监督的分离与制衡,确保经济活动在三个环节上相互独立、相互制约。分岗设权要求根据业务性质和管理需求,设置合理的岗位,明确各岗位的职责和权限,确保不相容职务相分离。分级授权要求对各级管理层和岗位进行授权,明确授权范围、权限、程序、责任等,确保各级管理人员在授权范围内行使职权。

行政事业单位应单独设置内部控制职能部门或由特定部门牵头负责内部控制工作。内部控制部门或牵头部门负责内部控制的整体规划、组织协调、监督评价等工作,确保内部控制体系的有效运行;根据内部控制的需要,明确各部门和岗位的职责和权限,确保不相容职务相分离。各部门和岗位应按照内部控制手册和相关政策程序执行控制措施,形成相互制约、相互监督的机制;强化内部控制相关部门的作用,财会、内部审计、纪检监察等部门在内部控制中扮演重要角色。财会部门负责财务管理和财务报告的编制,内部审计部门负责对内部控制的有效性进行监督和评价,纪检监察部门负责对内部控制执行情况进行监督和检查。这些部门应充分发挥其在内部控制中的作用,确保内部控制的有效实施。

二、设置内部控制关键岗位

行政事业单位应当建立健全内部控制关键岗位责任制,明确岗位职责及分工,确保不相容岗位相互分离、相互制约和相互监督。对内部控制关键岗位人员进行必要的培训和考核,确保其具备与岗位相适应的知识、技能和素质。行政事业单位应当实行内部控制关键岗位工作人员的轮岗制度,明确轮岗周期。不具备轮岗条件的行政事业单位应当采取专项审计等控制措施。对轮岗后发现在原工作岗位存在失职或违法违纪行为的,应当按国家有关规定追责。重点业务领域的关键岗位主要包括预算业务、收支业务、政府采购、资产管理、建设项目、合同管理及内部监督等领域的关键岗位。

三、强化内部监督与审计

行政事业单位建立健全内部监督机制要求设立独立的内部监督机构或部

门,明确其职责和权限。制定内部监督制度,明确监督对象、内容、方式、频率等要求,确保内部监督机构或部门的独立性和权威性,避免受到其他部门的干扰和影响。同时还加强对关键岗位和业务流程的监督,包括对内部控制关键岗位进行定期或不定期的检查,确保其按照制度和流程操作;还对关键业务流程进行持续监控,发现潜在问题及时采取纠正措施。

行政事业单位加强内部沟通和协调作用要求建立健全内部沟通机制,确保信息在各部门之间畅通无阻。同时加强与业务部门的沟通和协调,共同推动内部控制工作的顺利开展。单位还引入外部监督力量,主要是邀请外部审计机构对内部控制体系进行评估和监督,确保体系的完善性和有效性。同时与政府部门和监管机构保持密切沟通,及时获取最新政策和监管要求。

行政事业单位的内部审计部门是内部监督的主要力量,因此内部控制的建立和实施也离不开单位内部审计部门的参与和支持。内部审计部门在内部控制中应当做好如下工作:

(1)研究制定监督内部管理制度。

(2)组织实施对内部控制的建立和执行情况及有效性的监督检查,并提出改进意见和建议。

(3)督促相关部门落实内部控制的整改计划和措施。

(4)做好内部控制监督检查的其他有关工作。

四、运用现代信息技术加强内部控制

单位应积极推进信息化建设,对信息系统建设实施归口管理,在日常办公、财务管理、资产管理等领域实施信息化。单位在信息化建设的过程中,应将经济活动及其内部控制流程和措施嵌入信息系统中,减少或消除人为操纵的因素,保证信息系统安全、可靠、可恢复、可审计。

第三节 行政事业单位业务层面内部控制

行政事业单位业务层面内部控制是指单位在经济活动中,在对各种业务进行风险评估后,根据风险评估结果所采取的风险控制措施。行政事业单位业务层面内部控制主要包括预算业务控制、收支业务控制、政府采购控制、资产业务控制、建设项目控制、合同业务控制六项控制内容。

一、预算业务控制

单位应建立健全预算编制、审批、执行、决算与评价等预算内部管理制度,合理设置岗位,明确相关岗位的职责权限,确保预算编制、审批、执行、评价等不相容岗位相互分离。

(一)预算编制环节控制

1.预算编制环节的主要风险

(1)单位预算管理无归口部门且未建立预算管理过程的议事决议机制,导致预算编制不科学、不合理,业务活动与财力支持相脱节的风险。

(2)预算编制程序不规范,编制数据未经审核即上报,预算编制未包含全业务口径,项目预算未按规范进行申报评审,批复数据未按要求进行分解下达,导致预算编制不科学、不合理,业务活动与财力支持相脱节的风险。

(3)预算编制不合理,政府采购、资产管理、业务各部门之间缺乏沟通协调,采购项目可行性论证不充分导致的风险。

(4)预算审核不严格不科学,未依据业务需求,未考虑资产的存量配置,导致重复购置、资金浪费或未购置影响业务的风险。

2.预算编制环节的关键控制措施

(1)建立健全有效的单位预算管理制度并形成有效可行的流程图解,科学设置预算业务归口管控和岗位并明确其职责及权限。

(2)建立健全可行的单位预算编制及审批制度,预算编制时包含单位全业务口径且全员参与。

(3)建立健全项目预算申报、审批机制,建立合理的预算执行申请、审核机制。

(二)预算批复、执行环节控制

1.预算批复、执行环节的主要风险

(1)预算调整程序不规范,预算调整及追加/追减未按规范进行审核审批,导致预算调整不科学、不合理的风险。

(2)未按批复的额度、支出标准和类型执行预算,预算执行申请未按规定进行审核审批,各业务部门未及时把控其预算执行进度,导致无预算支出或超预算支出的风险。

2.预算批复、执行环节的关键控制措施

(1)建立健全批复预算分解、审批下达机制,建立全面的、动态的单位预算执行及监控机制,将预算执行的效果和效率纳入部门及个人的考核和奖惩范围。

(2)建立健全可行的单位预算调整及审批制度,明确预算调整程序。

(3)加强决算数据分析,建立良好的预算分析跟踪机制。

(4)严格执行审核、汇总预算工作流程,严格控制预算指标额度,在预算全业务过程中建立议事决议机制并执行。

(三)预算决算与评价环节控制

1.预算决算与评价环节的主要风险

(1)未按计划形成决算报告,决算数据及口径与预算不一致,导致预算与决算相脱节的风险。

(2)未定期对预算绩效运行信息进行汇总,年度预算执行差异率较大;未将预算执行的效果和效率纳入部门及个人的考核和奖惩范围,导致绩效评价不科学、评价结果流于形式的风险。

2.预算决算与评价环节的关键控制措施

(1)单位应加强决算管理,确保决算真实、完整、准确、及时,加强决算分析工作,强化决算分析结果运用,建立健全单位预算与决算相互反映、相互促进的机制。

(2)单位应加强预算绩效管理,建立"预算编制有目标、预算执行有监控、预算完成有评价、评价结果有反馈、反馈结果有应用"的全过程预算绩效管理机制。

二、收支业务控制

(一)收入业务控制

1.收入业务的主要风险

(1)收入业务相关岗位设置不合理,不相容岗位未实现相互分离,导致财务舞弊的风险。

(2)未按收费许可规定的项目和标准收取,存在违规收取的风险。

(3)收入业务分散在各业务部门,缺乏统一管理和监控,导致收入金额不实、应收未收或者私设"小金库"的风险。

(4)票据、印章管理松散,存在收入资金流失的风险。

2.收入业务的关键控制措施

(1)建立健全收入管理制度和岗位责任制,确保收支业务不相容岗位相互分离、相互制约和相互监督。

(2)严禁设立"账外账"和"小金库"。

(3)业务部门应对涉及收入的合同及时备案,确保各项收入应收尽收,及时入账,定期核查应收未收项目,落实追缴责任。

(4)严格执行"收支两条线"的管理规定。

(5)定期和不定期检查、评价收入管理的薄弱环节,分析收入的相关问题并及时整改。

(6)建立健全票据管理程序和责任制度,不得擅自违规或扩大财政票据的使用范围。

(二)支出业务控制

1.支出业务的主要风险

(1)支出业务相关岗位设置不合理,不相容岗位未实现相互分离,导致财务舞弊的风险。

(2)支出事项未经过适当的事前申请、审核及审批,支出范围及开支标准不符合相关规定,导致预算执行不力甚至发生支出业务违法违规的风险。

(3)报销时单据审核不严格,存在使用虚假票据套取资金的风险。资金支付不符合国家有关规定,导致违规风险。

2.支出业务的关键控制措施

(1)建立健全支出管理制度和岗位责任制,合理设置岗位,不相容岗位相互分离。

(2)按照支付业务的类型,完善支出管理流程,明确内部审批、审核、支付、核算和归档等支出业务中各关键岗位的职责权限,严格按照财政国库管理制度有关规定执行。

(3)单位内部应当定期和不定期检查、评价支出管理的薄弱环节,分析支出问题并及时整改。

(三)债务业务控制

1.债务业务的主要风险

(1)债务举借和偿还未经过充分论证和集体决策,可能导致无法按期还本付息,损害单位利益。

(2)债务信息未定期与债权人核对,可能导致债务余额不准确,增加偿债风险。

(3)未按照规定的程序和方式举借债务,可能违反财经纪律,引发违规风险。

(4)债务资金未按照原定用途使用,可能导致资金浪费和效率低下。

2.债务业务的关键控制措施

(1)建立健全债务管理制度。明确债务管理岗位职责,制定举债和偿债的决策程序,确保债务业务的规范运作。

（2）强化债务审批和监控。所有债务举借和偿还必须经过集体决策和审批，确保符合单位的经济实力和实际需求。同时，加强债务资金使用的监控，确保资金的安全和有效使用。

（3）定期核对债务信息。与债权人定期核对债务余额，确保债务信息的准确性。对于发现的差异，要及时查明原因并进行处理。

（4）加强风险预警和应对。建立债务风险预警机制，对可能出现的偿债风险进行预测和评估。同时，制定风险应对预案，确保在风险发生时能够迅速采取有效措施进行应对。

（5）完善内部监督和审计。加强对债务业务的内部监督和审计，确保债务业务的合规性和有效性。对于发现的违规问题，要及时进行整改并追究相关责任人的责任。

三、政府采购控制

单位应建立健全政府采购预算与计划管理、政府采购活动管理、验收管理等政府采购管理制度，明确相关岗位的职责权限，确保政府采购需求制定与内部审批、招标文件准备与复核、合同签订与验收、验收与保管等不相容岗位相互分离。

（一）政府采购业务的主要风险

（1）政府采购、资产管理和计划编制部门之间缺乏沟通协调，政府采购和计划编制不合理，导致政府采购活动与业务活动相脱节，出现资金浪费或资产闲置等风险。

（2）政府采购执行不规范，不按规定选择政府采购方式、发布政府采购信息，甚至以化整为零或其他方式规避公开招标，对正常业务的执行造成了风险。

（3）政府采购验收不严格，导致政府采购的货物或服务质次价高的风险。

（4）政府采购业务档案管理不善、信息缺失，导致采购资料缺失及信息泄露风险。

（5）政府采购保密信息管理不善，导致保密信息泄露的风险。

（6）政府采购质疑、投诉、答复工作不规范，导致损害单位经济利益、信誉和形象的风险。

（二）政府采购业务的关键控制措施

（1）建立健全政府采购内控制度。制定完善的政府采购内控制度，明确采购活动的流程和标准，规范采购行为。定期对内控制度进行审查和更新，确保其适应法律法规和单位实际情况的变化。

（2）加强采购人主体责任。明确采购人的职责和权限,确保采购活动的规范性和高效性。建立采购人考核和奖惩机制,提高采购人的积极性和责任感。

（3）加强代理机构和供应商管理。建立健全代理机构和供应商管理制度,明确其准入条件和评价标准。定期对代理机构和供应商进行评估和考核,确保其具备相应的专业能力和信誉。

（4）加强信息化建设。建立政府采购信息化平台,实现采购信息的共享和透明化。利用信息化手段加强采购活动的监督和管理,提高采购效率和质量。

四、资产业务控制

单位应对资产实行分类管理,建立健全资产管理制度,合理设置岗位,明确相关岗位的职责权限,确保资产安全和有效使用。

（一）货币资金控制

1.货币资金业务的主要风险
（1）岗位设置不合理,不相容岗位没有分离,可能出现差错和舞弊。
（2）资金支付相关签字或盖章手续不严格,可能导致资金被非法套取或被挪用。
（3）货币资金核查不严格,日常核对工作不到位,账实不符和银行存款未达账项处理不及时,可能导致货币资金被贪污挪用。
（4）未按规定的审批权限和程序开立、变更和撤销银行账户,可能导致单位违规或利益受损。
2.货币资金业务的关键控制措施
（1）出纳不得兼管稽核、会计档案保管和收入、支出、债权、债务账目的登记工作。
（2）严禁一人保管收付款项所需的全部印章。财务专用章应当由专人保管,个人名章应当由本人或其授权人员保管。负责保管印章的人员要配置单独的保管设备,并做到人走柜锁。
（3）按照规定应当由有关负责人签字或盖章的,应当严格履行签字或盖章手续。单位应当加强对银行账户的管理,严格按照规定的审批权限和程序开立、变更和撤销银行账户。行政事业单位应当加强货币资金的核查控制。指定不办理货币资金业务的会计人员定期和不定期抽查盘点库存现金,核对银行存款余额,抽查银行对账单、银行日记账及银行存款余额调节表,核对是否账实相符、账账相符。对对账不符、可能存在重大问题的未达账项应当及时查明原因,并按照相关规定处理。

（二）实物资产和无形资产控制

单位应加强对实物资产和无形资产的管理，明确相关部门和岗位的职责权限，强化对配置、使用和处置等关键环节的管控。

1.实物资产和无形资产的主要风险

（1）资产管理职责划分不清，未对资产实施归口管理，可能导致资产毁损、流失或被盗。

（2）资产管理混乱，领用和发出未严格履行手续，没有建立资产台账和资产清查制度，可能导致资产流失、资产信息可靠性下降、账实不符等。

（3）未按国有资产管理的相关规定办理资产的调剂、租借、对外投资、处置等业务，可能导致资产配备超标、资源浪费、资产流失、投资遭受损失等。

（4）资产疏于维护或长期闲置，可能导致资产使用年限缩短、使用效率低下。

（5）不为应投保的资产办理投保，不能有效防范资产损失。

2.实物资产和无形资产的关键控制措施

（1）对资产实施归口管理。行政事业单位要明确资产使用和保管责任人，落实资产使用人在资产管理中的责任。贵重资产、危险资产、有保密等特殊要求的资产，应当指定专人保管、专人使用，并规定严格的解除限制条件和审批程序。

（2）行政事业单位要按照国有资产管理相关规定，明确资产的调剂、租借、对外投资、处置的程序、审批权限和责任。

（3）建立资产的台账，加强资产的实物管理。行政事业单位应当定期清查盘点资产，确保账实相符。财务会计、资产管理、资产使用等部门或岗位应当定期对账，发现不符的，应当及时查明原因，并按照相关规定处理。

（4）行政事业单位要建立资产信息管理系统，做好资产的统计、报告、分析工作，实现对资产的动态管理。

（三）对外投资控制

单位应加强对外投资管理，合理设置岗位，明确岗位职责权限，确保不相容岗位相互分离。

1.对外投资的主要风险

（1）投资可行性研究缺失或不充分，盲目投资，可能导致资产损失。

（2）对外投资决策程序不当，重大投资未经集体决策，或超过单位资金实力进行投资，可能导致投资失败和财务风险。

（3）对投资项目的追踪管理不到位，可能导致对外投资被侵吞或严重亏损。

2.对外投资的关键控制措施

（1）合理设置岗位，明确相关岗位的职责权限，确保对外投资的可行性研究与评估、决策与执行、处置的审批与执行等不相容岗位相互分离。

（2）行政事业单位对外投资,应当由单位领导班子集体研究决定。

（3）加强对投资项目的追踪管理,及时、全面、准确地记录对外投资的价值变动和投资收益情况。

（4）建立责任追究制度。行政事业单位对在对外投资中出现重大决策失误、未履行集体决策程序和不按规定开展对外投资业务的部门及人员,应当追究相应的责任。

五、建设项目控制

单位应建立健全建设项目管理制度,合理设置岗位,明确相关部门和岗位的职责权限,确保不相容岗位相互分离。

(一)建设项目的主要风险

（1）建设项目管理制度编制不科学、不合理,导致与经济活动相脱节或财务舞弊的风险。

（2）立项缺乏可行性研究或者可行性研究流于形式、决策不当、审核审批不严、盲目上马,导致建设项目难以实现预期目标甚至失败的风险。

（3）违规或超标建设楼、堂、馆、所,导致财政性资金极大浪费或者单位违纪的风险。

（4）项目建设方案不合理,预算规划脱离实际,技术方案未能有效落实,导致建设项目质量存在隐患、投资失控等风险。

（5）项目变更审核不严格、工程变更频繁,导致预算超支、投资失控、工期延误等风险。

（6）建设项目价款结算管理不严格、不及时,项目资金使用混乱,导致工程进度延迟或中断、资金损失等风险。

（7）竣工验收不规范、最终把关不严,导致工程交付使用后存在重大隐患的风险。

（8）虚报项目投资完成额、虚列建设成本或者隐匿结余资金,导致竣工决算失真的风险。

（9）建设项目未及时办理资产及档案移交,资产未及时结转入账,导致存在账外资产等风险。

(二)建设项目的关键控制措施

（1）建立健全建设项目管理制度。确保建设项目业务不相容岗位相互分离、相互制约和相互监督。

（2）完善并确立建设项目的归口管理部门及相关岗位职责与权限配置,严格实行建设项目监管制度。

（3）建立健全建设项目的工作流程。

（4）明确并规范与建设项目相关的审核责任和审批权限划分。

（5）确立并完善与建设项目相关的生产安全检查责任体系。

（6）工程变更、价款支付和竣工验收都必须取得监理机构或相关工作人员的签字确认。

（7）建设项目的资金使用应按照审批单位下达的投资计划和预算，对建设项目资金实行专款专用，严禁截留、挪用和超批复内容使用资金。

（8）建立健全竣工决算的编制与审核控制和后评估制度。

（9）建立健全竣工决算会计核算控制和审计制度。

（10）建立健全项目相关档案的收集、整理、归档和保管工作制度。

六、合同业务控制

单位应建立健全合同管理制度，合理设置岗位，明确合同的授权审批和签署权限，妥善保管和使用合同专用章，严禁未经授权擅自以单位名义对外签订合同，严禁违规签订担保、投资和借贷合同。单位应对合同实施归口管理，建立财会部门与合同归口管理部门的沟通协调机制，实现合同管理与预算管理、收支管理有机结合。

（一）合同管理的主要风险

（1）合同管理制度编制不科学、不合理，导致违规签订合同，造成合同收入流失或产生法律纠纷的风险。

（2）对合同管理缺乏有效的监控，未能及时发现已经或可能导致单位经济利益受到损失的风险。

（3）对技术性强或法律关系复杂的经济事项，未组织熟悉法律、技术、财会等工作人员参与谈判等相关工作，对合同条款、格式审核不严格，导致单位面临诉讼经济利益损失或风险。

（4）对签订补充合同，或变更、解除合同等情况未按有关规定进行严格审查，导致单位经济利益受到损失，或使单位面临诉讼的风险。

（5）未按合同履行情况办理价款结算和及时催收到期欠款，或合同纠纷处理不当，导致损害单位经济利益、信誉和形象的风险。

（6）合同及相关资料的登记、流转和保管不善，导致合同及相关资料丢失，影响合同的正常履行和纠纷的有效处理的风险。

（7）未建立合同信息安全保密机制，致使合同订立与履行过程中涉及的国家机密、工作秘密或商业秘密泄露,导致单位或国家利益遭受损失的风险。

（二）合同管理的关键控制措施

（1）建立健全合同管理制度:明确合同业务的归口管理部门;明确合同业务的管理岗位及其职责权限;明确合同订立的范围和条件,严禁违规签订担保、投资和借贷合同;明确合同拟订、审批、履行等环节的程序和要求。

（2）组建素质结构合理的谈判团队,谈判团队中除了有经验丰富的业务人员外,还应当有法律、技术、财会等方面的人员。对于影响重大、涉及较高专业性或法律关系复杂的合同还应当聘请外部专家参与合同的相关工作,并充分了解外部专家的专业资质、胜任能力和职业道德情况。

（3）建立健全对签订补充合同,或变更、解除合同等情况的审查制度。

（4）建立健全合同履行监控制度、监督审查制度和价款结算控制制度。

（5）建立合同文本统一分类和连续编号制度,防止或及早发现合同文本的遗失,规范合同控制工作人员职责,明确合同流转、借阅和归还的职责权限和审批程序等有关要求。

（6）与单位经济活动相关的合同应当提交财会部门作为账务处理的依据。

（7）加强合同信息安全保密工作,未经批准,不得以任何形式泄露合同订立与履行过程中涉及的国家秘密、工作秘密或商业秘密。

（8）明确合同纠纷的处理办法及相关的审批权限和处理责任,纠纷处理过程中,未经授权批准,相关经办人员不得向对方作出实质性答复或承诺。

（9）在履行合同过程中发生纠纷的,单位应当在规定时效内与对方协商谈判。合同纠纷协商一致的,双方应当签订书面协议;合同纠纷经协商无法解决的,经办人员应向单位有关负责人报告,并根据合同约定选择仲裁或诉讼方式。

第四节　行政事业单位内部控制的监督与评价

行政事业单位内部控制的监督与评价是确保内部控制建设不断完善并有效实施的重要环节,主要内容包括建立内部监督制度、对内部控制的内部监督、对内部控制的外部监督和对内部控制的自我评价。

一、内部监督制度

单位应当建立健全内部监督制度,明确各相关部门或岗位在内部监督中的职责权限,规定内部监督的程序和要求,对内部控制建立与实施情况进行内部监督检查和自我评价。内部监督应当与内部控制的建立和实施保持相对独立。

(一)内部监督制度的主要内容

行政事业单位应设立独立的内部审计机构或明确内部监督的职能部门,负责内部监督工作的组织实施。内部审计机构或内部监督部门应配备具有相应专业能力和独立性的工作人员,确保监督工作的客观性和公正性。

内部监督应涵盖行政事业单位经济活动的所有业务和所有环节,包括但不限于预算管理、收支管理、资产管理、政府采购、合同管理等方面。监督频率应根据单位实际情况和业务特点确定,一般应每年至少进行一次全面性的内部控制监督检查和自我评价,同时可以根据具体情况不定期对内部控制开展各项专项检查、抽查等监督检查工作。

(二)内部监督制度的保障措施

行政事业单位应明确内部监督工作的组织领导体系,确保内部监督工作的有序开展。单位领导层应高度重视内部监督工作,提供必要的支持和保障。建立健全内部监督工作的制度规范,明确监督工作的职责、权限、程序和要求。定期对制度规范进行审查和更新,确保其适应法律法规和单位实际情况的变化。加强内部审计机构或内部监督部门的人员队伍建设,提高监督人员的专业能力和素质。定期对监督人员进行培训和教育,确保其具备独立性和客观性。利用信息化手段加强内部监督工作的管理和监控,提高监督效率和准确性。建立内部控制信息化平台,实现内部控制信息的共享和透明化。

二、内部控制的内部监督

(一)内部监督的实施主体

内部控制的内部监督应当与内部控制的建立和实施保持相对独立。设立了独立内部审计部门或者专职内部审计岗位的组织,应当指定内部审计部门或者岗位作为内部监督的实施主体,同时还应当发挥内部纪检监察部门在内部监督中的作用;没有内部审计部门或岗位的,可以成立内部监督联合工作小组履行相应的职能。

内部审计部门或岗位对行政事业单位内部管理制度和机制的建立与执行情况的检查,应该遵循定期与不定期混合,增加其不可预见性,及时发现内部控制存在的问题并提出改进建议。

（二）内部监督的内容和要求

负责内部监督的部门或岗位应当定期或不定期检查单位内部管理制度和机制的建立与执行情况，以及内部控制关键岗位及人员的设置情况等，及时发现内部控制存在的问题并提出改进建议。单位应当根据本单位实际情况确定内部监督检查的方法、范围和频率，通常不能少于一年一次。

三、内部控制的外部监督

内部控制的外部监督主要由财政部门和政府审计部门承担，同时应充分发挥纪检、监察等部门的作用，构建严密的外部监督体系。

（一）财政部门的外部监督

国务院财政部门及其派出机构和县级以上地方各级人民政府财政部门应对行政事业单位内部控制的建立和实施情况进行监督检查，有针对性地提出检查意见和建议，并督促单位进行整改。

（二）审计部门的外部监督

国务院审计机关及其派出机构和县级以上地方各级人民政府审计机关对行政事业单位进行审计时，应调查了解单位内部控制建立和实施的有效性，揭示内部控制相关缺陷，有针对性地提出审计处理意见和建议，并督促单位进行整改。

四、内部控制的自我评价

行政事业单位内部控制自我评价是指单位自行组织对单位内部控制的有效性进行评价，形成评价结论，出具评价报告的过程。内部控制有效性包括内部控制设计的有效性和内部控制执行的有效性。由单位内审部门（或由内控领导小组授权其他部门）负责组织对单位内部控制的有效性进行评价，并出具单位内部控制自我评价报告，其主要职责包括：一是负责根据单位实际情况，针对外部监管要求及管理层需求，编制内部控制评价计划方案。二是负责成立评价小组，小组成员具备相应资格及业务能力。三是下发内部控制自我评价工作通知。四是负责给予相关部门、人员必要的培训。五是负责指导各部门进行内部控制自我评价。六是负责对各部门的内部控制自我评价进行检查。

评价报告应当对单位内部控制的有效性发表意见，指出内部控制存在的缺陷，并提出整改建议。评价报告应当提交单位负责人，单位负责人应当对评价报告所列示的内部控制缺陷及其整改建议作出回应并监督落实。

本章小结

　　行政事业单位内部控制是指单位为实现控制目标,通过制定制度、实施措施和执行程序,对经济活动的风险进行防范和管控的过程。行政事业单位内部控制的目标主要包括确保公共资金的安全和有效使用、提高公共服务的效率和效果、防范和降低风险、确保合规性和透明度以及促进单位治理结构的完善等方面。行政事业单位内部控制建设应遵循全面性、重要性、制衡性、适应性等原则,根据自身的实际情况建立和实施内部控制,包括单位整体层面的控制和业务活动层面的控制。单位整体层面的控制为业务层面控制提供环境基础,包括建立健全单位内部组织架构、议事决策机制、关键岗位责任制,建立会计机构,配备会计人员,进行信息系统建设等。业务层面的控制主要包括预算业务控制、收支业务控制、政府采购控制、资产业务控制、建设项目控制和合同业务控制等。各单位应采取科学的方法识别和分析经济业务活动的风险点,并采取积极有效的措施防范和降低风险。监督检查和自我评价,是内部控制得以有效实施的重要保障。单位应建立健全内部控制的监督检查和自我评价制度:通过日常监督和专项监督,检查内部控制实施过程中存在的突出问题、管理漏洞和薄弱环节,进一步改进和加强内部控制;通过自我评价,识别和认定内部控制缺陷,评价内部控制有效性,进一步改进和完善内部控制。同时,单位要将内部监督、自我评价与干部考核、追责问责结合起来,并将内部监督、自我评价结果采取适当的方式内部公开,促进自我监督、自我约束机制的不断完善。

案例分析

　　A单位是一家中央级事业单位。2023年5月,A单位决定开展系统内全面检查,以促进单位内部控制建设。A单位派出检查组,对不在同一城市的下属B单位进行检查,发现:

　　(1)2022年,B单位正在进行一项工程项目建设。为套取工程预算和支出,同年5月份,B单位负责人陈某直接指使财务负责人张某购买了大量虚假发票,套取2000万元的资金。财务负责人张某保管所有的财务专用章、个人名章和票据等。

　　(2)2022年12月31日,B单位在进行盘点时,发现办公设备和车辆都存在盘亏的现象。经检查,B单位没有建立资产台账,没有制定盘点制度,B单位资产已经三年没有进行过相应的盘点。

(3)2022年底,B单位为各部门发放了一部分奖金,各部门负责人根据部门情况和人员表现情况进行发放,发放金额由部门负责人决定。财务负责人张某在单位负责人林某的怂恿下,在将奖金分配给下属单位时,仅分了很少一部分,而且未见领取人在奖金分配单上签名。其余的部分由林某和张某共同占用,合计金额为30万元。

A单位对B单位的上述问题高度重视,通过办公会作出以下决定:

第一,建立健全单位内部控制。由财务负责人组织制定与实施内部控制,今后如果内部控制再出现问题,应由财务负责人承担全部责任。

第二,加强财务管理。单位的银行预留财务专用章、个人名章印鉴由财务负责人一人保管,出纳保管银行票据。

第三,加强业务控制。所有业务包括谈判价格、合同的签订、业务的运作、款项的结算等,均由单位业务部统一负责,各下属单位仅负责宣传、推广、协助工作等。

第四,建立资产台账,加强资产实物管理,定期清查盘点资产,确保账实相符。建立资产信息管理系统,做好资产的统计、报告、分析工作,实现对资产的动态管控。

问题:(1)从单位业务层面的内部控制来分析,上述问题至少暴露出B单位内部控制存在哪些缺陷?(2)A单位办公会作出的决定有无不当之处?如有不当之处,请简要说明理由。

思考与练习

1.简述行政事业单位建立与实施内部控制时,应当遵循的原则。

2.行政事业单位资产业务的主要风险有哪些?对应的关键控制措施有哪些?

3.行政事业单位内部控制的评价与监督包括哪三个层次?内部控制自我评价的具体内容有哪些?

第十章
思考与练习参考答案

参考文献

[1]8年亏损12亿长江财险陷入困局如何突围[EB/OL].(2024-05-14)[2024-10-
　　17].http://invest.10jqka.com.cn/20240514/c657803884.shtml.

[2]财政部会计财务评价中心.高级会计实务[M].北京:经济科学出版社,2024.

[3]池国华,朱荣.内部控制与风险管理[M].3版.北京:中国人民大学出版社,
　　2022.

[4]方红星,池国华.内部控制[M].5版.辽宁:东北财经大学出版社,2022.

[5]关于中天合创能源有限责任公司行政处罚的情况[EB/OL].(2023-07-27)
　　[2024-10-17]. http://yjglj. ordos. gov. cn/ywgzx/gdnr/202307/t20230727_
　　3454397.html.

[6]郭慧,吴佳晴.公司战略转型与重大错报风险识别:基于广州浪奇存货失踪案
　　引发的思考[J].财会通讯,2023(8):112-118.

[7]海普瑞.关于对深圳证券交易所问询函回复的公告[EB/OL].(2024-01-31)
　　[2024-09-06]. http://www. cninfo. com. cn/new/disclosure/detail?plate＝szse
　　&orgId＝9900012288&stockCode＝002399&announcementId＝1219044645
　　&announcementTime＝2024-01-31.

[8]贺勇,尹思,张峻康.高管过度自信、过度投资与企业价值:基于暴风集团的案
　　例[J].财会通讯,2024(6):94-103.

[9]恒大物业.内幕消息独立调查主要结果[EB/OL].(2023-02-15)[2024-09-06].
　　http://www.cninfo.com.cn/new/disclosure/detail?plate＝hke&orgId＝990
　　0047436&stockCode＝06666&announcementId＝1215873970&announceme
　　ntTime＝2023-02-15％2022:08.

[10]雷宇.检察官揭秘高校科研经费腐败生态链[N].中国青年报,2011-12-15.

[11]李晓慧,何玉润.内部控制与风险管理:理论、实务与案例[M].3版.北京:中
　　国人民大学出版社,2022.

[12]刘永泽,唐大鹏.行政事业单位内部控制实务操作指南[M].3版.大连:东北

财经大学出版社,2016.

[13]起底"3.15"晚会曝光的插旗菜业:创始人被称"芥菜大王"芥菜做酸菜包收益涨 10 倍[EB/OL].(2022-03-17)[2024-10-17]. http://finance.ce.cn/stock/gsgdbd/202203/17/t20220317_37409362.shtml.

[14]如何防范新冠肺炎疫情通过进口冷链食品的输入风险? 海关总署回应[EB/OL].(2020-11-12)[2024-03-18]. https://m.jiemian.com/article/5260892_qq.html.

[15]上市 21 年后,又一"千亿房企"摘牌,阳光城告别 A 股[EB/OL].(2023-08-18)[2024-10-17]. https://finance.sina.com.cn/wm/2023-08-18/doc-imzhrnhx7164456.shtml.

[16]上市首年业绩即"变脸",安达科技、裕太微等 7 家公司需警惕[EB/OL].(2024-04-24)[2024-10-17]. https://finance.sina.com.cn/jjxw/2024-04-24/doc-inasxeay7965068.shtml.

[17]宋建波.内部控制与风险管理[M].3 版.北京:中国人民大学出版社,2021.

[18]王清刚,吕敏康,吴志秀.内部控制与风险管理:理论、实践与案例[M].高等教育出版社,2019.

[19]王清刚.内部控制与风险管理[M].北京:北京大学出版社,2020.

[20]王周伟.风险管理[M].北京:机械工业出版社,2016.

[21]谢宜章,刘文丽,王红,等.大数据背景下的内部控制与风险管理案例集[M].北京:中国财政经济出版社,2022.

[22]亚太(集团)会计师事务所关于被上市公司指责工作态度消极的情况说明[EB/OL].(2024-5-26)[2024-08-16]. https://finance.sina.com.cn/wm/2024-05-26/doc-inawqrch7670483.shtml.

[23]盈利困境中的妙可蓝多陷入"反式脂肪酸"争议[EB/OL].(2024-05-09)[2025-10-17]. https://finance.sina.com.cn/jjxw/2024-05-09/doc-inaurtsi2814081.shtml.

[24]整治! 交易所提醒后证券部电话还是打不通,3月来已有三公司收监管函[EB/OL].(2024-4-12)[2024-09-06]. https://finance.eastmoney.com/a/202404123042567075.html.

[25]中国证监会行政处罚决定书(同济堂、张美华、李青、魏军桥)[EB/OL].(2022-04-01)[2024-10-17]. http://www.csrc.gov.cn/csrc/c101928/c2343861/content.shtml.

[26]中国注册会计师协会.公司战略与风险管理[M].北京:中国财政经济出版社,2024.

应用型本科经管系列教材

财务会计类

财务报表编制与分析
财务共享综合实务
财务管理学
财务建模与可视化
成本管理会计
成本会计
风险管理与内部控制
管理会计
会计模拟实验
会计学(非会计专业用)
会计学基础仿真实训
会计学科专业导论
会计学原理
Python 在企业财务中的应用
企业会计综合实验
审计学(非审计专业用)
审计学原理
业财一体信息化应用
中级财务会计

工商营销类

电商直播运营
短视频直播运营
服务管理
国际管理:赋能全球企业变革
绩效管理
健康管理学
客户关系管理
企业数字化战略变革案例集
商务礼仪
市场调查与预测
市场营销学
数智时代的市场营销理论与实务
数字营销
数字资产管理与综合实践
网络营销
文旅直播理论与实务
项目策划
消费心理学
新媒体营销
营销策划

经济贸易类

电子商务概论
国际结算
国际经济学
国际贸易实务
国际贸易学
国际市场营销
跨境电子商务
品牌管理
数字经济概论
数字经济理论与实务
数字经济学导论
数字贸易
数字贸易规则
统计学
自贸区发展学

金融投资类

保险金信托与财富传承概论
大数据金融
公司金融学
供应链金融
货币金融学
货币银行学
金融风险管理
金融市场学
金融学
金融衍生工具
商业银行经营管理理论及案例解读
投资学
投资银行理论与实务
投资组合理论与实务
证券投资学

物流类

仓储与配送管理
数智化沙盘模拟实验
物流成本管理
物流系统规划与管理
物流系统建模与仿真——案例与模型
现代物流学概论
运营管理
智慧供应链管理
智慧物流管理